Prühs/Prühs

GmbH-Geschäftsführer: ABC der Haftungsrisiken

AF577542

GmbH-Ratgeber
Band 11

GmbH-Geschäftsführer: ABC der Haftungsrisiken

Die 100 größten Haftungsrisiken für GmbH-Geschäftsführer – und wie man sie vermeiden kann

4. Auflage

von

Dr. jur. Hagen Prühs
Ass. jur. Vanessa Prühs

VSRW-Verlag · Bonn
Verlag für Steuern, Recht und Wirtschaft

In der Reihe GmbH-Ratgeber sind unter anderem folgende Titel erschienen:

- Die Unternehmergesellschaft (haftungsbeschränkt)
- Die GmbH-Gründung
- GmbH-Geschäftsführer: Rechte und Pflichten
- GmbH-Gesellschafter: Rechte und Pflichten
- GmbH-Geschäftsführer-Vergütung
- GmbH: Verdeckte Gewinnausschüttungen
- Der GmbH-Beirat
- Unternehmensnachfolge in der GmbH

Nähere Informationen hierzu am Ende des Buches und im Internet unter www.vsrw.de („Bücher")

Bibliografische Information der Deutschen Bibliothek

Die Deutsche Bibliothek verzeichnet diese Publikation in der Deutschen Nationalbibliografie; detaillierte bibliografische Daten sind im Internet über http://dnb.ddb.de abrufbar.

© Copyright VSRW-Verlag GmbH, Bonn 2020
VSRW-Verlag GmbH, Rolandstr. 48, 53179 Bonn, Fax: 0228 95124-90

ISBN 978-3-936623-70-3

Alle Rechte vorbehalten. Ohne schriftliche Genehmigung des Verlags ist es nicht gestattet, diese Broschüre oder Teile daraus in irgendeiner Form zu vervielfältigen. Inhalt ohne Gewähr.

Vorwort

GmbH-Geschäftsführer haften mit ihrem gesamten Privatvermögen, wenn sie ihrer Verantwortung (ihren Pflichten) gegenüber der Gesellschaft, den Gesellschaftern, den Gläubigern der Gesellschaft, dem Fiskus oder der Allgemeinheit nicht gerecht werden. Dieser Pflichtenkreis wächst ständig nicht nur durch neue Gesetze, sondern auch durch die Rechtsprechung, die den Aufgabenbereich eines GmbH-Geschäftsführers in den einzelnen Unternehmensbereichen mehr und mehr konkretisiert.

Dieses Buch enthält eine kommentierte Urteilssammlung zur Haftung des GmbH-Geschäftsführers. Wir haben 100 wichtige Entscheidungen der Zivil- und Finanzgerichte aus den letzten Jahren zu den bedeutsamsten Haftungsrisiken für GmbH-Geschäftsführer ausgewählt. Hierbei haben wir Wert darauf gelegt, dass möglichst alle Haftungsprobleme durch einen Fall angesprochen werden. Der Leser erhält auf diese Weise einen repräsentativen Überblick über die Haftungsgefahren, die auf Geschäftsführer lauern, und erfährt, wie man diesen Gefahren vorbeugen kann.

Das Haftungs-ABC ist ganz auf die Bedürfnisse nicht juristisch vorgebildeter Geschäftsführer zugeschnitten. Zentrale Begriffe in ABC-Form weisen den Weg zu den interessierenden Themen. Ergänzt wird der Ratgeber um eine Einführung in die Haftungsrisiken des GmbH-Geschäftsführers, die dem ABC vorangestellt ist. Dort werden auch die haftungsrechtlichen Besonderheiten für GmbH-Geschäftsführer während der Corona-Pandemie angesprochen.

Die Fälle stammen durchweg aus der Zeitschrift *GmbH-Steuerpraxis*, die sich ausschließlich an GmbH-Geschäftsführer, -Gesellschafter und ihre Berater richtet und monatlich über alle aktuellen steuer- und gesellschaftsrechtlichen Entwicklungen rund um die GmbH (& Co. KG) unterrichtet. Eine Kurzbeschreibung dieser Zeitschrift finden Sie hinten im Buch. Wer sich laufend über aktuelle Themen und Rechtsprechung rund um die GmbH (& Co. KG) informieren möchte, dem empfehlen wir die regelmäßige Lektüre dieser Zeitschrift.

Wir legten Wert auf eine knappe und verständliche, streng praxisbezogene Darstellung. Auf konkrete Handlungsempfehlungen zur Haftungsvermeidung verweist ein ☞; Warnhinweise sind mit ✋ gekennzeichnet.

Die in diese Fallsammlung aufgenommenen Entscheidungen geben die Rechtsprechung bis Mitte 2020 wieder.

Für Anregungen und Verbesserungsvorschläge, wie der Nutzen dieses Buchs für den Leser noch gesteigert werden kann, sind wir dankbar.

Ihre Zuschrift richten Sie bitte an die im Impressum vermerkte Verlagsanschrift.

Hagen Prühs

Vanessa Prühs

Hinweis: Die in diesem Buch verwendeten Zeichen bedeuten:

Gestaltungsempfehlung   Achtung! Wichtiger Hinweis

Inhalt

Vorwort 5

Abkürzungsverzeichnis 15

Teil A: Einführung in die Haftungsrisiken des GmbH-Geschäftsführers 17

1. **Grundlagen** 17

2. **Haftung im Verhältnis zur vertretenen GmbH** 18
   Pflichten nach § 43 Abs. 1 GmbHG 18
   Risikomanagement 19
   Verbandssanktionengesetz 20
   Corporate Compliance 21
   Umfang und Beschränkung der Haftung 22
   Unverletzlichkeit des Stammkapitals, § 43 Abs. 3 GmbHG 22
   Insolvenzantrag 23

3. **Haftung gegenüber Gesellschaftern** 25

4. **Haftung gegenüber Dritten** 26
   Handelndenhaftung 26
   Verantwortlichkeit bei der Gesellschaftsgründung 26
   Gutgläubiger Erwerb von Gesellschaftsanteilen 27
   Verhalten im Geschäftsverkehr 27
   Schutz der Rechtsgüter Außenstehender 29
   Insolvenzverschleppung 29
   Gründungstäuschung 30
   Vermögensdelikte 30
   Buchführungspflicht 30
   Unterkapitalisierung 30
   Produkthaftung 31
   Umweltrechtliche Vorschriften 31

5. **Auswirkungen der Corona-Pandemie-Gesetze** 32
   Aussetzung der Insolvenzantragspflicht 32
   Kredite in der Krise 33

6. **Haftung nach der Abgabenordnung** 33

7. **Haftung nach dem Sozialgesetzbuch** 35

8. **Konzernrecht** 36

9. **Besondere Situation bei der GmbH & Co. KG** 37

10. **Haftungsvermeidung, D&O-Versicherung** 37

Teil B: ABC der Haftungsrisiken 39

1 **Amtsniederlegung in der Krise**
   Zur Amtsniederlegung durch den alleinigen Fremdgeschäftsführer in einer Gesellschaftskrise 39

2	**Amtsunfähigkeit wegen Straftat (1)** Zur Amtsunfähigkeit und Löschung infolge Verwarnung mit Strafvorbehalt wegen Insolvenzstraftat	40
3	**Amtsunfähigkeit wegen Straftat (2)** Insolvenzverschleppung in Form verspäteter Antragstellung als Grund für eine Amtsunfähigkeit	41
4	**Bankrott** Strafbarkeit wegen vorsätzlichen Bankrotts	43
5	**Bestechlichkeit – Verjährung** Wann ist die Straftat der Bestechlichkeit im geschäftlichen Verkehr beendet?	44
6	**Buchführungspflicht** Zur Strafbarkeit infolge Verletzung der Buchführungspflicht	45
7	**Darlegungs- und Beweislast** Darlegungs- und Beweislast der GmbH hinsichtlich Pflichtverletzungen des Geschäftsführers im Zusammenhang mit dem Abschluss eines Kauf- und Übertragungsvertrags	47
8	**Ermessensspielraum** Zum Schadenersatz wegen Überschreitung des unternehmerischen Ermessens und zur Beweislast	48
9	**Ex-Geschäftsführer** Haftung des früheren Geschäftsführers und Liquidators für vom Finanzamt von der GmbH zurückgeforderte Investitionszulagen	50
10	**Faktischer Geschäftsführer (1)** Zur Haftung des faktischen Geschäftsführers einer GmbH für ausstehende Lohnsteuer	52
11	**Faktischer Geschäftsführer (2)** Kommanditist als faktischer Geschäftsführer der Komplementär-GmbH haftet für Steuerschulden der GmbH & Co. KG	53
12	**Faktischer Geschäftsführer (3)** Eine nicht als Geschäftsführer eingetragene Person ist nur bei umfassender Verfügungsbefugnis ein faktischer Geschäftsführer	55
13	**Faktischer Geschäftsführer (4)** Haftungsbescheid gegenüber dem nominellen Geschäftsführer auch bei Tätigwerden eines faktischen Geschäftsführers	56
14	**Firmenwagen – Lohnsteuer** Auch bei alleinigem Gesellschafter-Geschäftsführer kann nicht unterstellt werden, dass er Firmenwagen auch privat nutzt	58
15	**Fremdgeschäftsführer – Gerichtszuständigkeit** Der Fremdgeschäftsführer einer GmbH ist arbeitsrechtlich eine arbeitgeberähnliche Person	60
16	**Fristlose Kündigung des Dienstvertrags (1)** Zur Kündigung eines Geschäftsführerdienstvertrags aus wichtigem Grund	62

17 **Fristlose Kündigung des Dienstvertrags (2)**
Kündigung wegen Inanspruchnahme von Leistungen einer GmbH für private Zwecke 64

18 **Geschäftsführer-Bestellung – Ausschlussgründe (1)**
Anforderungen an die Versicherung des Geschäftsführers hinsichtlich nicht begangener Straftaten 66

19 **Geschäftsführer-Bestellung – Ausschlussgründe (2)**
Zur Versicherung fehlender Ausschlussgründe für Bestellung durch gemeinsame Erklärung mehrerer Geschäftsführer 67

20 **Geschäftsführer-Bestellung – Ausschlussgründe (3)**
Zu den Anforderungen an die Versicherung des GmbH-Geschäftsführers bei seiner Bestellung 69

21 **Gesellschafterklage**
Kommanditisten können keine Schadenersatzansprüche der KG gegen den Geschäftsführer der Komplementär-GmbH geltend machen 70

22 **Gewerbeuntersagung**
Zur Löschung der Eintragung eines Geschäftsführers im Handelsregister von Amts wegen 72

23 **GmbH-Liquidation – Falsche Versicherung**
Anspruch auf „Blitz-Löschung" einer GmbH aus dem Handelsregister ohne Anmeldung der Auflösung 73

24 **GmbH-Publizität**
Zum Adressaten des Ordnungsgeldverfahrens bei Verletzung von Offenlegungspflichten 75

25 **GmbH & Co. KG – Gesellschafterbeschluss**
Kein Gesellschafterbeschluss für die Geltendmachung von Ansprüchen gegen Geschäftsführer einer Komplementär-GmbH 77

26 **Haftungsbescheid – Bestandskraft**
Verstrichene Frist für Widerspruch gegen Steuerforderung macht spätere Einwendungen unmöglich 78

27 **Insichgeschäft**
Unzulässiges Insichgeschäft ist nur bei Nachteil für die GmbH unwirksam 80

28 **Insolvenz – D&O-Versicherung**
Keine Deckung bei Zahlungen entgegen § 64 GmbHG 82

29 **Insolvenz – Gläubigerbenachteiligung (1)**
Insolvenzanfechtung einer unentgeltlichen Darlehensgewährung 84

30 **Insolvenz – Gläubigerbenachteiligung (2)**
Wann wird eine Gläubigerbenachteiligung beseitigt? 86

31 **Insolvenz – Masseschmälerung (1)**
Wann wird im Rahmen der Insolvenzhaftung eine Masseschmälerung durch eine Gegenleistung ausgeglichen? 88

32 **Insolvenz – Masseschmälerung (2)**
Zur Verantwortlichkeit für masseverkürzende Leistungen (hier: Abgeltung von Arbeitsleistungen) 90

33 **Insolvenz – Masseschmälerung (3)**
Zur Verantwortlichkeit des Geschäftsführers für Zahlungen nach Insolvenzreife 91

34 **Insolvenz – Masseschmälerung (4)**
Zur Feststellung der Überschuldung einer GmbH 93

35 **Insolvenz – Masseschmälerung (5)**
Geschäftsführerhaftung wegen Entgegennahme von Zahlungen auf debitorisches Konto der insolvenzreifen GmbH 94

36 **Insolvenz – Nahestehende Person**
Insolvenzrechtlich können GmbH & Co. KG und GmbH nahestehende Personen sein, wenn deren Geschäftsführer verheiratet sind 96

37 **Insolvenzverschleppung (1)**
Zu den Beweiserleichterungen für einen Insolvenzverwalter 98

38 **Insolvenzverschleppung (2)**
Strafbarkeit des GmbH-Geschäftsführers wegen vorsätzlicher Insolvenzverschleppung 100

39 **Insolvenzverschleppung (3)**
Zur Haftung eines GmbH-Geschäftsführers für Zahlungen nach Eintritt der Insolvenzreife **102**

40 **Insolvenzverschleppung (4)**
Lohnzahlungen im Wege eines Bargeschäfts unterliegen nicht der Insolvenzanfechtung 103

41 **Kapitalerhöhung – Geschäftsführer-Versicherung**
Zum Umfang der Geschäftsführer-Versicherung beim Erstarken einer UG zur Voll-GmbH 105

42 **Kapitalerhöhungs-Schwindel**
Strafbarkeit des GmbH-Geschäftsführers wegen Kapitalerhöhungsschwindels 106

43 **Kommissarischer Geschäftsführer**
Zur Verantwortlichkeit eines „kommissarischen" Geschäftsführers für Zahlungen nach Insolvenzreife 108

44 **Kompetenzüberschreitung**
Persönliche Haftung eines Geschäftsführers wegen Verstoßes gegen Zuständigkeitsregelung 109

45 **Kontrollpflicht des Mitgeschäftsführers**
Zur Kontrollpflicht des nicht für Steuern zuständigen Mitgeschäftsführers 111

46 **Kündigungsschutz**
Anspruch auf Kündigungsschutz? 113

47 **Künstlersozialabgabe**
Künstlersozialabgabe auf Geschäftsführervergütungen 114

48 **Liebhaberei**
Liebhaberei zugunsten einer GmbH 116

49 **Lohnsteuerhaftung – Erkrankung**
Geschäftsführer haftet auch bei schwerer Erkrankung für Steuerschulden der GmbH 118

50 **Lohnsteuerhaftung – Fremdverschulden**
Keine Haftung für Lohnsteuer, die nach anwaltlichem Rat auf Treuhandkonto überwiesen wurde 119

51 **Lohnsteuerhaftung – Insolvenz (1)**
Wurde gegen Steuerfestsetzungen weder Einspruch eingelegt noch Änderung beantragt, sind Einwendungen bei Haftungsinanspruchnahme hieraus ausgeschlossen 121

52 **Lohnsteuerhaftung – Insolvenz (2)**
Keine Einwendungen im Haftungsverfahren gegen bestandskräftigen Steuerbescheid, wenn im Prüfungstermin kein Einspruch erfolgte 123

53 **Lohnsteuerhaftung – Insolvenz (3)**
Haftung des Geschäftsführers für Lohnsteuerschulden auch nach Ernennung eines vorläufigen schwachen Insolvenzverwalters 124

54 **Lohnsteuerhaftung – Ex-Geschäftsführer**
Haftung des ausgeschiedenen Geschäftsführers für während seiner Tätigkeit begangene Pflichtverletzungen 126

55 **Lohnsteuerpflichtiger Beteiligungserwerb**
Verbilligter Erwerb einer Beteiligung anlässlich späterer Beschäftigung als Geschäftsführer unterliegt Lohnsteuer 128

56 **Nachvertragliches Wettbewerbsverbot (1)**
Nichtigkeit eines nachvertraglichen Wettbewerbsverbots wegen Untersagens von Tätigkeiten ohne Bezug zum Unternehmen 130

57 **Nachvertragliches Wettbewerbsverbot (2)**
Geltendmachung der Unwirksamkeit eines nachvertraglichen Wettbewerbsverbots im Wege einer einstweiligen Verfügung 131

58 **Notargebühren – Beurkundung von Gesellschafterbeschlüssen**
Keine Haftung des Geschäftsführers wegen Notargebühren für Beurkundung von Gesellschafterbeschlüssen 133

59 **Ordnungshaft**
Vollstreckung von Ordnungshaft gegen Geschäftsführer einer insolventen GmbH 134

60 **Pensionszusage – Lohnsteuer (1)**
Überträgt eine GmbH eine Pensionszusage auf einen Pensionsfonds, so kann dies zum Zufluss von Arbeitslohn führen 136

61 **Pensionszusage – Lohnsteuer (2)**
Kein Zufluss von Arbeitslohn bei Übernahme einer Pensionszusage gegen Ablösungszahlung 138

62 **Pensionszusage – Lohnsteuer (3)**
Ausübung eines vereinbarten Widerrufsvorbehalt zur Pensionszusage im Folgejahr, führt nicht zum Zufluss von Arbeitslohn im Widerrufsjahr 139

63 **Registeranmeldung – Falsche Angabe**
Erstattung einer fehlenden Einlage wegen falscher Angabe bei Registeranmeldung 141

64 **Rückgewähr von Gesellschafter-Darlehen**
Rückgewähr als strafbare Handlung 142

65 **Sittenwidrige Schädigung**
Haftung gegenüber den Gläubigern der GmbH nach Griff in die Kasse? 144

66 **Sozialversicherungsbeiträge – Insolvenzreife**
Haftung für nicht abgeführte Beiträge an Pensionskasse 146

67 **Sozialversicherungspflicht (1)**
Voraussetzungen für die Sozialversicherungspflicht des Geschäftsführers 148

68 **Sozialversicherungspflicht (2)**
Versicherungspflicht eines Minderheitsgesellschafter-Geschäftsführers mit Tantieme-Anspruch und ohne Sperrminorität 150

69 **Sozialversicherungspflicht (3)**
Minderheitsbeteiligung als Indiz für abhängige Beschäftigung 151

70 **Sozialversicherungspflicht (4)**
Zur abhängigen Beschäftigung eines Gesellschafter-Geschäftsführers, der weder Mehrheitsgesellschafter ist, noch über Sperrminorität verfügt 153

71 **Sozialversicherungspflicht (5)**
Versicherungspflicht eines (Minderheits-)Gesellschafter-Geschäftsführers 154

72 **Steuerhinterziehung (1)**
Nichtabgabe einer Steuererklärung als Steuerhinterziehung 156

73 **Steuerhinterziehung (2)**
Wer durch Nichtabgabe einer Umsatzsteuererklärung Steuerhinterziehung begeht, genießt keinen Vertrauensschutz 157

74 **Steuerschulden – Haftungsquote**
Werden GmbH-Geschäftsführer für Steuerschulden der GmbH in Haftung genommen, ist die Haftungsquote einheitlich zu berechnen 159

75 **Strohmann-Geschäftsführer (1)**
Strafbarkeit wegen Nichtabführung von Sozialabgaben 161

76 **Strohmann-Geschäftsführer (2)**
Verantwortlichkeit eines Strohmann-Geschäftsführers bei Vorenthaltung von Arbeitnehmeranteilen zur Sozialversicherung 162

77 **Subventionsbetrug**
Wer Subventionsbetrug begeht, haftet nicht nach § 71 AO für zu Unrecht gewährte Investitionszulage 163

78 **Überwachungspflicht Mitgeschäftsführer (1)**
Haftung wegen rechtsgrundloser Vereinnahmung einer Vergütung durch einen Mit-Geschäftsführer 165

79 **Überwachungspflicht Mitgeschäftsführer (2)**
Haftung eines GmbH-Geschäftsführers bei Ressortaufteilung 166

80 **Umsatzsteuerhaftung – Ermessensentscheidung**
Zur fehlerhaften Ermessensausübung des Finanzamts bei Festsetzung des Haftungsbescheids für geschuldete Umsatzsteuer 168

81 **Umsatzsteuerhaftung – Ex-Geschäftsführer**
Mittelvorsorgepflicht des Geschäftsführers im Rahmen einer „Firmenbestattung" 169

82 **Umsatzsteuerhaftung – Globalzession**
Alleiniger Gesellschafter-Geschäftsführer haftet nicht schon für Umsatzsteuer, weil er mit Kreditinstitut Globalzession vereinbart hat 171

83 **Umsatzsteuerhaftung – Insolvenz (1)**
Zweifel an der Erhebung von Säumniszuschlägen 173

84 **Umsatzsteuerhaftung – Insolvenz (2)**
Nicht-Bestreiten der zur Insolvenztabelle angemeldeten Forderungen trotz überzeugter Unbegründetheit 174

85 **Umsatzsteuerhaftung – Insolvenz (3)**
Haftung für Umsatzsteuerrückstände der Gesellschaft bei Insolvenzverfahren unter Eigenverwaltung 176

86 **Umsatzsteuerhaftung – Insolvenz (4)**
GmbH-Geschäftsführer haften für fällige Umsatzsteuer während des Anfechtungszeitraums vor Eröffnung des Insolvenzverfahrens 177

87 **Unternehmerisches Ermessen**
Zum unternehmerischen Ermessen beim „Insichgeschäft“ und zur Anspruchsdurchsetzung durch den Insolvenzverwalter 179

88 **Untreue (1)**
Zur Strafbarkeit des Geschäftsführers wegen Untreue 181

89 **Untreue (2)**
Strafrechtliche Folgen des Bedienens schwarzer Kassen 183

90 **Untreue (3)**
Zur Haftung eines Bevollmächtigten als Gehilfe wegen Beihilfe zur Untreue 186

91 **Veräußerung von Sicherungsgut**
Zur Geschäftsführerhaftung bei fahrlässiger Veräußerung von Sicherungsgut 188

92 **Vermögensvorsorgepflicht**
Drohen aufgrund einer Außenprüfung Steuernachzahlungen, muss der Geschäftsführer Mittel zur Zahlung der Steuernachforderungen bereithalten 189

93 **Vertretungsbefugnis – Gesellschafterklage**
Untersagung des Handelns bis zur Feststellung der Wirksamkeit des Abberufungsbeschlusses durch einstweilige Verfügung 191

94 **Vertretungsbefugnis – Überschreitung (1)**
Unzulässiges Berufen auf Abgeltungsklausel in Aufhebungsvereinbarung bei Haftung wegen Überschreiten der Vertretungsbefugnis 192

95 **Vertretungsbefugnis – Überschreitung (2)**
Missbrauch der Vertretungsmacht 194

96 **Vertretungsbefugnis – Vertretungszusatz**
Erkennbares Handeln im fremden Namen für eine GmbH ohne Vertretungszusatz 196

97 **Veruntreuung von Arbeitsentgelt**
Strafbares Vorenthalten von Arbeitsentgelt 198

98 **Vorläufige Insolvenzverwaltung**
Nach Bestellung eines vorläufigen Insolvenzverwalters verbleibt die Verwaltungsbefugnis beim Geschäftsführer 201

99 **Wertguthabenkonto – Lohnsteuer**
Gutschriften auf Wertguthabenkonto zur Finanzierung des Ruhestands stellen keinen Arbeitslohn dar 202

100 **Wettbewerbsverstöße – Geschäftsführerhaftung**
Nur in Ausnahmefällen persönliche Haftung des Geschäftsführers 203

Abkürzungsverzeichnis

Abs.	Absatz
Abschn.	Abschnitt
abzgl.	abzüglich
a.F.	alte Fassung
AG	Aktiengesellschaft
AGBG	Gesetz zur Regelung des Rechts der Allgemeinen Geschäftsbedingungen
AktG	Aktiengesetz
ANErfG	Gesetz betreffend Arbeitnehmererfindungen
AO	Abgabenordnung
ArbGG	Arbeitsgerichtsgesetz
Az.	Aktenzeichen
BAG	Bundesarbeitsgericht
BetrAVG	Gesetz zur Verbesserung der betrieblichen Altersversorgung
BFH	Bundesfinanzhof
BGB	Bürgerliches Gesetzbuch
BGH	Bundesgerichtshof
BGHZ	Amtliche Sammlung der Entscheidungen des Bundesgerichtshofs in Zivilsachen
BMF	Bundesministerium der Finanzen
BStBl	Bundessteuerblatt
bzw.	beziehungsweise
DB	Der Betrieb (Zeitschrift)
d.h.	das heißt
DM	Deutsche Mark
DStR	Deutsches Steuerrecht (Zeitschrift)
einschl.	einschließlich
ErbbauRG	Gesetz über das Erbbaurecht
EStG	Einkommensteuergesetz
EStR	Einkommensteuer-Richtlinien
ESuG	Gesetz zur weiteren Erleichterung der Sanierung von Unternehmen
FA	Finanzamt
ff.	fortfolgende
FG	Finanzgericht
FGG	Gesetz über die freiwillige Gerichtsbarkeit
FGO	Finanzgerichtsordnung
FinMin	Finanzminister(ium)
GbR	Gesellschaft bürgerlichen Rechts
gem.	gemäß
GewStG	Gewerbesteuergesetz
ggf.	gegebenenfalls
GmbH	Gesellschaft mit beschränkter Haftung
GmbHG	Gesetz betreffend die GmbH
GmbH-Stpr	GmbH-Steuerpraxis (Zeitschrift)
GmbHR	GmbH-Rundschau (Zeitschrift)
GrEStG	Grunderwerbsteuergesetz
GVG	Gerichtsverfassungsgesetz
HGB	Handelsgesetzbuch
h.M.	herrschende Meinung
i.Gr.	in Gründung
InsO	Insolvenzordnung
i.S.d.	im Sinne des
i.V.m.	in Verbindung mit
KG	Kammergericht (Berlin)

KG	Kommanditgesellschaft
KO	Konkursordnung
KonTraG	Gesetz zur Kontrolle und Transparenz im Unternehmensbereich
KSchG	Kündigungsschutzgesetz
KStG	Körperschaftsteuergesetz
KStR	Körperschaftsteuer-Richtlinien
lt.	laut
MitbestG	Mitbestimmungsgesetz
MoMiG	Gesetz zur Modernisierung des GmbH-Rechts und zur Bekämpfung von Missbräuchen
n.F.	neue Fassung
NJW	Neue Juristische Wochenschrift (Zeitschrift)
Nr.	Nummer
OFD	Oberfinanzdirektion
OLG	Oberlandesgericht
OWiG	Ordnungswidrigkeitengesetz
S.	Seite
SchwbG	Schwerbehindertengesetz
SEStEG	Gesetz über steuerliche Begleitmaßnahmen zur Einführung der Europäischen Gesellschaft und zur Änderung weiterer steuerrechtlicher Vorschriften vom 7.12.2006
SGB	Sozialgesetzbuch
sog.	so genannt(e)
StGB	Strafgesetzbuch
TDM	Tausend Deutsche Mark
Tz.	Textziffer
u.a.	unter anderem
UmwStG	Umwandlungssteuergesetz
UStAE	Umsatzsteuer-Anwendungserlass
UWG	Gesetz gegen den unlauteren Wettbewerb
vEK	verwendbares Eigenkapital
VerglO	Vergleichsordnung
VersanG	Verbandssanktionengesetz
vGA	verdeckte Gewinnausschüttung
vgl.	vergleiche
v.H.	vom Hundert
WM	Wertpapiermitteilungen (Zeitschrift)
z.B.	zum Beispiel
ZPO	Zivilprozessordnung
zzgl.	zuzüglich

Teil A
Einführung in die Haftungsrisiken des GmbH-Geschäftsführers

1. Grundlagen

Wer zum Geschäftsführer einer GmbH bestellt wird, ist mit der Bestellung das **gesetzliche Vertretungsorgan** der Gesellschaft. Der Geschäftsführer tritt in eine besondere Rechtsbeziehung gegenüber der GmbH, den Gesellschaftern und den Gesellschaftsgläubigern ein.

Die **Pflichten** eines Geschäftsführers ergeben sich vorrangig aus dem Gesetz und außerdem aus dem Gesellschaftsvertrag, dem Geschäftsführer-Anstellungsvertrag einschließlich einer eventuell erlassenen Geschäftsführerordnung sowie aus den Beschlüssen und Anweisungen der Gesellschafter.

Gemäß § 43 Abs. 1 GmbHG hat der Geschäftsführer in den Angelegenheiten der Gesellschaft die **Sorgfalt eines ordentlichen Geschäftsmannes** anzuwenden. Verstößt er gegen diese Sorgfaltspflicht, kann sein Fehlverhalten zu Schadenersatzansprüchen der GmbH und anderer Gläubiger führen. Jeder GmbH-Geschäftsführer muss sich daher möglichst frühzeitig über den Umfang seiner Rechte und Pflichten und die möglichen Folgen einer Pflichtverletzung informieren. Nur dann ist er in der Lage, durch eigene **organisatorische Vorkehrungen** die Gefahr eines haftungsstiftenden Fehlverhaltens soweit wie möglich zu reduzieren und auch sonst geeignete **Vorsorge gegen mögliche Pflichtverletzungen** zu treffen.

Haftungsgefahren ergeben sich im Verhältnis zur vertretenen GmbH, aber auch gegenüber den Gläubigern der GmbH, und zwar sowohl gegenüber den Geschäftspartnern als auch den staatlichen Behörden wie den Finanzbehörden und den Trägern der Sozialversicherung. Dagegen kommt es nur in speziellen Fällen zu einer Haftung gegenüber den GmbH-Gesellschaftern. Haftungsrisiken bestehen für den Geschäftsführer ferner als Leiter eines GmbH-Konzerns sowie im Fall der straf- und ordnungsrechtlichen Verantwortlichkeit für Produktfehler und Umweltschäden.

In **Teil B** werden typische Haftungsgefahren, wie sie im Wirtschaftsleben immer wieder vorkommen, anhand der neueren Rechtsprechung dargestellt. Zugleich werden Hinweise gegeben, wie die von den betroffenen Geschäftsführern gemachten Fehler hätten vermieden werden können.

Vorrangig hat der GmbH-Geschäftsführer darauf zu achten, nicht gegen haftungsrelevante Pflichten zu verstoßen. Für den Fall, dass es gleichwohl zur

Verwirklichung eines Haftungstatbestands kommt, ist im Voraus ergänzend an den Abschluss einer Haftpflichtversicherung für das Geschäftsführungsrisiko zu denken.

2. Haftung im Verhältnis zur vertretenen GmbH

Handelt der Geschäftsführer entgegen seinen dienstvertraglichen Pflichten, stellt dies eine **Schlechterfüllung des Geschäftsführer-Anstellungsvertrags** dar. Er ist der GmbH zum Ersatz des aus der Schlechterfüllung folgenden Schadens verpflichtet.

Unabhängig davon kann § 43 GmbHG als gesetzliche Anspruchsgrundlage eingreifen. Es kommt dabei nicht darauf an, ob überhaupt ein wirksamer Anstellungsvertrag vorliegt. Die Haftung hängt allein davon ab, dass der Geschäftsführer das **Amt tatsächlich angetreten** hat. Insoweit reicht es, wenn jemand wie ein Geschäftsführer handelt, ohne dazu bestellt worden zu sein (sogenannter **faktischer Geschäftsführer**; siehe hierzu **Teil B Nr. 10 ff.**). Der nur faktische Geschäftsführer kann sich sogar als solcher strafbar machen, z.B. im Fall einer rechtswidrigen Insolvenzverschleppung gem. § 15a Abs. 1 und 4 InsO. Eine tatsächliche Geschäftsführerstellung erfordert allerdings eine zeitlich und inhaltlich spürbare Einflussnahme auf die Geschäftsführung, und zwar unter Verdrängung des bestellten Geschäftsführers oder neben diesem.

Der GmbH-Geschäftsführer ist gem. § 43 GmbHG gegenüber der GmbH schadenersatzpflichtig, wenn die folgenden Voraussetzungen erfüllt sind:

- es muss eine **Pflichtverletzung** des Geschäftsführers gegenüber der GmbH vorliegen, wobei der Haftungsmaßstab die Sorgfalt eines ordentlichen Geschäftsmannes ist;
- infolge der Pflichtverletzung muss es bei der GmbH zu einem **Schaden** gekommen sein;
- der Geschäftsführer muss **schuldhaft** (vorsätzlich oder fahrlässig) gehandelt haben.

▶ Pflichten nach § 43 Abs. 1 GmbHG

§ 43 GmbHG stellt eine Generalklausel dar und beinhaltet keinen genauen Pflichtenkatalog für den Geschäftsführer. Literatur und Rechtsprechung haben aber die folgenden verschiedenen **Pflichtenkreise** herausgearbeitet:

- Beachtung der speziellen gesetzlichen Gebote und Verbote,
- Beachtung der gesellschaftsinternen Kompetenzregeln,

- Beachtung der der GmbH durch das allgemeine Recht auferlegten Pflichten (z.B. Abführung von Steuern und Sozialversicherungsbeiträgen, Einhaltung von kartell-, arbeits-, gewerbe- und umweltschutzrechtlichen Vorschriften),
- Pflicht zur sorgfältigen Unternehmensleitung im Rahmen der durch die Gesellschafter und den Gesellschaftszweck gemachten Vorgaben,
- Pflicht zur kooperativen Zusammenarbeit mit den anderen Gesellschaftsorganen und Mitgeschäftsführern,
- Beachtung der Treuepflicht (Verschwiegenheitspflicht, Loyalitätspflicht, Wettbewerbsverbot, Förderung der Interessen der Gesellschaft).

Während die Gesellschafter die Grundsätze der Unternehmenspolitik bestimmen, obliegt den Geschäftsführern die **Pflicht zur Unternehmensleitung**. Sie haben hierbei nicht nur die Sorgfalt eines ordentlichen Geschäftsmannes, sondern auch die eines selbstständigen, treuhänderischen Verwalters fremder Vermögensinteressen zu beachten. Der Geschäftsführer hat das Unternehmen nach anerkannten betriebswirtschaftlichen Grundsätzen zu führen und im Rahmen des Unternehmensgegenstands und sonstiger Vorgaben die Unternehmensinteressen zu verfolgen. Hierbei steht ihm ein breites **unternehmerisches Ermessen** zu; siehe hierzu **Teil B Nr. 8 (Ermessensspielraum)**. Existenzbedrohende oder unverhältnismäßige Risiken hat der Geschäftsführer allerdings stets zu vermeiden (siehe Roth/Altmeppen, GmbHG, 9. Aufl., § 43 Rdnr. 16).

Ein sorgfältiger und gewissenhafter Geschäftsführer sollte daher wichtige Angelegenheiten immer vorab den Gesellschaftern zur Entscheidung vorlegen.

Bei einer Arbeitsteilung unter **mehreren Geschäftsführern** einer GmbH trifft jeden Geschäftsführer eine Kontrollpflicht. Auch bei einer Aufteilung der Geschäftsfelder durch den Gesellschaftsvertrag oder einen Gesellschafterbeschluss gilt das Prinzip der Gesamtverantwortlichkeit. Der Geschäftsführer muss auch für die Anleitung und Kontrolle nachgeordneter Stellen und Mitarbeiter einstehen. Die bloße Delegation von Aufgaben und Pflichten entlastet den Geschäftsführer nicht. Siehe hierzu **Teil B Nr. 78 f. (Überwachungspflicht Mitgeschäftsführer)**.

▶ Risikomanagement

Durch das **Gesetz zur Kontrolle und Transparenz im Unternehmensbereich (KonTraG)** sind besondere Überwachungs- und Risikomanagementpflichten für den GmbH-Geschäftsführer aufgestellt worden. Der Geschäftsführer hat insbesondere ein sog. **Frühwarnsystem** einzurichten. Dieses System soll es ermöglichen, deutliche Fehlentwicklungen frühzeitig zu erkennen, welche ansonsten zu einem nachhaltigen Schaden des Unternehmens führen können. Es soll des Weiteren der effektiven Risikobewältigung dienen. Bei der Entwicklung des Frühwarnsystems sind die nachfolgenden Schritte zu beachten:

(1) Festlegung der Chancen-/Risikostrategie

(2) Festlegung der Risikofelder in den einzelnen Geschäftsbereichen

(3) Risikoerkennung

(4) Risikobewertung

(5) Risikosteuerung

(6) Risikoberichterstattung

(7) Überwachung der Angemessenheit und der Effektivität der Steuerungsmaßnahmen

Insgesamt hat das KonTraG die Organisations- und Überwachungspflicht des GmbH-Geschäftsführers lediglich konkretisiert und bestimmte Anforderungen gesetzlich festgeschrieben.

▶ Verbandssanktionengesetz

Derzeit befindet sich das sog. Verbandssanktionengesetz (VerSanG) im Gesetzgebungsverfahren, das die Neuordnung des Sanktionsrechts für Unternehmen zur wirksamen Ahndung von Wirtschaftskriminalität zum Gegenstand hat. Dem Gesetz liegt der Gedanke zugrunde, dass durch mangelnde Verantwortung des Unternehmens und falsche Unternehmensideale, Profite über Gemeinwohl und Recht gestellt werden und so Kriminalitätsrisiken entstehen können. Eine Sanktionierung nach dem VerSanG soll dann erfolgen, wenn Leitungspersonen eine Verbandsstraftat begehen oder das Unternehmen keine Vorsorge trifft, um Mitarbeiter daran zu hindern, sich im Rahmen ihrer Beschäftigung strafbar zu machen.

Die Sanktionierung von Unternehmen nach diesem Gesetz soll sowohl repressiv (auf Bestrafung ausgerichtet) als auch präventiv (auf Verhinderung von Straftaten ausgerichtet) erfolgen.

Das VerSanG kann auch Folgen für Geschäftsführer haben, wenn diese Verbandssanktionen verursachen oder ihnen nicht abhelfen. Geschäftsführer sollten sich daher um eine Compliance-Organisation in ihrem Unternehmen kümmern.

Die Sanktionierung von Unternehmen soll vermeiden, dass juristische Personen gegenüber natürlichen Personen besser gestellt werden.

▶ Corporate Compliance

Hinter diesem Begriff verbirgt sich der Auftrag an die Unternehmensführung, Maßnahmen im Unternehmen einzuführen, die das Risiko einer Unternehmenshaftung sowie einer persönlichen Haftung des Geschäftsführers reduzieren bzw. vermeiden. Entscheidend sind demnach Instrumente und Strukturen, die ein möglichst rechtskonformes Verhalten im Unternehmen sicherstellen.

Die Bedeutung niedergeschriebener und gelebter Corporate Compliance wächst in dem Maße, in dem compliance-konformes Handeln, etwa in Bezug auf den Umweltschutz, die Bekämpfung von Korruption oder den Datenschutz, bei Verbrauchern und Geschäftspartnern in den Fokus rückt. Neben finanziellen Schäden drohen bei non-compliant Verhalten insbesondere Reputationsschäden, die vor allem im Zeitalter von social media und Online-Bewertungen im schlimmsten Fall sogar die Existenz von Unternehmen aufs Spiel setzen können.

Das künftige Verbandssanktionengesetz, welches die Neuordnung des Sanktionsrechts für Unternehmen zum Gegenstand hat, verlangt zwar nicht die Einrichtung einer institutionalisierten Compliance-Organisation, würdigt aber Compliance-Maßnahmen, indem es diese positiv bei der Bemessung des Strafmaßes berücksichtigt.

Zur Umsetzung einer Compliance-Organisation sollte im Unternehmen unter anderem ein Verhaltenskodex (Code of Conduct) existieren, der die Leitlinien der Unternehmensführung und den Handlungsmaßstab für die Unternehmensorgane und Mitarbeiter festlegt. Mitarbeiter sollten zu Beginn ihrer Tätigkeit mit den Inhalten des Code of Conducts vertraut und, z.B. durch wiederkehrende Schulungen, fortlaufend für die Thematik sensibilisiert werden. Ebenso sinnvoll ist die Verpflichtung von Lieferanten und anderen Geschäftspartnern auf einen entsprechenden Verhaltenskodex, etwa im Rahmen der Allgemeinen Einkaufsbedingungen.

Für die sachgerechte Umsetzung und laufende Kontrolle empfiehlt sich die Ernennung eines Compliance-Officers. Insoweit ist zu beachten, dass der BGH die strafrechtliche Verantwortung des Compliance-Officers bereits durch die Übernahme des Amtes als begründet ansieht.

Compliance-Maßnahmen reduzieren nicht nur das Haftungsrisiko, sondern schaffen Vertrauen in das Unternehmen, erhöhen die Wettbewerbsfähigkeit und Kreditwürdigkeit und steigern die Attraktivität des Unternehmens als Geschäftspartner und Arbeitgeber.

▶ Umfang und Beschränkung der Haftung

Der Geschäftsführer, der schuldhaft gegen seine Unternehmensleitungspflicht verstoßen hat, haftet für den entstandenen Schaden im **vollen Umfang**. Die Haftung gegenüber der GmbH kann grundsätzlich durch den Gesellschaftsvertrag oder durch Regelungen im Geschäftsführeranstellungsvertrag eingeschränkt werden.

Auch eine **Verkürzung** der in § 43 Abs. 4 GmbHG geregelten **5-jährigen Verjährungsfrist** für Schadenersatzansprüche der GmbH gegen ihre Geschäftsführer ist zulässig – entweder durch Gesellschafterbeschluss oder im Anstellungsvertrag. Eine derartige Verkürzung darf aber nicht mit dem Ziel erfolgen, Gesellschaftsglaubiger zu benachteiligen.

Gesellschafterbeschlüsse und **Weisungen** der Gesellschafter muss der Geschäftsführer befolgen. Lediglich für erkanntermaßen rechtswidrige Weisungen gilt dies nicht. Die Haftungsregelung des § 43 GmbHG ist bezüglich der gläubigerbezogenen Pflichten (Abs. 3) verbindlich. Abgeschwächt werden kann dagegen der in § 43 Abs.1 GmbHG geregelte Sorgfaltsmaßstab. Ein **Haftungsausschluss für leichte Fahrlässigkeit** wird für zulässig erachtet.

Zu einem späteren Fortfall entstandener Schadenersatzansprüche kann es durch die **Entlastung** sowie durch eine Generalbereinigung kommen. Die Entlastung hat die Wirkung eines Erlasses von (eventuellen) Schadenersatzansprüchen. Sie bezieht sich aber nur auf die der Gesellschafterversammlung bei der Beschlussfassung bekannten oder zumindest erkennbaren Sachverhalte. Die **Generalbereinigung** führt zu einem vertraglichen Verzicht der GmbH auf alle denkbaren Schadenersatzansprüche, ob bekannt, erkennbar oder unbekannt.

▶ Unverletzlichkeit des Stammkapitals, § 43 Abs. 3 GmbHG

Einen weiteren ausdrücklich geregelten Haftungstatbestand enthält § 43 Abs. 3 GmbHG. Dieser greift bei einem Verstoß des Geschäftsführers gegen die Kapitalerhaltungsregel des § 30 GmbHG ein. § 30 Abs. 1 Satz 1 GmbHG **untersagt** die Auszahlung von **zur Erhaltung des Stammkapitals erforderlichem Gesellschaftsvermögen** an die Gesellschafter (Gebot der Unverletzlichkeit des Stammkapitals). Den Geschäftsführer trifft damit eine eigene Pflicht zur Insolvenzvermeidung. Diese Regelung dient dem Gläubigerschutz und kann durch den Gesellschaftsvertrag nicht abbedungen werden. Ob das Stammkapital noch gedeckt ist, ist auf der Grundlage einer Bilanz (Zwischenabschluss) zu ermitteln. Die Bewertung des Vermögens erfolgt dabei nach den sogenannten Fortführungswerten.

Wird das zur Erhaltung des Stammkapitals erforderliche Vermögen entgegen § 30 Abs. 1 Satz 1 GmbHG an die Gesellschafter ausgezahlt, so besteht ein **Erstattungsanspruch** gegen den Gesellschafter. Zusätzlich ist der Geschäftsführer der Gesellschaft zum Ersatz des ausgezahlten Betrags verpflichtet (§ 43 Abs. 3 Satz 1GmbHG).

Eine Ausnahme von dem Auszahlungsverbot besteht dann, wenn die Zahlung (z.B. ein Darlehen) an einen Gesellschafter durch einen vollwertigen Rückgewähranspruch gedeckt (§ 30 Abs. 1 Satz 2 GmbHG) ist.

Den GmbH-Geschäftsführer trifft insofern eine Sorgfaltspflicht, als er nicht nur im Zeitpunkt der Darlehenshingabe, sondern auch während der Darlehensdauer ständig die Bonität des Gesellschafters und damit die Vollwertigkeit der Darlehensforderung der Gesellschaft überprüfen muss. Sonst droht ihm im Fall der Nicht-Durchsetzbarkeit der Forderung die Haftung wegen Verletzung der Sorgfaltspflicht aus § 43 Abs. 2 GmbHG (siehe hierzu **Teil B Nr. 7 (Darlegungs- und Beweislast)**) oder im Fall eintretender Zahlungsunfähigkeit der Gesellschaft ggf. die Haftung nach § 64 Satz 3 GmbHG. Diese Vorschrift normiert eine Haftungspflicht, wenn die Insolvenz durch Zahlungen an Gesellschafter herbeigeführt wurde.

Rückzahlungen von Gesellschafterdarlehen, die im letzten Jahr vor dem Insolvenzantrag stattgefunden haben, sind anfechtbar (§ 135 Abs. 1 InsO; siehe hierzu **Teil B Nr. 30 (Insolvenz – Gläubigerbenachteiligung)**. Eine Geschäftsführerhaftung wird hieraus in der Regel nicht begründet. Der Geschäftsführer ist nicht verpflichtet, aus Gründen der Kapitalerhaltung und zur Haftungsvermeidung eine Zahlung auf ein Gesellschafterdarlehen zu verweigern, wenn der Gesellschafter als Gläubiger die Rückzahlung verlangt. Umgekehrt haftet er auch nicht für die Erstattung des Betrags.

▶ Insolvenzantrag

Eine außerordentlich praxisrelevante Regelung beinhaltet § 15a Abs. 1 Satz 1 InsO. Diese Vorschrift regelt die Verpflichtung der GmbH-Geschäftsführer zur **unverzüglichen Beantragung eines Insolvenzverfahrens** nach Eintritt der **Zahlungsunfähigkeit oder Überschuldung** der GmbH. So soll sichergestellt werden, dass insolvente Gesellschaften möglichst schnell vom Markt genommen bzw. saniert werden, damit einerseits für bereits vorhandene Gläubiger die Masse nicht weiter aufgebraucht wird und andererseits nicht weitere Gläubiger hinzukommen.

Siehe hierzu **Teil B Nr. 37 ff. (Insolvenzverschleppung).**

Nimmt der Geschäftsführer nach Eintritt der Insolvenzreife noch Zahlungen an (einzelne) Gläubiger der GmbH vor, wird er nach § 15a Abs. 1 Satz 1 InsO i.V.m. § 823 Abs. 2 BGB schadenersatzpflichtig. Eine Ausnahme besteht nur dann, wenn diese Zahlungen auch bei einer insolvenzreifen GmbH mit der Sorgfalt eines ordentlichen Geschäftsmanns vereinbar sind.

Die Schadenersatzpflicht des Geschäftsführers kann aus **drei Formen des Fehlverhaltens** folgen:

- Die Pflichtverletzung des Geschäftsführers kann darin bestehen, dass er die mögliche Sanierung der GmbH nicht rechtzeitig bzw. nicht nachdrücklich genug eingeleitet hat (Vorwurf der unterlassenen oder verspäteten Sanierung).
- Das pflichtwidrige Verhalten des Geschäftsführers kann weiterhin in einer Minderung der Insolvenzmasse in der Zeit zwischen dem Fristbeginn zur Stellung des Insolvenzantrags und der tatsächlichen Antragstellung folgen (Masseschmälerung).
- Der Pflichtverstoß des Geschäftsführers kann außerdem in dem verspäteten Stellen des Insolvenzantrags liegen (Fristversäumung).

Eine Überschuldung der GmbH liegt gem. § 19 Abs. 2 Satz 1 InsO dann vor, wenn das Vermögen der GmbH die bestehenden Verbindlichkeiten nicht mehr deckt. Ob dies der Fall ist, ist durch die Aufstellung einer **Überschuldungsbilanz** festzustellen. Die dabei anzuwendende Bewertungsmethode hängt vom Ergebnis einer zunächst anzustellenden **Fortbestehensprognose** ab. Wenn nach den Umständen die Fortführung des Unternehmens überwiegend wahrscheinlich ist, sind bei der Bewertung des Gesellschaftsvermögens die Fortführungswerte anzusetzen. Ist dagegen nach pflichtgemäßem Ermessen eine Fortführung des Unternehmens nicht überwiegend wahrscheinlich, müssen die sog. Zerschlagungswerte für die einzelnen Vermögensgegenstände angesetzt werden. Dem GmbH-Geschäftsführer ist daher tendenziell eher anzuraten, möglichst unverzüglich Insolvenzantrag zu stellen, um eine persönliche Schadenersatzpflicht abzuwenden.

Gesellschafterdarlehen und gleichgestellte Verbindlichkeiten sind grundsätzlich zu passivieren, es sei denn, der Gesellschafter hat eine **Rangrücktrittserklärung** abgegeben (§ 19 Abs. 2 Satz 2 i.V.m. § 39 Abs. 2 InsO). Hiermit hält der Gesetzgeber am Erfordernis einer Rangrücktrittserklärung als Voraussetzung für die Befreiung von der Passivierungspflicht im Überschuldungsstatus fest. Damit verbunden ist gegenüber den Gesellschaftern eine Warnfunktion und gegenüber dem Geschäftsführer eine einfachere und sicherere Klärung des Status eines Gesellschafterdarlehens.

Weitere Insolvenzgründe sind die **Zahlungsunfähigkeit** der GmbH (§ 17 Abs. 2 Satz 1 InsO) sowie die **drohende** Zahlungsunfähigkeit der GmbH (§ 18 Abs. 2 InsO). Letztere berechtigt nur die GmbH – nicht aber die Gläubiger – zur Stellung eines Insolvenzantrags. Die Zahlungsunfähigkeit ist in der Regel anzunehmen, wenn der Schuldner seine **Zahlungen eingestellt** hat. Von der Zahlungseinstellung abzugrenzen ist eine **Zahlungsstockung** (momentaner Liquiditätsengpass), sodass eine verspätete Zahlung von Gesellschaftsschulden nicht zwangsläufig mit einer Zahlungseinstellung gleichzusetzen ist.

§ 270b InsO bietet die Möglichkeit, für bis zu drei Monate in einer Art „**Schutzschirmverfahren**" unter Aufsicht eines vorläufigen Sachwalters und unbehelligt von Vollstreckungsmaßnahmen in Eigenverwaltung einen Sanierungsplan auszuarbeiten, der anschließend als Insolvenzplan umgesetzt werden kann. Dafür muss ein Insolvenzantrag wegen drohender Zahlungsunfähigkeit oder Überschuldung gestellt werden. Das Amtsgericht setzt dann in der Praxis regelmäßig den von dem Schuldner und Antragsteller Vorgeschlagenen als vorläufigen Sachwalter ein. Es kann auch beantragt werden, dass das Gericht Zwangsvollstreckungen gegen den Schuldner untersagt oder einstweilig einstellt. Im Schutzschirmverfahren darf weder ein vorläufiger Insolvenzverwalter bestellt werden, noch darf dem Geschäftsführer die Verfügungsbefugnis über das Vermögen der GmbH entzogen werden. Im Rahmen des Verfahrens muss die Geschäftsführung mit dem selbst gewählten Sachwalter innerhalb von drei Monaten einen Sanierungsplan erstellen und mit den Gläubigern abstimmen. Hat das Gericht dem Sanierungsplan zugestimmt, kann dieser umgesetzt werden. Danach kann die GmbH „normal" weitergeführt werden.

3. Haftung gegenüber Gesellschaftern

Es kommen bei einem Fehlverhalten des GmbH-Geschäftsführers auch Schadenersatzansprüche der Gesellschafter in Betracht. Grundsätzlich haftet der Geschäftsführer einer GmbH für Schäden aus einem Fehlverhalten nur gegenüber der Gesellschaft, als deren Organ er tätig ist, nicht aber gegenüber einzelnen Gesellschaftern. Der Geschäftsführer ist nur der GmbH gegenüber zur Sorgfalt eines ordentlichen Geschäftsmanns verpflichtet. Aus der Schlechterfüllung des Geschäftsführeranstellungsvertrags folgt regelmäßig kein Schadenersatzanspruch der Gesellschafter gegen den Geschäftsführer. Zu einer solchen Haftung kann es aber gem. § 31 Abs. 6 GmbHG kommen, wenn der Geschäftsführer **verbotswidrig eine Auszahlung** von Gesellschaftsmitteln **an einzelne Gesellschafter** vorgenommen hat.

Es kann auch zu einer Schadenersatzverpflichtung aus unerlaubter Handlung (§ 823 Abs. 2 BGB) kommen. Diese setzt voraus, dass der Geschäftsführer in das Mitgliedschaftsrecht des Gesellschafters eingegriffen hat. Dann müsste der Geschäftsführer gegen ein Gesetz verstoßen haben, das auch den **Schutz der Gesellschafter** bezweckt (z.B. falsche Angaben gem. § 82 GmbHG (siehe hierzu **Teil B Nr. 42 (Kapitalerhöhungsschwindel)**, Nichtanzeige des Verlusts in Höhe der Hälfte des Stammkapitals gem. § 84 GmbHG, Verstoß gegen die Insolvenzantragspflicht gem. § 15a Abs. 1 InsO, Begehen einer Straftat durch Untreue oder Unterschlagung, §§ 266, 246 StGB).

4. Haftung gegenüber Dritten

Erheblich häufiger kommt es zu einer Haftung des GmbH-Geschäftsführers gegenüber den Gläubigern einer GmbH.

▶ Handelndenhaftung

Hier gibt es zunächst die **Handelndenhaftung im Gründungsstadium** der GmbH. Die GmbH entsteht als solche erst mit der Eintragung ins Handelsregister (§ 11 Abs. 1 GmbHG). Oftmals lässt es sich aber nicht vermeiden, in der Zeit zwischen dem notariellen Abschluss des Gesellschaftsvertrags und der Entstehung der GmbH als eigener Rechtsperson bereits gewisse Geschäfte für die künftige GmbH auszuführen. Die während dieser Phase begründeten Rechte und Pflichten der sog. Vorgesellschaft gehen mit der Eintragung auf die GmbH über.

In § 11 Abs. 2 GmbHG ist die persönliche Haftung der im Namen der GmbH Handelnden ausdrücklich geregelt. Zu einer solchen Haftung kann es kommen, wenn der Geschäftsführer für eine **noch nicht im Handelsregister eingetragene GmbH Rechtsgeschäfte abschließt**, unabhängig davon, ob er darauf hinweist, dass er für eine GmbH in Gründung handelt. Jeder Geschäftsführer kann als Handelnder haften. Nach § 11 Abs. 2 GmbHG können aber auch solche Personen haften, die, ohne zum Geschäftsführer bestellt worden zu sein, tatsächlich wie ein Geschäftsführer auftreten (sog. faktische Geschäftsführer, siehe hierzu **Teil B Nr. 10 ff. (Faktischer Geschäftsführer)**). Die Handelndenhaftung des § 11 Abs. 2 GmbHG tritt neben die Haftung der GmbH. Sie endet automatisch mit der Eintragung der GmbH ins Handelsregister.

▶ Verantwortlichkeit bei der Gesellschaftsgründung

Der Geschäftsführer haftet nicht für die **Leistung der Einlagen** zur Aufbringung des Stammkapitals; dies fällt in die Verantwortlichkeit der Gesellschafter. Diese trifft die Sanktion bei Verletzung der Zahlungspflicht, wenn sie also das Kapital nicht oder nicht wirksam eingezahlt haben. Insofern tragen sie das Risiko und haften im vollen Umfang.

Der Geschäftsführer hat bei der Gründung der GmbH lediglich die **Versicherung** abzugeben, dass die auf die Stammeinlagen zu leistenden **Einlagen** sich **endgültig in seiner freien Verfügung** befinden (§ 8 Abs. 2 Satz 1 GmbHG). Ist die Versicherung unrichtig, ist er neben den Gesellschaftern zwar verpflichtet, die fehlende Einzahlung zu leisten (§ 9a Abs. 1 GmbHG). Aber nur der Gesellschafter ist der Gesellschaft ggf. schadenersatzpflichtig. Kann der Geschäftsführer nachweisen, dass er die Sorgfalt eines ordentlichen Geschäftsmanns beachtet (insbesondere zutreffende Angaben gemacht) hat, kann er sich auch von der Einzahlungspflicht befreien. Gelingt ihm diese Exkulpation nicht, steht ihm im Innenverhältnis ein Erstattungsanspruch gegen die Gesellschafter zu.

Letztlich nimmt der Geschäftsführer hier Gläubigerinteressen wahr. Das ist jedenfalls dann der Fall, wenn die Gesellschaft nicht eingetragen worden wäre, hätte der Geschäftsführer zutreffende Angaben gemacht. Die Verpflichtung zu zutreffenden Angaben gewährleistet die Einhaltung der Mindestkapitalvorschriften.

▶ Gutgläubiger Erwerb von Gesellschaftsanteilen

Im Rahmen des gutgläubigen Erwerbs von Gesellschaftsanteilen kommt der **Gesellschafterliste** eine **besondere Bedeutung** zu. Aus ihr ergeben sich Name, Vorname, Geburtsdatum, Wohnort der Gesellschafter sowie die Nennbeträge und die laufenden Nummern der von jedem Gesellschafter übernommenen Geschäftsanteile. Nach Wirksamwerden einer Veränderung im Gesellschafterkreis ist der Geschäftsführer verpflichtet, **unverzüglich eine aktualisierte Liste** der Gesellschafter zum Handelsregister einzureichen bzw. – im Fall der Mitwirkung eines Notars – auf die Einreichung der Liste durch diesen hinzuwirken.

☞ Dem Geschäftsführer ist anzuraten, nach Erstellung und Einreichung der Gesellschafterliste die darin enthaltenen Daten regelmäßig auf Korrektheit und Aktualität zu kontrollieren. Um die Wirksamkeit der Vollziehung eines Wechsels in der Anteilsinhaberschaft zumindest auf offensichtliche Fehler überprüfen zu können, sollte er außerdem besondere Sorgfalt auf den Nachweis entsprechender Unterlagen verwenden.

Der Geschäftsführer haftet bei Verletzung dieser Pflicht auch den von der Beteiligungsänderung Betroffenen.

▶ Verhalten im Geschäftsverkehr

Die Pflicht des GmbH-Geschäftsführers zur ordnungsgemäßen Unternehmensleitung besteht nur im Verhältnis zur Gesellschaft, nicht aber im Verhältnis zu den Gläubigern der GmbH. Dritte können daher aus der Verletzung der Unternehmensleitungspflicht des Geschäftsführers keinen direkten Schadenersatzanspruch gegen diesen herleiten.

Zu einer Haftung des GmbH-Geschäftsführers gegenüber Dritten kann es aber kommen, wenn sich der Geschäftsführer im Geschäftsverkehr ungeschickt verhält und vermeidbare Fehler macht. **Erweckt** der Geschäftsführer etwa bei Vertragsverhandlungen oder einem Vertragsabschluss den **Eindruck, er selbst** sei allein oder mit anderen zusammen der **persönlich haftende Unternehmensbetreiber** und macht er umgekehrt nicht deutlich, dass er für eine GmbH handelt, muss er sich später an dem von ihm gesetzten Schein festhalten lassen, wenn der Vertragspartner in Unkenntnis der wirklichen Gegebenheiten auf die Richtigkeit des Scheins vertraut hat (sog. Rechtsscheinhaftung).

☞ Die **Rechtsscheinhaftung** des Handelnden tritt neben die Haftung der GmbH. Sie ist allerdings keine bloße Ausfallhaftung; vielmehr haften der Handelnde und die GmbH **als Gesamtschuldner** in voller Höhe. Sowohl in Verhandlungen als auch auf allen Schriftstücken ist daher immer deutlich darauf hinzuweisen, dass der Geschäftsführer lediglich als Vertretungsorgan der beschränkt haftenden Gesellschaft handelt.

Auch wenn der Geschäftsführer beim Geschäftspartner ein **besonderes persönliches Vertrauen** in Anspruch nimmt oder er das Geschäft der GmbH aus einem **wirtschaftlichen Eigeninteresse** heraus vornimmt, kann es zu einer Eigenhaftung des Geschäftsführers kommen.

Ein besonderes persönliches Vertrauen, welches über das normale Verhandlungsvertrauen hinausgeht, wird dem Geschäftsführer dann entgegengebracht, wenn er eine zusätzliche, gerade von seiner Person ausgehende Gewähr für den Bestand und die Erfüllung des in Aussicht genommenen Geschäfts bietet und übernimmt. Nicht ausreichend ist hierbei der bloße Hinweis des Geschäftsführers auf seine persönliche Sachkunde oder die Seriosität und Zahlungsfähigkeit der GmbH. Anders sieht es aus, wenn der Geschäftsführer das Gelingen des Geschäfts von seiner **besonderen Sachkunde praktisch abhängig macht**, er sich selbst also zum Garanten des angestrebten Erfolgs macht.

Ähnliches kann gelten, wenn er nahe persönliche Beziehungen zu dem Geschäftspartner ausnutzt. Steht die GmbH in einer **ständigen Geschäftsbeziehung**, trifft den Geschäftsführer auch die Pflicht, einen Lieferanten auf dessen Anfrage hin auf die erheblich verschlechterte wirtschaftliche Lage oder die bereits eingetretene Kreditunwürdigkeit der GmbH hinzuweisen.

☞ Ein GmbH-Geschäftsführer sollte daher davon absehen, selbst eine Garantie für den Erfolg eines Geschäfts zu übernehmen und seine eigene Sachkunde und Erfahrung im Geschäftsverkehr zu sehr zu betonen.

Ein haftungsbegründendes **wirtschaftliches Eigeninteresse** des GmbH-Geschäftsführers kommt nur in außergewöhnlichen Ausnahmefällen in Betracht. Die bloße Gesellschafterstellung, auch die Besicherung von Gesellschaftsschulden durch den Geschäftsführer führen jedenfalls nach Auffassung des BGH nicht zu einer persönlichen Haftung des Geschäftsführers für die Gesellschaftsverbindlichkeiten. Eine solche Haftungsgefahr droht lediglich dann, wenn der Geschäftsführer in erster Linie im eigenen Interesse handelt, die GmbH praktisch nur als eine „Durchlaufstation" vorschiebt und die an die GmbH geflossene Leistung dann in die eigene Tasche lenkt, ohne dass der Geschäftspartner von der GmbH eine entsprechende Gegenleistung erhalten würde.

▶ Schutz der Rechtsgüter Außenstehender

Der GmbH-Geschäftsführer hat eine sog. **Garantenstellung zum Schutz „Außenstehender"**. Der Geschäftsführer, der innerhalb der GmbH für die Organisation und Leitung des Geschäftsbetriebs zuständig ist, soll danach im Interesse der Außenstehenden verpflichtet sein, ihnen drohende Gefahren abzuwehren. Der GmbH-Geschäftsführer muss daher alle Mitarbeiter so anweisen, dass sie die in den Verträgen mit den Geschäftspartnern enthaltenen Bedingungen einhalten und beispielsweise nicht einen dort vereinbarten Eigentumsvorbehalt verletzen. **Versäumnisse bei der Organisation und Überwachung** werden dem Geschäftsführer persönlich angelastet.

Eine wesentliche Haftungsgefahr droht aus der Verletzung sogenannter Schutzgesetze, welche dem Schutz eines außenstehenden Dritten dienen (§ 823 Abs. 2 BGB i.V.m. einem Schutzgesetz). Insoweit können verschiedene Schutzgesetze zur Anwendung kommen, wie z.B. § 15a Abs. 1 InsO, § 84 GmbHG, §§ 263, 266, 266a StGB (siehe hierzu u.a. **Teil B Nr. 66 (Sozialversicherungsbeiträge – Insolvenzreife)**.

▶ Insolvenzverschleppung

Von besonderer praktischer Bedeutung ist dabei die Verletzung der Insolvenzantragspflicht gem. § 15a Abs. 1 InsO. Diese Norm ist auch als Schutzgesetz zu Gunsten Dritter allgemein anerkannt.

Wird die GmbH zahlungsunfähig oder tritt eine Überschuldung ein, muss der Geschäftsführer nach § 15a Abs. 1 InsO ohne schuldhaftes Zögern, spätestens aber drei Wochen nach Eintritt der Zahlungsunfähigkeit bzw. Überschuldung, die Eröffnung des Insolvenzverfahrens beantragen. Versäumt der Geschäftsführer schuldhaft diese Antragspflicht, muss er den dadurch insgesamt bei den Gläubigern entstehenden Schaden ersetzen. Zu ersetzen ist danach den sog. **Altgläubigern**, die bereits im Geschäftskontakt zur GmbH standen, der **Quotenschaden**, der sich aus der durch die Insolvenzverschleppung eingetretenen Verminderung des Gesellschaftsvermögens errechnet. Dagegen ist den sog. **Neugläubigern**, die erst nach Eintritt des Insolvenzgrunds in Geschäftskontakt mit der GmbH getreten sind, der volle Schaden zu ersetzen. Siehe hierzu Teil **B Nr. 37 f. (Insolvenzverschleppung)**.

▶ Gründungstäuschung

§ 82 Abs. 1 Nr. 1 GmbHG erfasst den praktisch wichtigen Fall eines sog. „**Gründungsschwindels**". Es geht dabei in erster Linie um den Schutz **des Vertrauens in die Richtigkeit** der gegenüber dem **Handelsregister** abgegebenen **Erklärungen** und somit den Schutz von Vermögensinteressen der Gesellschaftsgläubiger.

▶ Vermögensdelikte

Als weitere Schutzgesetze sind die §§ 263, 266, 266a und 283 ff. StGB zu nennen. Es handelt sich hierbei um die Tatbestände des **Betrugs, der Untreue und des Bankrotts**. Leistet der GmbH-Geschäftsführer Zahlungen auf ein Gesellschafter-Darlehen und wird hierdurch die Zahlungsunfähigkeit der Gesellschaft herbeigeführt, so kann er sich wegen existenzvernichtenden Eingriffs der Untreue strafbar machen. Zu einem sog. „Eingehungsbetrug" eines Geschäftsführers kann es kommen, wenn dieser trotz Kenntnis von der Insolvenzreife der GmbH einen möglichen Geschäftspartner der GmbH durch sein Schweigen über die wirtschaftliche Lage der GmbH täuscht und dabei dessen Schädigung bewusst in Kauf nimmt.

▶ Buchführungspflicht

Entgegen der in der Literatur geäußerten Auffassung soll die Buchführungspflicht gem. § 41 GmbHG nach Auffassung des BGH grundsätzlich keine gläubigerschützende Wirkung entfalten. Die Verletzung der Buchführungspflicht führt daher **grundsätzlich nicht** zu einer persönlichen Haftung des Geschäftsführers.

▶ Unterkapitalisierung

Die bloße Teilnahme einer in Bezug auf ihren Unternehmensgegenstand von vornherein **unterkapitalisierten GmbH** am Wirtschaftsverkehr führt **nicht** zu einer persönlichen Haftung des GmbH-Geschäftsführers gegenüber den Gesellschaftsgläubigern. Anderes gilt nur dann, wenn unter ganz besonderen Voraussetzungen das Verhältnis zwischen der GmbH und ihren Gesellschaftern zum Nachteil der Gesellschaftsgläubiger so einseitig ausgestaltet ist, dass die GmbH zwangsläufig Verluste erleidet, sich also letztlich die Gesellschafter zu Lasten der Gesellschaftsgläubiger bereichern. Erforderlich ist insoweit ein **vorsätzliches Fehlverhalten** des Geschäftsführers.

▶ Produkthaftung

Im Rechtsverkehr zu beachten ist auch das Risiko einer **Produkthaftung.** Dem Hersteller eines Produkts obliegt die Pflicht zur **ordnungsgemäßen Konstruktion, Fabrikation, Gebrauchsanweisung und Produktbeobachtung** (vgl. §§ 1, 3 Produkthaftungsgesetz). Der Geschäftsführer hat sicherzustellen, dass die GmbH ihre Pflichten erfüllt. Er muss daher dafür sorgen, dass die GmbH keine fehlerhaften Produkte in den Verkehr bringt bzw. später erkannte Gefahren des in den Verkehr gebrachten Produkts beseitigt werden oder der Verbraucher rechtzeitig vor solchen Gefahren gewarnt wird.

Zu einer persönlichen Haftung des Geschäftsführers kommt es insbesondere dann, wenn er die Fehlerhaftigkeit des Produkts kannte oder kennen musste und einen Vertrieb trotzdem nicht oder nicht rechtzeitig verhinderte. Insoweit droht sogar eine **strafrechtliche Verurteilung.** Die drohenden Gefahren werden am sichersten durch eine entsprechend organisierte Qualitätssicherungsabteilung ausgeräumt. Die bereits angesprochene Produktbeobachtungspflicht bezieht sich auf alle Fehlerquellen. Bei einer Delegation der Überwachungspflichten obliegt dem Geschäftsführer seinerseits eine Kontrollpflicht. Durch eine bloße Delegation der Aufgaben kann er sich im Ergebnis also nicht entlasten.

▶ Umweltrechtliche Vorschriften

Ob und unter welchen Voraussetzungen der GmbH-Geschäftsführer für Verletzungen umweltrechtlicher Vorschriften der GmbH persönlich haftet, ist in weiten Teilen noch nicht geklärt. Fest steht, dass der Geschäftsführer dafür zu sorgen hat, dass die GmbH den Katalog der öffentlich-rechtlichen Pflichten beachtet; nur ganz ausnahmsweise trifft ihn eine persönliche Erfüllungsgarantie. Diese ist dann zu bejahen, wenn sie **gesetzlich ausdrücklich angeordnet** wird oder wenn sie wegen der existenziellen Bedeutung der Pflichten für die GmbH oder für Dritte geboten ist.

Dies ist u.a. dann der Fall, wenn unter Verstoß gegen Schutzgesetze **das Eigentum oder die Gesundheit eines Dritten verletzt** worden ist. Hinzuweisen ist in diesem Zusammenhang beispielsweise auf die in § 89 Abs. 1 Wasserhaushaltsgesetz begründete Verhaltenshaftung (Einbringung und Einleiten von Stoffen sowie sonstige Einwirkungen), welche auf einer Gewässerschädigung beruht. Nach § 89 Abs. 2 Wasserhaushaltsgesetz besteht eine weitergehende Anlagenhaftung, die dann eingreift, wenn Schadstoffe auf andere Weise als durch ein Einbringen oder Einleiten in ein Gewässer gelangt sind. Haftungsrechtliche Folgen können sich auch aus einer undichten Kanalisation ergeben. Es kann in diesem Bereich sogar zu Straftaten nach dem Strafgesetzbuch kommen (§§ 324 ff. StGB).

5. Auswirkungen der Corona-Pandemie-Gesetze

Im Eilverfahren hat der Gesetzgeber Ende März 2020 das Gesetz zur Abmilderung der Folgen der COVID-19-Pandemie im Zivil-, Insolvenz- und Strafverfahrensrecht verabschiedet. Es handelt sich dabei um ein Artikelgesetz, das wesentliche auch die GmbH betreffende Vorschriften für eine vorübergehende Zeit ändert bzw. außer Kraft setzt.

▶ Aussetzung der Insolvenzantragspflicht

So regelt Art. 1 das „Gesetz zur vorübergehenden Aussetzung der Insolvenzantragspflicht und zur Begrenzung der Organhaftung bei einer durch die COVID-19-Pandemie bedingten Insolvenz" (COVInsAG) die vorübergehende Aussetzung der Insolvenzantragspflicht. Dieses Gesetz ist rückwirkend zum 1.3.2020 in Kraft getreten und gilt zunächst bis zum 30.9.2020.

Nach § 1 COVInsAG droht dem Geschäftsführer in dieser Zeit keine Freiheitsstrafe bis zu drei Jahren, wenn der Insolvenzantrag nicht oder nicht rechtzeitig gestellt wird (§ 15a Abs. 4 InsO).

☞ GmbH-Geschäftsführer sollten bis zum Ende des Aussetzungszeitraums die Ursachen für eine Überschuldung oder Zahlungsunfähigkeit ihrer Gesellschaft **sorgfältig dokumentieren**, um die Pandemie als Ursache belegen zu können.

§ 2 COVInsAG entlastet den Geschäftsführer von einer Haftung für Zahlungen nach Eintritt der Zahlungsunfähigkeit oder Überschuldung (§ 64 GmbHG) während des Aussetzungszeitraums. Nach dieser Vorschrift gelten Zahlungen, die im ordnungsgemäßen Geschäftsgang erfolgen, insbesondere solche Zahlungen, die der Aufrechterhaltung des Geschäftsbetriebs oder der Umsetzung eines Sanierungskonzepts dienen, als mit der Sorgfalt eines ordentlichen Geschäftsleiters im Sinne des § 64 Satz 2 GmbHG und des § 177a Satz 1 HGB (für die GmbH & Co. KG) vereinbar.

☞ Allerdings ist bei größeren Auszahlungen im Zeitraum vom 1.3. bis 30.9.2020 eine Bescheinigung des Steuerberaters empfehlenswert, wonach die Zahlung zur Aufrechterhaltung des Geschäftsbetriebs oder der Umsetzung eines Sanierungskonzepts diente.

▶ Kredite in der Krise

Um die wirtschaftlichen Folgen der Pandemie zu überstehen, sind die Unternehmen dringend auf Überbrückungskredite angewiesen. Deshalb sieht § 2 Abs. 1 Nr. 2 COVInsAG Erleichterungen für Gläubiger vor, die der GmbH im Aussetzungszeitraum Darlehen gewähren. Erhalten sie das Darlehen bis zum 30.9.2023 zurück, **liegt darin keine Gläubigerbenachteiligung.** Entsprechendes gilt für die im Aussetzungszeitraum erfolgte Bestellung von Sicherheiten zur Absicherung solcher Kredite.

Der Ausschluss der Gläubigerbenachteiligung hat zur Folge, dass im Fall einer späteren Rückzahlung des Darlehens oder der Freigabe der dafür bestellten Sicherheit **eine Anfechtung** durch den Insolvenzverwalter im Fall einer doch nicht vermeidbaren Insolvenz **ausgeschlossen** ist (§ 129 Abs. 1 InsO).

Diese Privilegierung gilt auch für die Rückgewähr von **Gesellschafterdarlehen** und Zahlungen auf Forderungen aus Rechtshandlungen, die einem solchen Darlehen wirtschaftlich entsprechen. Üblicherweise sind Gesellschafter vor allen Außenstehenden bereit, ihrer Gesellschaft mit frischem Darlehensgeld auszuhelfen. Nicht erfasst von dieser Privilegierung ist die Stellung von Sicherheiten durch Gesellschafter.

Unter die Privilegierung fallen **nur neue Kredite**, die im Aussetzungszeitraum gewährt werden. Nicht begünstigt sind Kreditprolongationen oder eine Novation (z.B. Ersatz einer gestundeten Forderung aus einer Warenlieferung durch ein Darlehen).

6. Haftung nach der Abgabenordnung

Schließlich ergibt sich eine besondere Haftungssituation des GmbH-Geschäftsführers gegenüber dem Staat als Gesellschaftsgläubiger. Es geht hierbei insbesondere um die Verletzung der steuerlichen Pflichten und um eine Haftung wegen eines Verstoßes gegen die sozialversicherungsrechtlichen Vorschriften.

Wenn der GmbH-Geschäftsführer die in der Abgabenordnung (AO) geregelten **steuerlichen Pflichten** der GmbH vorsätzlich oder grob fahrlässig **verletzt** und auf Grund dieser Pflichtverletzungen Steueransprüche **nicht oder nicht rechtzeitig festgesetzt oder erfüllt** werden, haftet der Geschäftsführer persönlich für den Schaden (§ 69 AO); siehe hierzu **Teil B Nr. 50 ff. (Lohnsteu-**

erhaftung). Der GmbH-Geschäftsführer hat also die steuerlichen Pflichten der Gesellschaft zu erfüllen. Diese ergeben sich aus der AO und den Einzelsteuergesetzen. In erster Linie hat der Geschäftsführer dafür zu sorgen, dass die Steuern aus den Mitteln der GmbH entrichtet werden, die er verwaltet (§ 34 Abs. 1 Satz 2 AO). Über die Steuerentrichtungspflicht hinaus hat der Geschäftsführer insbesondere die folgenden Verpflichtungen:

- Duldung der Vollstreckung in das verwaltete Vermögen(§ 77 AO),
- Mitwirkungspflichten (§ 90 AO),
- Auskunftspflichten (§ 93 AO),
- Vorlagepflichten (§§ 97, 100 AO),
- Anzeigepflichten (§§ 137 bis 139 AO),
- Buchführungs- und Aufzeichnungspflichten (§§ 140 bis 148 AO),
- Steuererklärungspflichten (§ 149 AO),
- Berichtigungspflichten (§ 153 AO) sowie
- Einbehaltungs- und Abführungspflichten (§§ 38 Abs. 3, 41a Abs. 1, 44 Abs. 1, 50a Abs. 5 EStG).

Alle diese Pflichten treffen den Geschäftsführer erst ab dem Zeitpunkt seiner rechtswirksamen Bestellung; sie erstrecken sich dann allerdings **auch** auf bereits **vor der Bestellung** entstandene Verpflichtungen.

Der Geschäftsführer haftet erst dann nach § 69 AO, wenn er die ihm auferlegten Pflichten verletzt. Dabei ist unmaßgeblich, ob er die Pflichtverletzung durch positives **Tun oder durch Unterlassen** begeht. Die Pflichtverletzung kann im Bereich der Steuerfestsetzung, der Steuererhebung oder dadurch erfolgen, dass der Geschäftsführer bei der **Auswahl oder Überwachung** seiner Angestellten nicht **sorgfältig gewesen** ist. Als Pflichtverletzungen sind zu nennen:

- Vornahme unrichtiger Buchungen,
- Abgabe unrichtiger Steuererklärungen,
- Ausstellen unkorrekter Steuerbescheinigungen,
- keine Einbehaltung oder Abführung von Lohnsteuer,
- Übertragung der Buchführungsarbeiten auf einen Angestellten ohne hinreichende Prüfung, ob dieser den Aufgaben gewachsen ist, oder
- kein Tätigwerden trotz der Feststellung, dass der Buchhalter bei der Erledigung der Steuerangelegenheiten nicht korrekt arbeitet.

Der häufigste Anwendungsfall des § 69 AO ergibt sich bei der Nichtzahlung von Steuern durch die GmbH. Grundsätzlich ist der Geschäftsführer verpflichtet, dafür zu sorgen, dass die Steuern aus den von ihm verwalteten Mitteln bei Fälligkeit entrichtet werden. Befinden sich im Gesellschaftsvermögen **keine Mittel zur Zahlung der Steuern** und können diese auch nicht beschafft werden, handelt der Geschäftsführer – soweit nicht bereits vorher eine Pflichtverletzung stattfand – **nicht pflichtwidrig**, wenn er die fälligen Steuerschulden nicht tilgt.

Unbedingt zu beachten ist aber der **Grundsatz der anteiligen Tilgung**. Dieser besagt Folgendes: Reichen die vorhandenen Mittel der GmbH nicht aus, die Steuerschulden in vollem Umfang zu begleichen, ist der Geschäftsführer zwar nicht verpflichtet, das Finanzamt vorrangig zu befriedigen. Allerdings sind die **Steuerschulden in gleicher Weise zu befriedigen** wie die Verbindlichkeiten gegenüber anderen Gläubigern. Dies bedeutet, dass das Finanzamt nicht besser, aber eben auch nicht schlechter als andere Gläubiger behandelt werden darf. Werden die Steuerschulden mit einer geringeren Quote bedient, kommt es zu einer ergänzenden quotalen Haftung des Geschäftsführers.

Nach § 69 AO haftet der Geschäftsführer nur dann, wenn die Verletzung der ihm auferlegten Pflichten **vorsätzlich oder grob fahrlässig** erfolgt ist. Vorsätzlich handelt der Geschäftsführer, wenn er seine Pflichten kennt und sie willentlich verletzt. Es reicht auch das vorsätzliche Inkaufnehmen einer möglichen Schädigung des Finanzamts. Grob fahrlässig ist die Pflichtverletzung, wenn der Geschäftsführer die Sorgfalt, zu der er nach den gegebenen Umständen und seinen persönlichen Kenntnissen und Fähigkeiten verpflichtet und im Stande ist, in ungewöhnlich hohem Maße verletzt.

Voraussetzung für die Haftung ist außerdem das Entstehen eines Schadens, für welchen die schuldhafte Pflichtverletzung ursächlich ist.

Bei mehreren Geschäftsführern hat das Finanzamt ein sog. Auswahlermessen. Es kann also selbst entscheiden, welchen Geschäftsführer es als Haftungsschuldner in Anspruch nimmt. Die Inanspruchnahme erfolgt im Wege eines Haftungsbescheids.

7. Haftung nach dem Sozialgesetzbuch

An besonderer Brisanz gewonnen hat auch die Haftung des Geschäftsührers gegenüber den Trägern der Sozialversicherung. Dieser Gesichtspunkt nimmt anhand der steigenden Insolvenzahlen erheblich an Bedeutung zu. Oftmals kennen sich GmbH-Geschäftsführer in sozialversicherungsrechtlichen Fragen so gut wie gar nicht aus. Sie delegieren die praktische Abwicklung dieses Bereichs, insbesondere die Berechnung und Abführung der einzelnen Beiträge an die Versicherungsträger, auf Mitarbeiter, ohne sich vorher oder nachher damit zu befassen.

Die GmbH trifft eine **Meldepflicht sowie eine Pflicht zur ordnungsgemäßen Abführung der Beiträge**. Die einzelnen Pflichten des Arbeitgebers folgen aus den §§ 28a ff. des SGB IV.

Zu beachten ist, dass nach ständiger Rechtsprechung Voraussetzung für das Entstehen einer Beitragsschuld nicht die tatsächliche Zahlung eines Entgelts an den versicherungspflichtigen Arbeitnehmer ist, sondern bloß das **Bestehen eines versicherungspflichtigen Anstellungsverhältnisses**. Auch wenn die Löhne an die Mitarbeiter wegen vorhandener Liquiditätsprobleme der GmbH nicht oder nur teilweise ausgezahlt werden, entsteht daher die volle Beitragsschuld. Insoweit kommt es zu besonderen Haftungsgefahren des Geschäftsführers in der (drohenden) Insolvenzsituation der GmbH.

Als betroffener GmbH-Geschäftsführer müssen Sie daher prüfen, welche Lohnansprüche den Arbeitnehmern auf Grund vertraglicher Zusage zustehen und hierauf **auf jeden Fall die Arbeitnehmeranteile abführen**, wenn Sie eine persönliche Haftung vermeiden wollen.

Werden die Arbeitnehmerbeiträge nicht abgeführt, wird eine untreueähnliche Handlung des Arbeitgebers angenommen, und zwar in Form einer Verletzung der Vermögensbetreuungspflicht gegenüber den Arbeitnehmern. Die einbehaltenen Arbeitnehmeranteile stellen fremdes Geld dar, welches zweckgebunden zu verwenden ist. Dagegen stellt der Arbeitgeberanteil eine eigene Schuld der GmbH dar (§ 20 SGB IV). Wird diese nicht erfüllt, haftet der Geschäftsführer hierfür grundsätzlich nicht persönlich.

Voraussetzung für eine persönliche Haftung des Geschäftsführers ist allerdings, dass überhaupt noch liquide Mittel vorhanden waren. Hier hat der BGH entschieden, dass der Arbeitgeber auch dann straf- und haftungsrechtlich verantwortlich sein kann, wenn ihm die Herbeiführung der Zahlungsunfähigkeit zum Fälligkeitszeitpunkt der Beiträge als ein pflichtwidriges Verhalten anzulasten ist. In einem solchen Fall wird die Verwirklichung der Tatbestandsmerkmale des § 266a Abs. 1 StGB gleichsam auf einen Zeitpunkt vor dem eigentlichen Fälligkeitstermin vorverlagert. Der Geschäftsführer befindet sich insoweit in einem kaum lösbaren Dilemma. Will er einer hieraus resultierenden Pflichtverletzung und persönlichen Haftung möglichst sicher entgehen, muss er regelmäßig **unverzüglich** nach Eintritt der Insolvenzsituation den Insolvenzantrag stellen oder ein Schutzschirmverfahren beantragen.

8. Konzernrecht

Nur kurz hingewiesen sei auf die besonderen Haftungsprobleme für den **Geschäftsführer eines Konzernunternehmens**. Nach der Rechtsprechung des BGH haftet die Konzernmutter für solche Schäden bei der Konzerntochter, welche auf einem existenzvernichtenden Eingriff beruhen. Der Geschäftsführer einer Konzerntochter, der sich an einer solchen **existenzvernichtenden Handlung** beteiligt hat, sei es aus freien Stücken oder weisungsgebunden, kann später für die bei den Gläubigern der Konzerntochter entstandenen eingriffsbedingten Schäden persönlich haften.

Auch insoweit ist es erforderlich, dass die Vermögensinteressen der abhängigen Gesellschaft zunächst genau erkannt und dann auch im Geschäftsverkehr beachtet werden. Es empfiehlt sich, einseitige und sachlich ungerechtfertigte Vermögensverlagerungen und Vermögensvermischungen im Gesamtkonzern zu vermeiden. Vielmehr sind die einzelnen Geschäftskreise der Gesellschaften exakt auseinanderzuhalten und im Einzelfall gleichwohl eingetretene Schäden der Konzerntochter sogleich wieder unter Dokumentation des Vorgangs auszugleichen. Eine **klare und durchschaubare Buchführung** und eine **eigenständige Geschäftspolitik** bewahren hier am besten den jeweiligen Geschäftsführer vor einer persönlichen Haftung.

9. Besondere Situation bei der GmbH & Co. KG

Innerhalb einer GmbH & Co. KG ist der Geschäftsführer der GmbH auch für die **Geschäftsführung der KG** verantwortlich. Er selbst steht in aller Regel aber nur in einem vertraglichen Anstellungsverhältnis zur GmbH. Wenn die wesentliche Aufgabe der Komplementär-GmbH in der Führung der KG liegt, erstreckt sich nach Auffassung des BGH der Schutzbereich des zwischen der GmbH und ihrem Geschäftsführer abgeschlossenen Anstellungsvertrags hinsichtlich der **Haftung** der Geschäftsführer **aus § 43 GmbHG auch auf die KG**.

Diese Ausdehnung der Schutzwirkung wird daher in jedem Fall eingreifen, wenn die GmbH ausschließlich als Komplementärin der KG tätig ist. Der GmbH-Geschäftsführer hat daher innerhalb einer solchen Konstruktion auch die Vermögensinteressen der KG ordnungsgemäß wahrzunehmen. Wie weit die Haftung geht und für welches Fehlverhalten der Geschäftsführer im Einzelnen haftet, hängt auch von der Ausgestaltung der vertraglichen Beziehungen und der Stellung des Geschäftsführers als Gesellschafter innerhalb der GmbH & Co. KG ab. Siehe hierzu auch **Teil B Nr. 25 (GmbH & Co. KG – Gesellschafterbeschluss)**.

10. Haftungsvermeidung, D&O-Versicherung

Im Interesse der Haftungsvermeidung ist es ratsam, zunächst einmal **Klarheit** über die wahrzunehmenden **Pflichten** zu schaffen. Weiterhin sollte der GmbH-Geschäftsführer die von ihm wahrzunehmenden Aufgaben so **orga-**

nisieren, dass er selbst deren Erfüllung sicherstellen oder aber die Erfüllung durch von ihm beauftragte Dritte **kontrollieren** kann.

Im Verhältnis zur Gesellschaft kann der Geschäftsführer auch durch eine entsprechende Vereinbarung von der persönlichen **Haftung für fahrlässiges Fehlverhalten freigestellt** werden. Eine solche Vereinbarung dürfte auch später im Verhältnis zu den Gesellschaftsgläubigern wirksam sein, wenn sie allgemein und nicht einseitig zu Lasten der Gesellschaftsgläubiger geregelt worden ist. Ein vollständiger Haftungsausschluss ist hingegen nicht möglich.

In den letzten Jahrzehnten fand zunehmend eine Haftpflichtversicherung für GmbH-Geschäftsführer Verbreitung. Es geht hierbei um eine Absicherung des Geschäftsführungsrisikos – eine sog. „**D&O-Versicherung**" für Manager. Versicherungsnehmer ist hierbei ganz überwiegend die GmbH (& Co. KG). Versicherte Personen können Geschäftsführer, Aufsichtsratsmitglieder, Beiratsmitglieder und möglicherweise auch die leitenden Angestellten und Prokuristen sein. Der Versicherungsschutz erstreckt sich auf die Risiken aus der Tätigkeit der genannten Personen für ihr Unternehmen.

Als Risiken können vom Versicherungsschutz die Kosten der vorgerichtlichen und gerichtlichen Abwehr von Schadenersatzansprüchen, die Erfüllung der Haftungsverpflichtung des Geschäftsführers gegenüber Dritten und die Ansprüche der Gesellschaft aus entstandenen Schäden gegen den Geschäftsführer erfasst werden. Wie weit der Versicherungsschutz geht und welche Versicherungsprämien hierfür anfallen, ist im Einzelfall mit der jeweiligen Versicherungsgesellschaft zu klären.

Kein Versicherungsschutz besteht für vorsätzliche Pflichtverletzungen der versicherten Personen. **Nicht versicherbar** ist ferner das sog. **unternehmerische Risiko** aus Fehlentscheidungen des Managements.

Die D&O-Haftpflichtversicherung erfasst Vermögensschäden, nicht aber Personen- und Sachschäden. Insoweit ist eine ergänzende **Betriebshaftpflichtversicherung** erforderlich.

Da in aller Regel ganz erhebliche Versicherungsprämien anfallen, werden in der Praxis solche Versicherungsverträge meist nur von größeren Gesellschaften abgeschlossen.

Teil B
ABC der Haftungsrisiken

1 Amtsniederlegung in der Krise

Zur Amtsniederlegung durch den alleinigen Fremdgeschäftsführer in einer Gesellschaftskrise

Der Fall und das Urteil:

A war alleiniger Fremdgeschäftsführer einer GmbH. Die Gesellschaft befand sich in einer wirtschaftlichen Krise und in der Insolvenz. Aus diesem Grund beantragte er beim Registergericht (RegG) seine Amtsniederlegung. Das Gericht lehnte sein Begehren ab, weil der Antrag zur Unzeit gestellt worden und deshalb rechtsmissbräuchlich sei. Dieser Auffassung ist das OLG nicht gefolgt.

Konsequenzen:

Nach Auffassung des OLG ist von dem Grundsatz auszugehen, dass die Niederlegung eines Amtes des Geschäftsführers selbst dann wirksam ist, wenn kein objektiv wichtiger Grund vorliegt oder sie zur Unzeit erfolgt.

Hiervon ist nur dann eine **Ausnahme** zu machen, wenn ein Fall des **Rechtsmissbrauchs** vorliegt. Dieser liegt (nur) dann vor, wenn es sich bei dem sein Amt niederlegenden Geschäftsführer um den einzigen handelt, dieser zugleich **alleiniger Gesellschafter** ist und er davon absieht, einen neuen Geschäftsführer für die Gesellschaft zu bestellen. Dies verlangt das Interesse des Rechtsverkehrs an der Handlungsfähigkeit der Gesellschaft, die ansonsten vollständig beseitigt wird. Dies gilt insbesondere in wirtschaftlich schwierigen Situationen und im Hinblick auf die freiwillig übernommene Verantwortung für die Gesellschaft. Angesichts der Personenidentität von Geschäftsführungs- und Willensorgan (Gesellschafterversammlung) ist es im Interesse der Rechtssicherheit geboten, in diesem Fall höhere Anforderungen an die Amtsniederlegung zu stellen, da andernfalls nach Belieben das Vermögen der Gesellschaft dem Zugriff der Gläubiger entzogen werden kann, indem die Gesellschaft praktisch handlungsunfähig gemacht wird. Für einen Fremdgeschäftsführer, der weder unmittelbar noch mittelbar an der Gesellschaft beteiligt ist, gilt dies aber nicht.

In der Praxis stellt sich die Problematik der Amtsniederlegung durch einen Fremdgeschäftsführer zur Unzeit häufig auch deshalb nicht, weil die Möglichkeit der gerichtlichen Bestellung eines Notgeschäftsführers (analog § 29 BGB) besteht. Eine Amtsniederlegung trotz Notgeschäftsführungsmöglichkeit kann nur dann rechtsmissbräuchlich sein, wenn die Notlage gerade erst durch die Niederlegung entsteht. Der Geschäftsführer soll sich nämlich nicht ohne Weiteres, insbesondere in einem Zeitpunkt, in dem die Gesellschaft seiner Führung mehr denn je bedarf und auch die Handlungsfähigkeit der Gesellschaft im Hinblick auf die Gläubiger eine große Rolle spielt, von seinen Pflichten befreien können.

Grundsätzlich ist es nicht die Aufgabe des Geschäftsführers, seinen Nachfolger zu bestimmen. Dies gilt aber dann nicht, wenn er gleichzeitig alleiniger Gesellschafter ist. In einem solchen Fall muss er zunächst für seinen Nachfolger sorgen, um die Handlungsfähigkeit der Gesellschaft sicherzustellen, bevor er sein Amt (wirksam) niederlegen kann.

OLG Bamberg, Urteil vom 17.7.2017, Az. 5 W 51/17

2 Amtsunfähigkeit wegen Straftat (1)

Zur Amtsunfähigkeit und Löschung infolge Verwarnung mit Strafvorbehalt wegen Insolvenzstraftat

Der Fall und die Entscheidung:

G war seit 15.10.2001 einzelvertretungsberechtigter Gesellschafter der X-GmbH. Im Oktober 2015 wurde er rechtskräftig wegen einer nicht rechtzeitigen Stellung eines Insolvenzantrags verurteilt. Das Amtsgericht Magdeburg verwarnte ihn unter Vorbehalt der Verurteilung zu einer Gesamtgeldstrafe von 90 Tagessätzen zu je 45 € und setzte eine Bewährungszeit auf ein Jahr fest. Über die Verurteilung wurde das Registergericht (RegG) in Kenntnis gesetzt.

Das RegG teilte der X-GmbH mit, dass G die Eignung für das Amt des Geschäftsführers verloren habe und er deshalb im Register von Amts wegen zu löschen sei. Gleichzeitig gewährte das RegG die Gelegenheit zur Stellungnahme binnen zehn Tagen. Nach Ablauf der Frist bat G um Erläuterung der Gründe der beabsichtigten Löschung. 14 Tage später löschte das Gericht G als Geschäftsführer und benachrichtigte ihn am Folgetag von der Löschung.

Am 3.11.2016 stellte das AmtsG Magdeburg fest, dass es bei der Verwarnung bleibt, weil die festgesetzte Bewährungszeit abgelaufen sei, ohne dass sich Gründe für eine Verurteilung zu der vorbehaltenen Strafe ergeben hatten. Daraufhin bat G am 5.12.2016 das RegG um Löschung seiner Löschung als Geschäftsführer. Sowohl das RegG als auch das OLG wiesen sein Gesuch zurück.

Konsequenzen:

Nach der höchstrichterlichen Rechtsprechung (BGH, Urteil vom 1.7.1991, Az. II ZR 292/90, GmbHR 1991, S. 358) verliert ein Geschäftsführer ohne Weiteres seine Stellung, wenn bei ihm nachträglich die Voraussetzungen des § 6 Abs. 2 Satz 2 GmbHG eintreten, insbesondere dann, wenn er rechtskräftig wegen Insolvenzverschleppung verurteilt worden ist. Unter den **Begriff einer „Verurteilung"** im Sinne des GmbHG fallen nicht nur eine Verurteilung durch Verhängung einer Geld- oder Freiheitsstrafe, sondern auch eine Verwarnung mit Strafvorbehalt. § 6 Abs. 2 Satz 2 Nr. 3a GmbHG knüpft den Ausschluss allein an die mit dem rechtskräftigen Strafurteil festgestellte bewusste Missachtung der Insolvenzantragspflicht (BGH, Urteil vom 16.2.2012, Az. IX ZB 113/11, NJW 2012, S. 1215).

Das RegG hat einen Geschäftsführer in diesem Fall von Amts wegen aus dem Handelsregister zu löschen (OLG München, Urteil vom 3.3.2011, Az. 31 Wx 51/11, GmbHR 2011, S. 430). § 6 Abs. 2 Satz 2 Nr. 3a GmbHG findet gemäß § 3 Abs. 2 GmbHG-Einführungsgesetz auch auf Geschäftsführer Anwendung, die vor dem 1.11.2008 bestellt wurden, sofern die Rechtskraft ihrer Verurteilung – wie im entschiedenen Fall – erst nach dem 31.10.2008 eintrat.

Maßgeblich ist, dass eine Verurteilung wegen einer **vorsätzlichen Straftat** erfolgt. Eine nur fahrlässige Begehung, die auch bei einer Insolvenzverschleppung möglich ist (§ 15a Abs. 5 InsO), hat dagegen keine Folgen. Maßgeblich sind insoweit die Feststellungen im Strafurteil.

OLG Naumburg, Beschluss vom 3.2.2017, Az. 5 Wx 2/17

3 Amtsunfähigkeit wegen Straftat (2)

Insolvenzverschleppung in Form verspäteter Antragstellung als Grund für eine Amtsunfähigkeit

Der Fall und das Urteil:

Nachdem der Geschäftsführer einer GmbH rechtskräftig wegen Insolvenzverschleppung verurteilt worden war, kündigte das Registergericht an, die Eintragung des Geschäftsführers im Handelsregister zu löschen. Nach § 6 Abs. 2 Nr. 3a GmbHG könne dieser nicht mehr Geschäftsführer sein, was zum automatischen Wegfall der Bestellung führe. Deshalb müsse eine unnötig gewordene Eintragung gelöscht werden. Dieser Auffassung ist das OLG gefolgt. § 6 Abs. 2 Nr. 3a GmbHG diene dem Schutz des Geschäftsverkehrs. Aus diesem Grund falle auch die Insolvenzverschleppung in Form einer verspäteten Insolvenzantragstellung unter diese Vorschrift.

Konsequenzen:

Nach dem MoMiG mit Wirkung ab 1.11.2008 zählt § 15a Abs. 4 InsO drei Insolvenzverschleppungsgründe auf:

- Den Antrag nicht zu stellen,
- den Antrag nicht richtig zu stellen und
- den Antrag nicht rechtzeitig zu stellen.

In jedem Fall ist ein Unterlassen erforderlich. In dem ebenfalls neu gefassten § 6 Abs. 2 GmbHG werden nicht, wie zu erwarten gewesen wäre, die drei Tatvarianten des § 15a Abs. 4 InsO wieder aufgenommen. Vielmehr wird auf eine Verurteilung wegen des Unterlassens der Stellung eines Antrages auf Eröffnung des Insolvenzverfahrens (Insolvenzverschleppung) abgestellt.

Deshalb musste sich das OLG mit der streitigen Rechtsfrage beschäftigen, welche der drei in § 15a Abs. 4 InsO genannten Insolvenzverschleppungsgründe nach § 6 Abs. 2 Nr. 3a GmbHG zum Ausschluss vom Amt des Geschäftsführers führt. Die Tatsache, dass auch ein verspäteter Insolvenzantrag im Kern nichts anderes ist als ein (zeitweises) Unterlassen, spricht dafür, dass die Auffassung des OLG vertretbar ist, weil sich der Fall einer verspäteten Insolvenzantragsstellung unter strafrechtlichen Gesichtspunkten problemlos als Unterlassungsdelikt einordnen lässt. Da das OLG die Revision nicht zugelassen hat, ist der Weg einer höchstrichterlichen Klärung versperrt.

Für die Praxis ist von Bedeutung, dass der Gesetzgeber die Schwelle des § 6 Abs. 2 Nr. 3a GmbHG ausdrücklich von einer **strafrechtlichen Verurteilung** abhängig gemacht hat. Insoweit hängt die Erheblichkeit einer kurzen Überschreitung der Insolvenzantragspflicht allein von der Frage ab, ob hierin bereits eine **vorsätzliche Insolvenzverschleppung nach § 15a Abs. 4 InsO** gesehen werden kann. Handelt es sich um einen **Bagatellfall**, steht ein Verfahrensabschluss nach §§ 153, 153a StPO einer Löschung des Geschäftsführers in der Regel entgegen.

OLG Celle, Urteil vom 29.8.2013, Az. 9 W 109/13

4 Bankrott

Strafbarkeit wegen vorsätzlichen Bankrotts

Der Fall:

Die Angeklagten X und Y waren Geschäftsführer und alleinige Gesellschafter der B & F-GmbH sowie der B & F-oHG. Die GmbH mietete von diversen Einkaufsmärkten Flächen zum Betrieb kleinerer Verkaufsstände für mediterrane Lebensmittel an. Diese wurden unter Abschluss von Untermietverträgen von sogenannten Systempartnern betrieben. Die oHG belieferte diese mit den mediterranen Lebensmitteln.

Nachdem sich die GmbH zunächst erfolgreich entwickelte, wurde ihr Geschäftsbetrieb in 2007 unter anderem wegen ausbleibender Zahlungen der Untermieter defizitär.

Im Juli 2007 übertrug die GmbH 13 Untermietverträge auf neu gegründete Gesellschaften. Erstmals zum 30.9.2007 ergab sich eine buchmäßige Überschuldung der GmbH. Über ihr Vermögen wurde am 1.2.2008 das Insolvenzverfahren eröffnet. Zu diesem Zeitpunkt bestand eine Liquiditätslücke von etwa 1,9 Mio. €.

Das Landgericht (LG) hat die Angeklagten wegen vorsätzlichen Bankrotts in Tateinheit mit Untreue zu einer Geldstrafe verurteilt.

Die Entscheidung:

Die Revision der Angeklagten mit der Sachrüge hatte Erfolg (§ 349 Abs. 4 StPO).

Im Ausgangspunkt hat der BGH klargestellt, dass im Rahmen des Straftatbestands des § 283 Satz 2 StGB eine Mitursächlichkeit der konkreten Tathandlung für die bei der Gesellschaft eingetretene Überschuldung oder Zahlungsunfähigkeit ausreichend ist.

Nach Auffassung des BGH hat aber das LG eine solche Mitursächlichkeit der „Auslagerung der 13 Untermietverträge" in neu gegründete Gesellschaften für die letztlich eingetretene Überschuldung und Zahlungsunfähigkeit der GmbH nicht hinreichend belegt. Die aus der Untervermietung jeweils monatlich erzielten Überschüsse betrugen lediglich rund 5.300 €, während bereits zum 30.9.2007 eine Überschuldung der GmbH in Höhe von rund 63.000 € und zum 1.2.2008 in Höhe von etwa 1,9 Mio. € vorlag. Aus diesem Zahlungsvergleich wird nicht deutlich, inwieweit die entgangenen Mietüberschüsse die Insolvenz der GmbH hätten verhindern können.

Konsequenzen:

Wenn sich die wirtschaftliche Lage Ihrer GmbH zunehmend verschlechtert, könnten Sie auf die Idee kommen, die lukrativen Geschäftsbereiche auf eine neu gegründete Gesellschaft auszulagern. Dann laufen Sie aber Gefahr, dass gerade dadurch die alte GmbH in den Bankrott gerät. Sollte dies der Fall sein, machen Sie sich gemäß § 283 Satz 2 StGB strafbar.

Es reicht nämlich aus, dass die konkrete Handlung, wenn sie tatsächlich zu einer nennenswerten Vermögensverschlechterung der GmbH führt, mitursächlich für die spätere Überschuldung oder Zahlungsunfähigkeit ist. Dies kann durch einen Vergleich der tatsächlichen Vermögenssituation mit der hypothetischen unter Berücksichtigung der ausgegliederten Umsätze festgestellt werden. Daher ist von solchen Rettungsmaßnahmen dringend abzuraten.

BGH, Beschluss vom 28.9.2016, Az. 4 StR 293/16

5 Bestechlichkeit – Verjährung

Wann ist die Straftat der Bestechlichkeit im geschäftlichen Verkehr beendet?

Der Fall:

Die beiden Geschäftsführer A und B der X-GmbH, einer Bauunternehmung im Hoch- und Gewerbebau, haben die Auftragserteilung durch eine andere Firma dadurch erkauft, dass sie deren Geschäftsführer und deren Leiter der Abteilung Bauwesen bestimmte wirtschaftliche Vorteile gewährt haben. Sie haben diesen bzw. deren Ehefrauen unter anderem Doppelhaushälften zu einem weit unter dem Verkehrswert liegenden Preis veräußert und übertragen. Danach fand dann die Vertragsunterzeichnung zugunsten der X-GmbH statt.

Gegen A und B hat das Landgericht Geldbußen festgesetzt.

Das Urteil:

Der BGH hatte insbesondere zu untersuchen, ob bezüglich der Straftaten der Bestechlichkeit und der Bestechung im Zeitpunkt des erstinstanzlichen Urteils bereits Verfolgungsverjährung eingetreten war. Die **Verjährungsfristen für Bestechungsdelikte im geschäftlichen Verkehr** beginnen gemäß § 78a StGB mit der jeweiligen materiellen Tatbeendigung. Materiell beendet ist eine Tat, wenn der Täter sein rechtsverneinendes Tun insgesamt abgeschlossen hat, er also das Tatunrecht in vollem Umfang verwirklicht hat. Selbst wenn schon der objektive Tatbestand einer strafrechtlichen Regelung verwirklicht ist, kann noch eine weitere Handlung nachfolgen, die den Angriff auf das geschützte Rechtsgut verfestigt oder intensiviert.

Der BGH hat für die Bestechung im geschäftlichen Verkehr abgeleitet, dass es für die Tatbeendigung auf die jeweils letzte Handlung zur beidseitigen Erfüllung einer getroffenen Unrechtsvereinbarung ankommt. Die Taten sind daher in solchen Fällen erst beendet, wenn der **Vorteil vollständig entgegengenommen** worden und damit die bevorzugende Handlung vollständig abgeschlossen ist. Dies geschah vorliegend erst mit Leistung der vereinbarten Werklohnzahlungen durch das beauftragende Unternehmen.

Die einmal angelaufene Verjährung kann dann durch Strafermittlungstätigkeiten, wie den Erlass von richterlichen Durchsuchungsanordnungen, unterbrochen werden. Die absolute Verjährungsfrist beträgt gemäß § 78c Abs. 3 Satz 2 StGB zehn Jahre ab jeweiliger Tatbeendigung.

Die vorgeworfenen Straftaten konnten daher vorliegend noch verfolgt werden.

Konsequenzen:

In vielen Wirtschaftsbereichen werden Auftragserteilungen von der Gewährung unzulässiger Leistungen an für die Vergabe zuständige Personen abhängig gemacht. Hierdurch entsteht für die beteiligten Unternehmen ein teilweise nicht unerheblicher wirtschaftlicher Schaden. Es handelt sich um Ordnungswidrigkeiten oder Straftaten im Bereich der Bestechung und Bestechlichkeit im geschäftlichen Verkehr, die mit empfindlichen Strafen geahndet werden können.

Die **Verjährung kann sich lange hinziehen**, da sie erst mit der Verwirklichung des letzten Aktes der Bestechungshandlung endet, bei Austauschverträgen mit der Erbringung der letzten Leistung.

BGH, Urteil vom 18.5.2017, Az. 3 StR 103/17

6 Buchführungspflicht

Zur Strafbarkeit infolge Verletzung der Buchführungspflicht

Der Fall und die Entscheidung:

Mit Urteil vom 18.7.2018 hat das Arbeitsgericht (ArbG) Bad Gandersheim den Angeklagten – Geschäftsführer einer GmbH, die sich in der Krise befand – wegen Verletzung der Buchführungspflicht in zwei Fällen sowie wegen Vorenthaltens von Arbeitsentgelt in 24 Fällen zu einer Gesamtstrafe von 100 Tagessätzen zu je 15 € verurteilt. Das ArbG und das Landgericht (LG) hatten ihre Verurteilung u.a. auf die Verletzung der Buchführungspflicht – § 283b Abs. 1 Nr. 3b Strafgesetzbuch(StGB) gestützt. Nach Auffassung des Oberlandesgerichts (OLG) erlauben die Feststellungen der Vorinstanzen keine Prüfung der Frage, ob eine Strafbarkeit deshalb entfällt, weil eine rechtzeitige Erfüllung der Buchführungspflicht dem Angeklagten unmöglich war. Deshalb hat das OLG die Urteile aufgehoben und die Sache an eine andere Kammer des LG zurückverwiesen.

Konsequenzen:

In der Gesellschaftskrise sieht sich der GmbH-Geschäftsführer zahlreichen Pflichten ausgesetzt. Zum einen muss er darauf achten, nach Eintritt von Zahlungsunfähigkeit oder Überschuldung keine Forderungen mehr zu bedienen, will er nicht in die oft existenzbedrohende Haftungsfalle (§ 64 Satz 1 GmbHG) tappen. Zum anderen muss er spätestens nach Ablauf von drei Wochen den Antrag auf Eröffnung des Insolvenzverfahrens stellen, da er sich andernfalls strafbar macht (Insolvenzverschleppung) und sich zivilrechtlichen Haftungsansprüchen von Alt- sowie Neugläubigern der Gesellschaft aussetzt.

Bei der strafrechtlichen Sanktionierung der Verletzung der Buchführungspflicht (§ 283b Abs. 1 Nr. 3b StGB) handelt es sich um ein sogenanntes echtes Unterlassungsdelikt. Die **Strafbarkeit entfällt**, wenn der zur fristgerechten Bilanzierung Verpflichtete die Liquidität für die Einschaltung eines sachkundigen Dritten nicht aufbringen kann oder für vorrangige öffentliche Zahlungspflichten aufwenden muss, sofern er selbst nicht über die notwendigen Kenntnisse verfügt. Deshalb ist ein **Geschäftsführer** als für die Erstellung der Bilanz verantwortliche Person in einem solchen Fall **verpflichtet**, bereits zum Ende des Geschäftsjahres eine **Rückstellung für die Erstellung des Jahresabschlusses zu bilden** und sachkundige Dritte so rechtzeitig zu beauftragen, dass die Bilanz fristgerecht erstellt werden kann. Um einem Buchführungspflichtigen die Unmöglichkeit der Pflichterfüllung strafrechtlich zuzurechnen, bedarf es dann aber Feststellungen dazu, wann sachkundige Dritte – angesichts der Verhältnisse der konkreten Gesellschaft – spätestens hätten beauftragt werden müssen, um die rechtzeitige Erstellung der Bilanz sicherzustellen. Kommt der Geschäftsführer seinen Pflichten nicht durch Bildung von Rücklagen nach, kann er sich später auch nicht damit herausreden, ihm sei die Erfüllung der Bilanzierungspflicht unmöglich gewesen.

OLG Braunschweig, Beschluss vom 8.4.2019, Az. 1 Ss 5/19

7 Darlegungs- und Beweislast

Darlegungs- und Beweislast der GmbH hinsichtlich Pflichtverletzungen des Geschäftsführers im Zusammenhang mit dem Abschluss eines Kauf- und Übertragungsvertrags

Der Fall und das Urteil:

Die A-GmbH nimmt ihren Geschäftsführer auf Schadenersatz wegen angeblicher Verletzung seiner Geschäftsführer-Pflichten gemäß § 43 Abs. 2 GmbHG in Anspruch. Hintergrund ist die Veräußerung der Beteiligung an der B-GmbH, einer 100%igen Tochtergesellschaft der Klägerin, an einen Käufer.

Die B-GmbH wurde beim Abschluss des Kauf- und Übertragungsvertrags von ihren Geschäftsführern vertreten. Zuvor hatte sich der Aufsichtsrat der B-GmbH, dem auch Mitglieder des Präsidiums der Muttergesellschaft der Kläger angehören, mit dem Angebot des Käufers eingehend beschäftigt und finale Verhandlungen mit dem Käufer befürwortet.

Der Käufer hat die A-GmbH als Verkäufer aus dem geschlossenen Kauf- und Übertragungsvertrag auf vertragsgemäße Zahlungen in Höhe von mehreren Millionen Euro in Anspruch genommen. Die Klägerin ist der Auffassung, dass der Beklagte, der als Geschäftsführer der Klägerin an der Verhandlung des Kauf- und Übertragungsvertrags maßgeblich beteiligt war, verantwortlich dafür ist, dass die B-GmbH aufgrund des Vertrags Zahlungsverpflichtungen ausgesetzt sei, die bei der Klägerin zu einem Schadenersatz führen würden. Der Beklagte habe die Entscheidung über den Vertragsabschluss allein herbeigeführt und dadurch die Zuständigkeit des Präsidiums, bei dem der Beklagte angestellt war, hierfür missachtet. Beide Instanzen haben eine Haftung des Geschäftsführers abgelehnt.

Konsequenzen:

Nach der ständigen BGH-Rechtsprechung ist es Aufgabe der GmbH, einen Schaden darzulegen und zu beweisen, dass dieser durch ein möglicherweise pflichtwidriges Verhalten des Geschäftsführers verursacht worden ist. Sache des Geschäftsführers ist es sodann, darzulegen, dass das schadenauslösende Ereignis tatsächlich nicht pflichtwidrig war oder ihn zumindest kein Verschulden trifft. Hiermit werden der GmbH die Darlegung und der Beweis eines durch pflichtwidriges Verhalten des Geschäftsführers verursachten Schadens erleichtert.

Allerdings muss die GmbH hierfür mindestens einen Sachverhalt darlegen, aus dem sich ein möglicherweise pflichtwidriges und für den Schaden ursächliches Verhalten des Geschäftsführers ergibt. Hieran fehlt es, wenn - wie im vorliegenden Fall - aufgrund der verschiedenen Gesellschaftsebenen in einem lediglich faktischen Konzern der Geschäftsführer einer im Konzern verbundenen GmbH auf ein schadenauslösendes Ereignis auf anderer Konzernstufe keinen unmittelbaren Einfluss nehmen kann und der eingetretene Schaden daher **außerhalb des Pflichtenkreises des Geschäftsführers** entsteht.

Im Falle des Schadeneintritts bei einer GmbH wird es der Gesellschaft wegen der bestehenden Erleichterung der Darlegungs- und Beweislast im Regelfall nicht schwerfallen, einen Schadenersatzanspruch gegen den Geschäftsführer durchzusetzen. Um zu vermeiden, dass im Falle einer GmbH, die Bestandteil eines faktischen Konzerns ist, die Erleichterung der Darlegungs- und Beweislast für die GmbH ins Leere geht, ist die Implementierung einer einheitlichen Führungsstruktur im Konzern erforderlich. Hierfür kommt insbesondere die personelle Identität der Geschäftsführer auf allen Konzernstufen, der Abschluss von Beherrschungsverträgen mit der Möglichkeit einer unmittelbaren Einflussnahme der Geschäftsführer auf Tochtergesellschaften sowie die Regelung einer Geschäftsordnung für die Geschäftsführer des Konzerns in Betracht, mit der die Geschäftsführer von Tochtergesellschaften an Zustimmungsvorbehalte der Organe der Muttergesellschaften gebunden werden. Unter diesen Voraussetzungen wird der Pflichtenkreis der Geschäftsführer in einer die einzelnen Konzerngesellschaften übergreifenden Weise geregelt und damit die Inanspruchnahme der Konzerngeschäftsführer für Schäden, die bei einzelnen Konzerngesellschaften entstehen, wesentlich erleichtert.

OLG München, Urteil vom 8.7.2015, Az. 7 U 3130/14

8 Ermessensspielraum

Zum Schadenersatz wegen Überschreitung des unternehmerischen Ermessens und zur Beweislast

Der Fall und der Beschluss:

Der Beklagte war Geschäftsführer der Klägerin (GmbH), die Immobilien als Kapitalanlage vermittelt und hierfür ein bundesweites Vertriebsnetz unterhält. Zwischen der Klägerin und der W-GmbH bestand eine Rahmenvertriebsvereinbarung, nach der die Klägerin Objekte eigenen Kunden zum Kauf anzubieten hatte. Der Vertrag sah hierfür eine Provision in Höhe von 12% des vereinbarten Kaufpreises sowie Untervertriebspartner-/Kundenschutz vor.

Im Februar 2015 schloss der Beklagte als Geschäftsführer der Klägerin mit der W-GmbH einen Änderungsvertrag. Vereinbart war nunmehr ein Provisionssatz in Höhe von 11%. Der Kundenschutz entfiel. Nach der Abberufung des Beklagten als Geschäftsführer und Kündigung der Rahmenvereinbarung durch die W-GmbH im April 2015 nahm die Klägerin den Beklagten auf Ersatz von Provisionen in Anspruch, die sie aufgrund der Vertragsänderung nicht habe realisieren können. Ferner begehrte die Klägerin die Feststellung, dass der Beklagte verpflichtet sei, alle weiteren Schäden, die ihr durch die eigenmächtige Vertragsänderung der Rahmenvereinbarung entstanden sind oder noch entstehen werden, auszugleichen. Die Klägerin trug insofern u.a. vor, dass der Beklagte weder zur Reduzierung der Provision noch zur Streichung der Kunden- und Quellenschutzvorschriften befugt gewesen sei.

Das LG hat die Zahlungsklage abgewiesen und dem Feststellungsantrag stattgegeben. Gegen Letzteres wendet sich der Beklagte mit seiner Berufung, die das OLG abgewiesen hat, weil es den Feststellungsantrag als begründet ansah.

Konsequenzen:

GmbH-Geschäftsführer haben gemäß § 43 Abs. 1 GmbHG in den Angelegenheiten der Gesellschaft die Sorgfalt eines ordentlichen Geschäftsmanns anzuwenden. Verletzen sie die ihnen der Gesellschaft gegenüber obliegenden Pflichten schuldhaft, haften sie der GmbH solidarisch für den daraus entstandenen Schaden (§ 43 Abs. 2 GmbHG). In diesem Zusammenhang geht es häufig um **Fragen des Ermessensspielraums eines GmbH-Geschäftsführers bei unternehmerischen Entscheidungen**. Mangels generalisierungsfähiger Kriterien ist die Abgrenzung zwischen erlaubten und nicht erlaubten Risikogeschäften in der Praxis äußerst schwierig.

Das OLG hat im Streitfall den Abschluss eines neuen Rahmenvertrags ohne eine zuvor bestehende Kundenschutzklausel durch den Geschäftsführer als Überschreitung des unternehmerischen Ermessens und damit als Pflichtverletzung gewertet. Der Geschäftsführer muss darlegen und ggf. beweisen, dass er seinen Sorgfaltspflichten nachgekommen ist, ihn kein Verschulden trifft oder dass der Schaden auch bei pflichtgemäßem Alternativverhalten eingetreten wäre. Hierin eingeschlossen ist insbesondere der Nachweis, dass die Entscheidung des Geschäftsführers vom unternehmerischen Ermessen gedeckt war, er also die prozeduralen **Regeln der „Business Judgement Rule"** eingehalten hat. Danach haftet ein Geschäftsführer nur dann, wenn er sich nicht angemessen informiert und die Entscheidung entsprechend vorbereitet hat, die Maßnahme nicht rechtmäßig oder nicht zum Wohle der Gesellschaft ist und/oder die Grundsätze ordnungsgemäßer Unternehmensleitung gröblich verletzt werden. Wegen der Bindung an das Gesellschaftsinteresse überschreitet ein Geschäftsführer sein unternehmerisches Ermessen etwa dann, wenn er unverantwortliche Risiken eingeht. Dies ist z.B. dann der Fall, wenn aus der Sicht eines ordentlichen und gewissenhaften Geschäftsleiters das hohe Risiko eines Schadens unabweisbar ist und keine vernünftigen wirtschaftlichen Gründe dafür sprechen, es dennoch einzugehen.

Für die Geltendmachung von Ersatzansprüchen gegen einen Geschäftsführer oder Gesellschafter ist ein Gesellschafterbeschluss notwendig (§ 46 Nr. 8 GmbHG). Dieser ist nicht erforderlich bei einer Einpersonen-GmbH. Hier genügt es, wenn der Wille des Alleingesellschafters hinreichend klar zutage tritt.

OLG München, Beschluss vom 8.2.2018, Az. 23 U 2913/17

9 Ex-Geschäftsführer

Haftung des früheren Geschäftsführers und Liquidators für vom Finanzamt von der GmbH zurückgeforderte Investitionszulagen

Der Fall:

Das Finanzamt (FA) gewährte der X-GmbH mit Bescheid vom 25.6.2007 und 26.2.2010 für die Kalenderjahre 2006 und 2009 Investitionszulagen.

Am 31.1.2011 wurde A als Geschäftsführer der X-GmbH im Handelsregister eingetragen. Weiterer Geschäftsführer war zu diesem Zeitpunkt – eingetragen seit dem 22.12.2010 – B.

Mit notariellem Vertrag vom 25.7.2011 veräußerte die X-GmbH ihr Geschäftsgrundstück nebst Werkshalle, Gebäude und Zubehör an E.

In ihrer Bilanz zum 31.12.2012 wies die X-GmbH als einzige Position des Anlagevermögens Forderungen gegen GmbH-Gesellschafter als sonstige Vermögensgegenstände in Höhe von 166.979 € aus. Auf der Passivseite wies die X-GmbH in gleicher Höhe Eigenkapital aus.

Durch Beschluss der Gesellschafterversammlung vom 7.8.2013 wurde die X-GmbH aufgelöst. A und B wurden zu Liquidatoren bestellt.

Im Oktober 2013 teilte die X-GmbH dem FA auf Anfrage mit, dass die Wirtschaftsgüter, für die Investitionszulagen gewährt wurden, Gegenstand des Veräußerungsvertrags vom 25.7.2011 gewesen seien. Daraufhin änderte das FA mit Bescheid vom 11.4.2014 die Investitionszulagenbescheide und forderte die Investitionszulagen zurück. Die hiergegen gerichteten Einsprüche hatten keinen Erfolg.

Mit Bescheid vom 26.1.2017 nahm das FA A neben B wegen Investitionszulage-Rückforderungsbeträgen in Höhe von 9.533 € in Haftung. Den gegen den Haftungsbescheid eingelegten Einspruch des A wies das FA zurück.

Das Urteil:

Das Finanzgericht gab dem A insoweit Recht, als er auch für Säumniszuschläge in Anspruch genommen wurde. Im Übrigen wies das Gericht die Klage zurück.

Denn zu den steuerlichen Pflichten eines Geschäftsführers gehöre es insbesondere dafür zu sorgen, dass Steuern aus den Mitteln der Gesellschaft entrichtet werden. Zwar handele es sich bei der Investitionszulage nicht um eine Steuervergütung und bei der Rückzahlung einer zu Unrecht gewährten Zulage nicht um eine Steuer im Sinne des § 1 Abs. 1 Abgabenordnung (AO). Jedoch sind nach dem Investitionszulagengesetz die für Steuervergütungen geltenden Regelungen der AO entsprechend anzuwenden.

Spätestens mit Bekanntgabe der geänderten Investitionszulagenbescheide vom 11.4.2014 habe A von der Rückzahlungspflicht der X-GmbH positive Kenntnis gehabt und hätte die Rückgewährungsansprüche gemäß § 31 GmbHG analog geltend machen müssen, um die Gesellschaft in die Lage zu versetzen, die Verbindlichkeit gegenüber dem FA tilgen zu können. Das Unterlassen der Geltendmachung dieses Rückgewähranspruchs stelle eine grobe Verletzung der Pflichten des A als Liquidator der X-GmbH dar.

Konsequenzen:

Nach § 72 GmbHG ist im Falle der Liquidation der GmbH das Vermögen der Gesellschaft unter die Gesellschafter nach dem Verhältnis der Geschäftsanteile zu verteilen. Nach § 73 Abs. 1 GmbHG darf die Verteilung nicht vor Ablauf eines Jahres seit dem Tage vorgenommen werden, an dem die Aufforderung an die Gläubiger, sich bei der Gesellschaft zu melden, in den Geschäftsblättern erfolgt ist. Liquidatoren, die hiergegen verstoßen, sind zum Ersatz der verteilten Beträge solidarisch verpflichtet (§ 73 Abs. 3 Satz 1 GmbHG).

Daneben sind die Gesellschafter entsprechend § 31 Abs. 1 GmbHG gegenüber der Gesellschaft zur Rückgewähr der ausgekehrten Gelder verpflichtet (BGH, Urteil vom 2.3.2009, Az. II ZR 264/07; GmbH-Stpr 2009, S. 214).

FG Berlin-Brandenburg, Urteil vom 15.11.2018, Az. 9 K 9052/18

10 Faktischer Geschäftsführer (1)

Zur Haftung des faktischen Geschäftsführers einer GmbH für ausstehende Lohnsteuer

Der Fall:

F ist alleinige Gesellschafterin und Geschäftsführerin der X-GmbH. Die X-GmbH schloss mit M (Ehemann der F) einen schriftlichen Arbeitsvertrag als kaufmännischer Angestellter ab.

F erteilte M eine schriftliche Vollmacht, wonach dieser im Namen der X-GmbH u.a. zu Vertragsverhandlungen und Vertragsabschlüssen bevollmächtigt war. So unterschrieb M zum Beispiel als einziger Vertreter der X-GmbH eine Niederschrift zur Durchführung von Stahlverlegearbeiten auf der Baustelle A durch die X-GmbH und schloss mit verschiedenen Firmen Verträge über die Errichtung von Rohbauten ab.

Im Rahmen einer vom Hauptzollamt auf der Baustelle A durchgeführten Prüfung nach dem Schwarzarbeitsbekämpfungsgesetz wurden jeweils Ermittlungsverfahren gegen F und M wegen Vorenthalten von Arbeitsentgelt eingeleitet. In der Folge leitete die Steuerfahndungsstelle gegen F und M je ein Ermittlungsverfahren wegen des Verdachts der Hinterziehung von Lohnsteuer ein.

Da der Antrag auf Eröffnung des Insolvenzverfahrens über das Vermögen der X-GmbH mangels Masse abgelehnt wurde, erließ das Finanzamt gegen M einen Haftungsbescheid wegen ausstehender Lohnsteuer mit der Begründung, M habe als sogenannter faktischer Geschäftsführer der X-GmbH zumindest grob fahrlässig inhaltlich unzutreffende Lohnsteueranmeldungen eingereicht.

Der gegen den Haftungsbescheid eingelegte Einspruch hatte keinen Erfolg.

Das Urteil:

Das FG wies die Klage des M wie folgt als unbegründet zurück:

M hat sowohl den objektiven als auch den subjektiven Tatbestand des § 69 AO in Verbindung mit § 35 AO dadurch erfüllt, dass er als sogenannter **Verfügungsberechtigter** der X-GmbH im Sinne von § 35 AO zumindest **grob fahrlässig** nicht dafür gesorgt hat, dass die X-GmbH inhaltlich zutreffende Lohnsteueranmeldungen eingereicht hat.

Verfügungsberechtigter im Sinne von § 35 AO ist jeder, der rechtlich und wirtschaftlich über Mittel, die einem anderen zuzurechnen sind, verfügen kann und als Verfügungsberechtigter auftritt (BFH, Beschluss vom 8.12.2010, Az. VII B 102/10, BFH/NV 2011, S. 740). Dabei ist unter Verfügungsbefugnis die Fähigkeit zu verstehen, im Außenverhältnis wirksam zu handeln, das heißt, der Verfügungsberechtigte hat die bürgerlich-rechtliche Verfügungsmacht und damit auch die Pflichten eines gesetzlichen Vertreters.

Genau dies hat M getan. Er hat in einer Vielzahl von Fällen mittels Bevollmächtigung seitens seiner Ehefrau als alleiniger, ordentlich bestellter Geschäftsführerin und Alleingesellschafterin der X-GmbH wirtschaftlich bedeutsame Verträge für die X-GmbH abgeschlossen.

Konsequenzen:

Anders als bei den sogenannten Betriebssteuern haftet ein Haftungsschuldner für rückständige Verbindlichkeiten betreffend Lohnsteuer **unabhängig von der finanziellen Leistungsfähigkeit der GmbH**. Denn von den für die Erfüllung der steuerlichen Pflichten der GmbH Verantwortlichen wird erwartet, dass sie die gesetzlichen Vorschriften über die Anmeldung und Abführung von Lohnsteuern unbedingt einhalten, notfalls im Wege einer Kürzung der Nettolohnzahlungen an die Arbeitnehmer, um mit den hierdurch frei werdenden finanziellen Mitteln die anzumeldenden Lohnsteuern vollständig und fristgerecht entrichten zu können (BFH, Beschluss vom 21.12.1998, Az. VII B 175/98, BFH/NV 1999, S. 745).

FG Berlin-Brandenburg, Urteil vom 6.7.2016, Az. 9 K 9267/12

11 Faktischer Geschäftsführer (2)

Kommanditist als faktischer Geschäftsführer der Komplementär-GmbH haftet für Steuerschulden der GmbH & Co. KG

Der Fall:

A und B sind jeweils zu 50% sowohl an der X-GmbH & Co. KG (X-KG) und der X-Komplementär-GmbH (X-GmbH) beteiligt. Alleiniger Geschäftsführer der X-GmbH war B. Sowohl A als auch B besaßen für die betrieblichen Bankkonten der X-KG jeweils eine Kontovollmacht.

Wegen des Verdachts der Steuerhinterziehung kam es zu Durchsuchungen durch die Steuerfahndung. Dabei ermittelte die Steuerfahndung zusätzliche Umsatzsteuer- und Gewerbesteuerschulden.

Nach Eröffnung des Insolvenzverfahrens über das Vermögen der X-KG meldete das Finanzamt die Forderungen wegen Umsatz- und Gewerbesteuer zur Tabelle an.

Nach Vollzug der Schlussverteilungen hob das Amtsgericht das Insolvenzverfahren auf. Die Forderungen des Finanzamts wurden zum überwiegenden Teil nicht befriedigt. Daher erließ das Finanzamt gegenüber A einen entsprechenden Haftungsbescheid. Zur Begründung führte es aus, A sei faktischer Geschäftsführer der X-KG gewesen. In dieser Eigenschaft habe er es pflichtwidrig unterlassen, die fälligen Umsatz- und Gewerbesteuern pünktlich abzuführen. Da B vermögenslos sei, würde seine Haftungsinanspruchnahme ins Leere laufen.

Das Urteil:

Nach der Auffassung des FG hat das Finanzamt A zu Recht für die Umsatz- und Gewerbesteuerschulden der X-KG in Haftung genommen. Denn **als faktischer Geschäftsführer** war A Verfügungsberechtigter im Sinne von § 35 AO und beging Steuerhinterziehung gemäß § 71 AO.

Verfügungsberechtigter im Sinne des § 35 AO ist jeder, der nach dem Gesamtbild der Verhältnisse rechtlich und wirtschaftlich über Mittel, die einem anderen zuzurechnen sind, verfügen kann und als solcher nach außen auftritt. Dabei kann bereits eine beherrschende Stellung als Gesellschafter einer Kapitalgesellschaft eine Verfügungsberechtigung im Sinne des § 35 AO vermitteln (BFH, Beschluss vom 13.8.2007, Az. VII B 20/07, GmbH-Stpr. 2008, S. 343).

Nach Auffassung des Gerichts war A die maßgebliche Person im Nachtgeschäft der X-KG und damit der zuständige (faktische) Geschäftsführer. Er unterlag weder irgendwelchen Weisungen noch hatte er ein klar umrissenes Aufgabengebiet. Vielmehr war seine Befugnis allumfassend, um einen reibungslosen Ablauf des Nachtgeschäfts zu gewährleisten.

Außerdem hat sich A gegenüber der Steuerfahndung als Geschäftsführer vorgestellt und trat auch gegenüber dem Personal als Geschäftsführer auf.

Konsequenzen:

Für die Beurteilung, ob jemand, der nicht als Geschäftsführer einer Komplementär-GmbH bestellt ist, als sogenannter **faktischer Geschäftsführer** anzusehen ist, kommt es letztlich darauf an, wie sich das Auftreten des Betreffenden nach dem Gesamterscheinungsbild darstellt (BGH, Urteil vom 27.6.2005, Az. II ZR 113/03, GmbH-Stpr 2005, S. 381).

Das kumulative Vorliegen der klassischen Merkmale im Kernbereich der Geschäftsführung (Bestimmung der Unternehmenspolitik, Einstellung von Mitarbeitern, Gestaltung der Geschäftsbeziehungen zu Vertragspartnern, Verhandlung mit Kreditgebern etc.) ist dabei nicht erforderlich (BFH, Beschluss vom 13.8.2007, Az. VII B 20/07, a.a.O.). Entscheidend ist vielmehr, dass der Betreffende die Geschicke der Gesellschaft **maßgeblich in die Hand genommen** hat und ihre Geschäfte wie ein Geschäftsführer geführt hat. Dabei ist ein eigenes Handeln des Betreffenden im Außenverhältnis erforderlich.

Da eine GmbH mehrere Geschäftsführer haben kann, genügt es, dass der Betreffende in maßgeblichem Umfang Geschäftsführungsfunktionen übernommen hat, wie sie nach Gesetz und Gesellschaftsvertrag für den Geschäftsführer kennzeichnend sind, wobei es nicht darauf ankommt, wer die laufenden Routineangelegenheiten erledigt, sondern allein darauf, wer die maßgeblichen, für den wirtschaftlichen Fortbestand des Gesellschaftsunternehmens entscheidenden Maßnahmen trifft (BGH, Urteil vom 21.3.1988, Az. II ZR 194/87, BGHZ 104, S. 44).

FG Hamburg, Urteil vom 29.3.2017, Az. 3 K 183/15

12 Faktischer Geschäftsführer (3)

Eine nicht als Geschäftsführer eingetragene Person ist nur bei umfassender Verfügungsbefugnis ein faktischer Geschäftsführer

Der Fall:

Alleinige Gesellschafterin und Geschäftsführerin der X-GmbH war die Ehefrau des A. Da die X-GmbH insolvent wurde und ihre Steuerschulden nicht begleichen konnte, nahm das Finanzamt den A als sogenannten faktischen Geschäftsführer per Haftungsbescheid in Anspruch. Dies begründete das Finanzamt damit, dass A Verfügungsberechtigter über das Konto der X-GmbH war und auch die Buchführung vorbereitet und die kaufmännischen Angelegenheiten erledigt habe. Außerdem habe A zwei Lieferantenverträge abgeschlossen.

Das Finanzamt wies den Einspruch und den Antrag des A auf Aussetzung der Vollziehung des angefochtenen Haftungsbescheids zurück.

Der Beschluss:

Das FG Köln gab dem Antrag auf Aussetzung der Vollziehung des Haftungsbescheids statt. Seiner Ansicht nach bestehen **ernstliche Zweifel** an der Annahme, **dass A als faktischer Geschäftsführer fungiert hatte.**

Bei der Beurteilung der Frage, ob jemand faktisch wie ein Organmitglied aufgetreten ist, muss nach Auffassung des FG auf das Gesamtbild des Auftretens abgestellt werden. Nicht erforderlich sei dabei, dass **mindestens sechs von acht klassischen Merkmalen** im Kernbereich der Geschäftsführung erfüllt sind. Es reiche aus, dass die Person nach außen so auftritt, als könne sie **umfassend über das Vermögen verfügen** und sie faktisch die Aufgaben der Geschäftsführung wahrnimmt.

Im Streitfall war dies nicht zu bejahen. Der Umstand, dass Mitarbeiter über das Firmenkonto verfügen können, sei nicht außergewöhnlich. Auch der Abschluss zweier Lieferantenverträge sei ein wenig bedeutsames Indiz. Ein Hinweis für die faktische Geschäftsführung könne die weitreichende Verlagerung der kaufmännischen Abwicklung und Buchführung auf Ehemann A sein. Allerdings würden in der Praxis auch vertrauenswürdige Buchhalter mit derart wichtigen Tätigkeiten betraut.

Konsequenzen:

Trotz der sehr engen Voraussetzungen, unter denen sogenannte faktische Geschäftsführer in Anspruch genommen werden können, muss man dennoch bedenken, dass die Finanzgerichte grundsätzlich schneller als die Strafgerichte zu einer **haftungsrechtlichen Verantwortung** von Personen im Unternehmen gelangen. Insbesondere müssen nach der finanzgerichtlichen Rechtsprechung nicht mindestens sechs der acht klassischen Merkmale im Kernbereich der Geschäftsführung von einer Person verwirklicht werden, um diese als faktischen Geschäftsführer in Haftung nehmen zu können.

FG Köln, Beschluss vom 15.12.2017, Az. 13 V 2969/17

13 Faktischer Geschäftsführer (4)

Haftungsbescheid gegenüber dem nominellen Geschäftsführer auch bei Tätigwerden eines faktischen Geschäftsführers

Der Fall und das Urteil:

Die Klägerin wendet sich gegen einen Haftungsbescheid, mit dem ihr gegenüber, als Geschäftsführerin der X-UG (Unternehmergesellschaft, haftungsbeschränkt) Gewerbesteuern für den Zeitraum 2010 bis 2015 sowie steuerliche Nebenleistungen geltend gemacht werden. Zum 8.1.2009 wurde die Gesellschaft in das Handelsregister eingetragen. Alleinvertretungsberechtigte Geschäftsführerin war die Klägerin, an deren Privatanschrift sich auch der Firmensitz befand. Gegenstand der Gesellschaft war die Ausführung von Eisenflechtarbeiten. Das Gewerbe wurde zum 1.11.2009 angemeldet und zum 30.4.2015 abgemeldet.

Im Oktober 2014 fand eine Steuerprüfung statt. Am 13.5.2015 wurden Gewerbesteuerbescheide in Höhe von über 58.000 € für die Jahre 2010-2015 erlassen. Mangels Zahlungen durch die Gesellschaft erging ein Vollstreckungsauftrag, der erfolglos verlief. Am 9.1.2015 hörte die Beklagte (Kommune) die Klägerin als Gesellschafter-Geschäftsführerin für eine Inanspruchnahme als Haftungsschuldnerin für die rückständigen Abgaben an. Trotz Aufforderung zur Beantwortung diverser Fragen blieben diese in der Folgezeit unbeantwortet. Am 5.2.2016 erging der hier streitgegenständliche Haftungsbescheid in Höhe von über 58.000 €.

Hiergegen legte die Klägerin fristgerecht Widerspruch ein. Dieser wurde zurückgewiesen. Im laufenden Klageverfahren hat die Beklagte drei Gutachten des Insolvenzverwalters eingereicht, aus denen Anhaltspunkte zu entnehmen sind, dass der Ehemann der Klägerin faktischer Geschäftsführer gewesen sein soll. Aus dem Prüfbericht des Finanzamts vom 16.1.2015 ergibt sich, dass der Ehemann sämtliche Geschäfte - die UG betreffend - leitete. Er traf Entscheidungen, kümmerte sich um Aufträge und die Arbeiter, kurz er war allein verantwortlich.

Nach Auswertung der Unterlagen und Informationen des Hauptzollamts leitete die Steuerfahndung am 24.11.2014 ein Steuerstrafverfahren gegen den Ehemann wegen Gewerbesteuerhinterziehung als faktischer Geschäftsführer zugunsten der Gesellschaft ein. Die Klägerin trägt zur Begründung ihrer Klage vor, sie sei lediglich formelle Inhaberin der Gesellschaft gewesen. Sie habe ihrem Ehemann „blind" vertraut. Das Verwaltungsgericht (VG) wies die Klage wegen Rechtmäßigkeit des Haftungsbescheids ab.

Konsequenzen:

Gemäß § 191 Abs. 1 Satz 1 1. Alternative Abgabenordnung (AO) kann als Haftungsschuldner durch Haftungsbescheid in Anspruch genommen werden, wer kraft Gesetzes für eine Steuer haftet. Die Haftung eines Vertreters ergibt sich insoweit aus § 69 AO. Danach haften die in §§ 34, 35 AO bezeichneten Personen, soweit Ansprüche aus dem Steuerschuldverhältnis (§ 37 AO) infolge vorsätzlicher oder grob fahrlässiger Verletzung der ihnen auferlegten Pflichten nicht oder nicht rechtzeitig festgesetzt oder erfüllt werden. Die Haftung knüpft an die **formelle Geschäftsführerstellung** an, nicht an die Übernahme der Geschäftsführertätigkeiten durch Dritte.

Grundsätzlich kann die Erledigung steuerlicher Pflichten Mitarbeitern, fremden Dritten und insbesondere einem Steuerberater übertragen werden, ohne dass der Geschäftsführer befürchten müsste, dass ihm deren Fehlverhalten wie Eigenes zugerechnet wird. Denn eine solche Zurechnung von Drittverschulden würde den Zweck des § 69 AO verfehlen, der darin besteht, den Vertreter des Steuerpflichtigen für schuldhaftes eigenes Verhalten zur Verantwortung zu ziehen. Die Erledigung darf Dritten aber ebenso wie Mitgeschäftsführern und Steuerberatern nur überlassen werden, wenn sie **vertrauenswürdig sind und sorgfältig ausgewählt** und überwacht werden. Bei der Verletzung dieser Pflichten **haftet der Geschäftsführer** sonst gegebenenfalls **aus eigenem Auswahl- oder Überwachungsverschulden**. Der nach § 34 AO Verpflichtete kann für eine schuldhafte Pflichtverletzung des Steuerberaters nur dann in Haftung genommen werden, wenn ihn ein eigenes Auswahl-, Organisations- oder Überwachungsverschulden trifft. Die Qualifikation eines Angehörigen der rechts- uns steuerberatenden Berufe muss nur dann überprüft werden, wenn für den Vertreter aufgrund seines persönlichen Beurteilungsvermögens Anlass besteht, an dessen Können und Zuverlässigkeit zu zweifeln (BGH, Urteil vom 30.8.1994, Az. VII R 101/92).

VG Schleswig-Holstein, Urteil vom 25.9.2019, Az. 4 A 531/17

14 Firmenwagen – Lohnsteuer

Auch bei alleinigem Gesellschafter-Geschäftsführer kann nicht unterstellt werden, dass er Firmenwagen auch privat nutzt

Der Fall:

A ist alleiniger Gesellschafter-Geschäftsführer der X-GmbH. Laut Anstellungsvertrag hatte die X-GmbH dem A ein Firmenfahrzeug zur geschäftlichen und privaten Nutzung zur Verfügung gestellt. Allerdings war in einer Gesellschafterversammlung beschlossen worden, dass der Firmenwagen dem A nur für Geschäftsfahrten zur Verfügung stünde und eine Privatnutzung der vorherigen Abstimmung mit der X-GmbH bedürfe.

Zum Nachweis der ausschließlichen betrieblichen Nutzung des Kfz hatte A ein digitales Fahrtenbuch geführt, das er in Form loser Blätter ausgedruckt hatte. Später hatte er ein nachträglich erstelltes Fahrtenbuch in Papierform vorgelegt, das aber im Rahmen einer Lohnsteueraußenprüfung bei der X-GmbH vom Prüfer nicht als ordnungsgemäß anerkannt wurde.

Das Finanzamt erhöhte entsprechend das Gehalt des A und erließ geänderte Einkommensteuerbescheide. Die nach erfolglosem Einspruch erhobene Klage wies das FG als unbegründet zurück.

Das Urteil:

Der BFH gab der Revision des A statt und verwies die Sache an das FG zurück.

Überlässt der Arbeitgeber einem Arbeitnehmer unentgeltlich oder verbilligt einen Dienstwagen auch zur privaten Nutzung, führt dies zu einem als Lohnzufluss nach § 19 Abs. 1 Satz 1 Nr. 1 EStG zu erfassenden steuerbaren Nutzungsvorteil des Arbeitnehmers. Der Arbeitnehmer ist um den Betrag bereichert, den er für eine vergleichbare Nutzung aufwenden müsste und den er sich durch die Überlassung des Fahrzeugs erspart.

Allerdings begründet § 8 Abs. 2, Satz 2 EStG ebenso wenig wie § 6 Abs. 1 Nr. 4 Satz 2 EStG originär einen steuerbaren Tatbestand. Die Vorschriften regeln vielmehr nur die Bewertung eines Vorteils, der dem Grunde nach feststehen muss. Deshalb setzt die Anwendung der 1%-Regelung voraus, dass der Arbeitgeber seinem Arbeitnehmer **tatsächlich einen Dienstwagen zur Privatnutzung überlassen** hat. Der Ansatz eines lohnsteuerrechtlichen Vorteils rechtfertigt sich nur insoweit, als der Arbeitgeber dem Arbeitnehmer gestattet, den Dienstwagen privat zu nutzen. Die unbefugte Privatnutzung des Geschäftswagens hat dagegen keinen Lohncharakter. Ein Vorteil, den sich der Arbeitnehmer gegen den Willen des Arbeitgebers selbst zuteilt, zählt damit nicht zum steuerpflichtigen Arbeitslohn (vgl. BFH, Urteil vom 21.3.2013, Az. VI R 31/10, BStBl II 2013, S. 700; Urteil vom 18.4.2013, Az. VI R 23/12, BFHE 241, S. 276).

Steht nicht fest, dass der Arbeitgeber dem Arbeitnehmer einen Dienstwagen zur Privatnutzung überlassen hat, kann auch der **Beweis des ersten Anscheins** diese fehlende Feststellung nicht ersetzen.

Im Streitfall hat sich das FG nicht mit der erforderlichen Gewissheit davon überzeugt, dass dem A der Geschäftswagen nur zur betrieblichen Nutzung überlassen wurde. Es hat den betreffenden Gesellschafterbeschluss nicht dahingehend gewürdigt, ob ihm ein Privatnutzungsverbot zu entnehmen ist und dies auch umgesetzt wurde.

Konsequenzen:

Nach der allgemeinen Lebenserfahrung ist **zwar typischerweise** davon auszugehen, dass ein Arbeitnehmer einen auch zur Privatnutzung überlassenen Dienstwagen auch tatsächlich privat nutzt. Weiter reicht dieser allgemeine Erfahrungssatz aber nicht. Es spricht weder dafür, dass dem Arbeitnehmer überhaupt ein Dienstwagen aus dem Fuhrpark des Arbeitgebers für private Zwecke zur Verfügung steht, noch dafür, dass er einen solchen unbefugt oder gar verbotswidrig privat nutzt. Dies gilt selbst dann, wenn der Arbeitgeber ein arbeitsvertraglich vereinbartes Privatnutzungsverbot nicht überwacht.

BFH, Urteil vom 8.8.2013, Az. VI R 71/12

15 Fremdgeschäftsführer – Gerichtszuständigkeit

Der Fremdgeschäftsführer einer GmbH ist arbeitsrechtlich eine arbeitgeberähnliche Person

Der Fall:

X war Geschäftsführerin der A-GmbH, deren Unternehmensgegenstand der Betrieb von Krankenhäusern und anderen sozialen Einrichtungen ist und die ca. 1.000 Mitarbeiter beschäftigt. Im Geschäftsführeranstellungsvertrag wurde X als „leitende Angestellte im Sinne des Kündigungsschutzgesetzes (§ 14 Abs. 1 KSchG)" bezeichnet. Zu ihren Pflichten wurde auch gezählt, die Rechte und Pflichten des Arbeitgebers im Sinne der arbeits- und sozialrechtlichen Vorschriften wahrzunehmen.

Nach einer eigenen fristgemäßen Kündigung des Geschäftsführeranstellungsvertrags durch X kündigte die A-GmbH das Dienstverhältnis fristlos wegen schwerer Pflichtverletzungen und berief sie mit sofortiger Wirkung als Geschäftsführerin ab.

X wehrte sich gegen die fristlose Kündigung mit einer Klage vor dem Arbeitsgericht.

Arbeitsgericht und Landesarbeitsgericht haben den Rechtsweg zu den Gerichten für Arbeitssachen für zulässig erklärt.

Der Beschluss:

Das Bundesarbeitsgericht (BAG) widerspricht den Vorinstanzen und hat entschieden, dass für die X als Geschäftsführerin der **Rechtsweg zu den Arbeitsgerichten nicht eröffnet** ist. Es handele sich nicht um eine Streitigkeit zwischen Arbeitnehmer und Arbeitgeber im Sinne vom § 2 Abs. 1 Nr. 3a und b Arbeitsgerichtsgesetz (ArbGG).

Gemäß § 5 Abs. 1 Satz 1 ArbGG sind Arbeitnehmer Arbeiter und Angestellte. Insoweit ist – so das BAG – vom allgemeinen nationalen und nicht von einem europarechtlichen Arbeitnehmerbegriff auszugehen. Sowohl die Frage des Zugangs zu den Gerichten für Arbeitssachen als auch die Auslegung des Arbeitnehmerbegriffs nach § 5 ArbGG fielen nicht in den Anwendungsbereich von Unionsrecht.

Arbeitnehmer (in Abgrenzung zu einem sonstigen Dienstverpflichteten) ist gemäß § 611a Abs. 1 BGB, wer vertraglich verpflichtet ist, für einen anderen weisungsgebundene, fremdbestimmte Arbeit in persönlicher Abhängigkeit zu erbringen. Insoweit kommt es nicht auf die vertraglich gewählten Bezeichnungen an (vorliegend die vertragliche Bezeichnung als „leitende Angestellte"), sondern auf eine Gesamtbetrachtung aller Umstände und der tatsächlichen Durchführung des Vertragsverhältnisses. Die Weisungsgebundenheit der Tätigkeit kann sich sowohl nach dem Inhalt, der Durchführung, der Zeit als auch des Ortes der Tätigkeit ergeben.

Ein solches Maß an Abhängigkeit und Weisungsgebundenheit liegt bei einem GmbH-Geschäftsführer üblicherweise nicht vor. Dessen Dienstvertrag ist – so das BAG – auf eine Geschäftsbesorgung durch Ausübung des Geschäftsführeramts gerichtet (vgl. bereits BAG, Urteil vom 24.11.2005, Az. 2 AZR 614/04; GmbH-Stpr 2007, S. 57). Insoweit liegt zwar eine gesellschaftsrechtliche Weisungsgebundenheit gegenüber den Gesellschaftern der GmbH vor, die aber nicht einer arbeitsrechtlichen Weisungsgebundenheit bezüglich der konkreten Modalitäten der Leistungserbringung durch arbeitsbegleitende verfahrensorientierte Weisungen entspricht (vgl. BAG, Urteil vom 26.5.1999, Az. 5 AZR 664/98; GmbHR 1999, S. 925 ff.).

Das BAG hat die X auch nicht als eine arbeitnehmerähnliche Person eingestuft. **Arbeitnehmerähnliche Personen** sind solche Selbständigen, die gemäß § 5 Abs. 1 Satz 2 ArbGG als Arbeitnehmer gelten. Insoweit tritt an die Stelle der persönlichen Abhängigkeit des Arbeitnehmers das Merkmal einer wirtschaftlichen Unselbständigkeit. Darüber hinaus muss der **wirtschaftlich abhängige Selbstständige** unter Berücksichtigung seiner gesamten sozialen Stellung sozial genauso schutzbedürftig sein wie ein Arbeitnehmer. Eine solche Schutzbedürftigkeit der X hat das BAG verneint, da der Geschäftsführer einer GmbH als deren Vertretungsorgan gesetzlicher Vertreter der Gesellschaft ist (§ 35 Abs. 1 GmbHG) und insoweit gegenüber den Mitarbeitern der GmbH den Arbeitgeber verkörpert. Der Geschäftsführer nimmt typischerweise Arbeitgeberfunktionen wahr, was vorliegend auch im Geschäftsführeranstellungsvertrag so formuliert war, und ist daher gerade keine arbeitnehmerähnliche Personen (vgl. BAG, Beschluss vom 20.8.2003, Az. 5 AZB 79/02; GmbH-Stpr 2004, S. 112).

Schließlich hat das BAG darauf hingewiesen, dass auch aufgrund der bereits vollzogenen Abberufung der X als Geschäftsführerin der GmbH nicht der Rechtsweg zu den Arbeitsgerichten nach § 5 Abs. 1 Satz 1 unter Satz 2 ArbGG eröffnet worden ist. Durch die Abberufung werde das bestehende Anstellungsverhältnis nicht zu einem Arbeitsverhältnis umqualifiziert.

Konsequenzen:

Wenn Sie als Geschäftsführer einer GmbH abberufen und Ihr Anstellungsvertrag gekündigt wird, müssen Sie Ihre Rechte **vor den Zivilgerichten geltend machen**. Wenn nicht besondere Umstände vorliegen, können Sie dagegen **keine Kündigungsschutzklage vor dem Arbeitsgericht** erheben. Der GmbH-Geschäftsführer ist kein Arbeitnehmer im Sinne des ArbGG und auch keine arbeitnehmerähnliche Person. Er nimmt vielmehr eine Arbeitgeberfunktion innerhalb der GmbH wahr. Die Abberufung als Geschäftsführer wandelt das bestehende Anstellungsverhältnis als Geschäftsführer nicht in ein Arbeitsverhältnis um.

Darüber hinaus reicht es nicht aus, lediglich das Bestehen eines Arbeitsverhältnisses zu behaupten, damit eine Klage vor den Arbeitsgerichten zulässig wird. Insoweit müssen dezidiert Umstände des Einzelfalls vorgetragen werden, aus denen sich ergibt, dass der Geschäftsführer gleich einem Arbeitnehmer weisungsgebunden, fremdbestimmt und in persönlicher Abhängigkeit tätig war.

Zu beachten ist, dass die Einstufung des GmbH-Geschäftsführers als Arbeitnehmer bei Eingreifen unionsrechtlicher Regelungen und auch im Bereich des Sozialversicherungsrechts anders ausfällt bzw. ausfallen kann und jedenfalls keine Deckungsgleichheit besteht.

BAG, Beschluss vom 21.1.2019, Az. 9 AZB 23/18

16 Fristlose Kündigung des Dienstvertrags (1)

Zur Kündigung eines Geschäftsführerdienstvertrags aus wichtigem Grund

Der Fall und das Urteil:

Der Kläger ist Geschäftsführer (B) bei der Beklagten, einem Verlagsunternehmen mit über 100 Beschäftigten und einem Jahresumsatz von über 30 Mio. €. Mitgeschäftsführer ist seit 2003 A, der zudem über eine Beteiligungsgesellschaft am Stammkapital der Beklagten mit 95% beteiligt ist.

Die Parteien schlossen Ende 2010 einen Geschäftsführerdienstvertrag, der nach dem 31.12.2013 mit einer Frist von zwölf Monaten zum Monatsende ordentlich kündbar ist. In einem Verlagshandbuch und einem Handbuch für Führungskräfte sind unter anderem folgende Handlungsgrundsätze für Mitarbeiter der Beklagten enthalten: „Bitte beachten Sie: Vorauszahlungen sind nicht möglich! Zahlungen sind immer erst nach erbrachten Leistungen möglich. Bei längeren Projekten ist eine acto-Zahlung nur dann möglich, wenn Teilleistungen bereits abgeschlossen wurden (das heißt, die Leistung wurde erbracht, abgenommen und mangelfrei übergeben). (...) Der Geschäftsführer berichtet an den Gesellschafter A oder eine von ihm bestimmte Person."

Anfang September 2013 wurde ein Auftrag zur Neugestaltung des Online-Shops der Beklagten an die X-GmbH vergeben. Dieser Vertrag sah mit Zustimmung des Mitgeschäftsführers B eine Anzahlung in Höhe von 30%, eine zweite Rate in Höhe von 30% nach Abnahme des Screendesigns und eine dritte Rate in Höhe von 40% vor. Die Anzahlung in Höhe von 9.895,31 € wurde im Herbst 2013 an die X-GmbH überwiesen. Am 17.12.2013 stellte die X-GmbH die zweite Rate in Höhe von 9.895,31 € in Rechnung. Zu diesem Zeitpunkt war das Screendesign noch nicht abgenommen. Da die Rechnung nicht bezahlt wurde, erinnerte die X-GmbH an die Bezahlung. Mangels vollständiger Leistungserbringung durch die Agentur war auch zu diesem Zeitpunkt die Voraussetzung für eine Bezahlung der Rechnung in voller Höhe nicht gegeben.

Am 17.3.2014 buchte der Buchhalter Y die zweite Rate in voller Höhe ein und gab diese am nächsten Tag zur Überweisung an die Bank. Im Rahmen eines Jour Fixe erteilte A am 18.3.2014 angesichts der bis dahin erbrachten Teilleistungen der X-GmbH die Zustimmung zur Bezahlung von (nur) 50% der zweiten Rate. Die Beklagte kündigte daraufhin mit Schreiben vom 29.4.2014 den Dienstvertrag des Klägers (B) zunächst ordentlich zum 30.4.2015. Den Bereich Buchhaltung übernahm er ab diesem Zeitpunkt. Der Kläger behauptet, er habe bis Ende Juli 2014 nicht gewusst, dass die Rechnung über die zweite Rate insgesamt bezahlt worden sei. Er vermute, Buchhalter Y sei ein Fehler unterlaufen.

Mit Schreiben vom 20.8.2014, dem ein Beschluss der Gesellschafterversammlung vom selben Tag beigefügt war, erklärte die Beklagte die außerordentliche fristlose Kündigung des Geschäftsführerdienstvertrags mit B aus wichtigem Grund. Der Kläger erhielt seine monatliche Festvergütung letztmals im August 2014 anteilig in Höhe von 10.105,35 €. Er behauptet, er habe nach Erhalt der Mahnung der X-GmbH mit dieser telefoniert und die hälftige Zahlung der Rechnung angekündigt. Eine vollständige Zahlung der zweiten Rate habe er nicht angewiesen.

Der Kläger hat Zahlungsklage wegen ausstehender Vergütungen seiner Monatsbezüge (September bis Dezember 2014) erhoben. Die Parteien streiten über die Wirksamkeit der fristlosen Kündigung des Geschäftsführervertrags. In beiden Instanzen war die Klage erfolgreich, weil die Kündigung mangels Vorliegens eines wichtigen Grundes unwirksam war.

Konsequenzen:

Ein **wichtiger Grund** für eine fristlose Kündigung eines Dienstvertrags (§ 626 Abs. 1 BGB) **setzt voraus**, dass Tatsachen vorliegen, die die Fortsetzung des

Dienstverhältnisses bis zum Ablauf der ordentlichen Kündigungsfrist unzumutbar machen, insbesondere aufgrund grober Pflichtverletzungen des Geschäftsführers. **Verschulden** ist hierfür **nicht erforderlich**. Maßstab ist nicht das subjektive Empfinden des kündigenden Teils, sondern ob objektiv aus Sicht eines verständigen Betrachters unter Berücksichtigung der beiderseitigen Interessen der weiteren Zusammenarbeit die Grundlage entzogen ist. Ein wichtiger Grund für die Gesellschaft kann je nach den Umständen des Einzelfalls etwa darin liegen, dass sich ein Geschäftsführer Weisungen der Gesellschafterversammlung widersetzt, gegen die innergesellschaftliche Kompetenzordnung verstößt oder den Alleingesellschafter auf dessen Fragen nach dem Stand einzelner Geschäfte unzureichend informiert. Dabei rechtfertigt nicht jede fehlerhafte Leistungserbringung schon eine außerordentliche Kündigung. Das OLG prüft das Vorliegen verschiedener wichtiger Gründe, lehnt dies aber in allen Fällen mit ausführlicher Begründung ab.

Die Beweislast für die Tatsachen, die einen wichtigen Grund darstellen, trägt derjenige, der gekündigt hat und sich auf die Wirksamkeit der Kündigung beruft. **Wie entscheidungserheblich Fragen der Beweislast** in der Praxis **sind**, zeigen die Ausführungen des OLG in seinem Urteil. Soweit der Kläger ausgeführt hat, er habe nur 50% der zweiten Rate angewiesen, hat die Beklagte nicht den Nachweis geführt, dass dies unzutreffend war. Ebenso hat sie nicht nachgewiesen, dass es unzutreffend war, der Kläger habe erst im Juli 2014 erfahren, dass die zweite Rate vollständig überwiesen worden ist.

OLG München, Urteil vom 22.6.2017, Az. 23 U 3293/16

17 Fristlose Kündigung des Dienstvertrags (2)

Kündigung wegen Inanspruchnahme von Leistungen einer GmbH für private Zwecke

Der Fall:

A war als ehemaliger Geschäftsführer der Stadtwerke-GmbH Neuwied auf der Grundlage eines Zehnjahresvertrags mit fester Laufzeit von Anfang 2009 bis Ende 2018 bei dieser Gesellschaft tätig. Im Dezember 2011 kam es zum Streit, weil bekannt wurde, dass A seiner Lebensgefährtin, einer Gastwirtin, erlaubt hatte, in der Küche des städtischen Schwimmbads Gänsekeulen für ihre Gastwirtschaft zuzubereiten, und zwar ohne Zahlung eines Entgelts an die GmbH. Im Zuge dieser „Gänsekeulenaffäre" kam weiter ans Tageslicht, dass A einer ihm persönlich gut bekannten Servicekraft des Schwimmbads einen Nachhilfeunterricht für knapp 400 € spendiert hatte, wiederum zulasten der GmbH. Die junge Frau, die mit der Tochter der Lebensgefährtin des Geschäftsführers eng befreundet ist, sollte durch die Nachhilfe bessere Chancen für einen kaufmännischen Berufsabschluss haben. Aus Sicht der Gesellschaft bestand dagegen keinerlei betriebliches Interesse an einer solchen Unterstützung.

Die GmbH erklärte daraufhin im Dezember 2011 und sodann erneut im Januar 2012 eine außerordentliche und fristlose Kündigung des Geschäftsführervertrags, d.h. der Vertrag endete nicht – wie vorgesehen – Ende 2018, sondern bereits sieben Jahre früher.

Das Urteil:

Landgericht und Oberlandesgericht hielten die gegenüber A ausgesprochenen Kündigungen wegen erheblicher Pflichtwidrigkeit seines Verhaltens für wirksam.

Konsequenzen:

Nach § 626 Abs. 1 BGB kann ein Dienstverhältnis von jedem Vertragsteil **aus wichtigem Grund ohne Einhaltung einer Kündigungsfrist** gekündigt werden, wenn Tatsachen vorliegen, aufgrund derer einem Kündigenden unter Berücksichtigung aller Umstände des Einzelfalls und unter Abwägung der Interessen beider Vertragsteile die Fortsetzung des Dienstverhältnisses bis zum Ablauf der Kündigungsfrist oder bis zu der vereinbarten Beendigung des Dienstverhältnisses nicht zugemutet werden kann. Beide Instanzen haben das Vorliegen eines solchen wichtigen Grunds mit dem Verhalten des A, das mit seiner Vorbildfunktion unvereinbar sei, detailliert begründet („**Vetternwirtschaft**").

Zum einen **bedurfte es keiner Abmahnung** des A gemäß § 314 Abs. 2 BGB vor Ausspruch der außerordentlichen Kündigung, weil er nicht mit einer Billigung seines Verhaltens rechnen konnte. Zum anderen hatte die GmbH hinsichtlich beider Kündigungen die Frist zur Erklärung der Kündigung gewahrt.

Nach § 626 Abs. 2 Satz 1 BGB kann eine Kündigung **nur innerhalb von zwei Wochen** erfolgen. Nach Satz 2 beginnt die Frist mit dem Zeitpunkt, in dem der Kündigungsberechtigte (hier: GmbH) von den für die Kündigung maßgebenden Tatsachen Kenntnis erlangt hat. Bei juristischen Personen ist grundsätzlich die **Kenntnis des zur Kündigung berechtigten Organs** entscheidend, bei einer GmbH also diejenige der **Gesellschafterversammlung**. Wenn die Gesellschaft nur einen Gesellschafter hat, kommt es auf dessen Kenntnis bzw. die Kenntnis des organschaftlichen Vertreters des Alleingesellschafters an.

Eine sichere und umfassende Kenntnis der für die Kündigung maßgebenden Tatsachen liegt dann vor, wenn alles in Erfahrung gebracht worden ist (positive Kenntnis), was als notwendige Grundlage für eine Entscheidung über Fortbestand oder Auflösung des Dienstverhältnisses anzusehen ist. **Kennen müssen** oder **grob fahrlässige Unkenntnis genügt nicht**. Lediglich dann, wenn die Tatsachen bereits im Wesentlichen bekannt sind und (nur) noch zusätzliche Ermittlungen erforderlich sind, wie etwa die Anhörung des Betroffenen bei einer Verdachtskündigung oder die Ermittlung von gegen eine Kündigung sprechenden Tatsachen, sind diese zügig durchzuführen.

OLG Koblenz, Urteil vom 11.7.2013, Az. 6 U 1359/12

18 Geschäftsführer-Bestellung – Ausschlussgründe (1)

Anforderungen an die Versicherung des Geschäftsführers hinsichtlich nicht begangener Straftaten

Der Fall und die Entscheidung:

Der Geschäftsführer der Antragstellerin hatte im Zuge seiner Bestellung gegenüber dem Registergericht (RegG) versichert, niemals wegen einer hierfür relevanten Straftat verurteilt worden zu sein. Diese Versicherung ist aber falsch, was vom Geschäftsführer selbst richtiggestellt wurde. Er informierte das RegG, in der Vergangenheit wegen eines Vergehens nach § 266a StGB (Untreue) verurteilt worden zu sein.

Nach Auffassung des RegG sei seine falsche Versicherung keine Grundlage mehr für eine Registereintragung. Sie könne nicht durch eine Richtigstellung des Geschäftsführers korrigiert werden. Vielmehr sei eine neue eidesstattliche Versicherung mit korrektem Inhalt erforderlich.

Dieser Auffassung ist auch das Oberlandesgericht (OLG) gefolgt.

Konsequenzen:

Der Geschäftsführer einer GmbH oder UG hat gemäß § 8 Abs. 3 GmbHG bei der Anmeldung der Gesellschaft zu versichern, dass keine Umstände vorliegen, die seiner Bestellung nach § 6 Abs. 2 Satz 2 Nr. 2 und 3 sowie Satz 3 GmbHG entgegenstehen, und dass er über seine unbeschränkte Auskunftspflicht gegenüber dem Gericht belehrt worden ist. Nach § 6 Abs. 2 Satz 2 Nr. 3 GmbHG kann Geschäftsführer dabei nicht sein, wer wegen einer oder mehrerer dort aufgeführten vorsätzlich begangenen Straftaten verurteilt worden ist, wobei in den Fällen des § 6 Abs. 2 Satz 2 Nr. 3 Buchstabe e GmbHG es sich um eine Verurteilung zu einer Freiheitsstrafe von mindestens einem Jahr handeln muss. Dieser Ausschluss gilt für die Dauer von fünf Jahren seit Rechtskraft des Urteils, wobei die Zeit nicht eingerechnet wird, in welcher der Täter auf behördliche Anordnung hinter Gittern saß.

Die – falsche – Versicherung des Geschäftsführers, niemals wegen einer der genannten Straftaten verurteilt worden zu sein, ist keine Grundlage für eine Registereintragung. Eine Mitteilung bereits erfolgter Verurteilungen ersetzt die erforderliche Versicherung nicht, aus der sich ergeben muss, dass die gesetzlichen Ausschlussgründe nach § 6 Abs. 2 Satz 2 Nr. 2 und 3 sowie Satz 3 GmbHG nicht vorliegen. Wie der Geschäftsführer seine eidesstattliche Versicherung konkret ausformuliert und ob er hierbei die in der Vergangenheit erfolgte Verurteilung mit anführt, bleibt ihm überlassen. Die **eidesstattliche Versicherung muss jedoch inhaltlich zutreffend sein**. Dies ist bei der gegenwärtig abgegebenen und vom Geschäftsführer selbst richtig gestellten Versicherung nicht der Fall.

Die Entscheidung ist ein typisches Beispiel dafür, dass auch im Registerrecht gesetzliche **Formvorschriften streng einzuhalten** sind und von den Registergerichten eingefordert werden.

OLG Oldenburg, Beschluss vom 3.4.2018, Az. 12 W 39/18

19 Geschäftsführer-Bestellung – Ausschlussgründe (2)

Zur Versicherung fehlender Ausschlussgründe für Bestellung durch gemeinsame Erklärung mehrerer Geschäftsführer

Der Fall und die Entscheidung:

Der alleinige Gesellschafter einer GmbH hat sich selbst und eine weitere (nicht an der GmbH beteiligte) Person zu Geschäftsführern der Gesellschaft bestellt. Inhalt der von beiden unterschriebenen Anmeldung zum Handelsregister ist folgende Erklärung: „Wir versichern weiter, dass keine Umstände vorliegen, aufgrund derer wir nach § 6 Abs. 2 Satz 2 Nr. 2 und 3 sowie Satz 3 GmbHG von dem Amt als Geschäftsführer ausgeschlossen wären. Wir wurden niemals wegen … verurteilt, uns ist weder durch gerichtliches Urteil noch durch vollziehbare Entscheidung einer Verwaltungsbehörde … die Ausübung irgendeines Berufes … untersagt …".

Das Registergericht (RegG) wies darauf hin, dass diese Versicherung, die einem anerkannten Formular-Handbuch der Freiwilligen Gerichtsbarkeit entnommen worden war, nicht ausreichend sei, da sie von jedem Geschäftsführer einzeln für sich abzugeben sei und nicht wie vorliegend gemeinschaftlich. Nach Auffassung der Beschwerdeführerin ist durch die Formulierung „wir" eindeutig klargestellt, dass jeder der beiden Geschäftsführer diese Erklärung abgebe. Da auch beide Geschäftsführer die Erklärung unterzeichnet hätten, sei ebenso klar, dass jeder diese für seine Person abgegeben habe.

Dennoch ist das OLG der Auffassung des RegG gefolgt und hat die Beschwerde als unbegründet zurückgewiesen.

Konsequenzen:

Nach § 8 Abs. 3 Satz 1 GmbHG haben die Geschäftsführer einer GmbH in der Anmeldung zunächst zu versichern, dass keine Umstände vorliegen, die ihren Bestellungen nach § 6 Abs. 2 Satz 2 Nr. 2 und 3 sowie Satz 3 GmbHG entgegenstehen, dass also keine dort im Einzelnen bestimmten Berufs- und Gewerbeverbote sowie Verurteilungen wegen bestimmter Straftaten im In- und Ausland vorliegen. Das RegG hat die Pflicht, darüber zu wachen, dass Eintragungen im Handelsregister den gesetzlichen Erfordernissen und der tatsächlichen Rechtslage entsprechen, also auch darüber, dass keine Person als Geschäftsführer in das Handelsregister eingetragen wird, deren Bestellung zum Geschäftsführer nichtig ist, weil sie die in § 6 Abs. 2 GmbHG angeführten persönlichen Anforderungen nicht erfüllt.

Sinn und Zweck der den Geschäftsführern vom Gesetz auferlegten **Versicherung** ist es, das Anmeldungs- und Prüfverfahren zu erleichtern. Dem RegG sollen auf schnelle und einfache Art diejenigen Informationen vermittelt werden, die es sich ansonsten – unter erhöhtem Verwaltungsaufwand – durch ein Auskunftsersuchen beim Bundeszentralregister selbst verschaffen müsste. Nach Auffassung des OLG erfüllt der gewählte Text – ausschließlich in der „Wir"-Form – diesen Zweck nicht. Die erforderliche Versicherung ist **von jedem Geschäftsführer „einzeln für sich abzugeben"**. Aus den jeweiligen Unterschriften allein oder aber auch im Zusammenhang mit dem Versicherungstext ergibt sich gerade nicht, dass die Versicherungen dahingehend zu verstehen sind, dass keine nur den jeweiligen Unterzeichner alleine betreffende Verurteilung oder Untersagung vorliegt.

OLG Frankfurt a.M., Urteil vom 4.2.2016, Az. 20 W 28/16

20 Geschäftsführer-Bestellung – Ausschlussgründe (3)

Zu den Anforderungen an die Versicherung des GmbH-Geschäftsführers bei seiner Bestellung

Der Fall und der Beschluss:

Bei der Anmeldung zur Eintragung von zwei GmbH-Geschäftsführern in das Handelsregister ist streitig, ob die erforderliche Versicherung (kein Bestellungsverbot) von jedem Geschäftsführer einzeln abzugeben oder ob eine gemeinsame Erklärung („wir versichern …") ausreichend ist. Das OLG München schließt sich der Rechtsauffassung des OLG Frankfurt a.M. (Beschluss vom 4.2.2016, Az. 20 W 28/16, vgl. Nr. 19) an, nach der eine gemeinsam abgegebene Erklärung ein Eintragungshindernis darstellt.

Die Versicherung der Geschäftsführer hat den Zweck, dem Registergericht (RegG) auf einfache und schnelle Art diejenigen Informationen zu vermitteln, die es sich sonst unter erhöhtem Verwaltungsaufwand durch Einholung eines Auszugs aus dem Bundeszentralregister selbst beschaffen müsste. Diesen Zweck erfüllt eine gemeinsame Versicherung nicht, da das RegG nicht klar erkennen kann, dass nicht nur keine die einzutragenden Geschäftsführer jeweils beide (gemeinsam) betreffenden, sondern auch keine die einzutragenden Geschäftsführer jeweils nur einzeln betreffenden Verurteilungen und Untersagungsverfügungen vorliegen.

Konsequenzen:

Bei der Anmeldung zum Handelsregister muss jeder neu bestellte Geschäftsführer versichern, dass keine Umstände vorliegen, die seiner Bestellung nach § 6 Abs. 2 Satz 2 Nr. 2 und 3, Satz 3 GmbHG entgegenstehen. Nach § 6 Abs. 2 Satz 2 Nr. 3 GmbHG kann Geschäftsführer u.a. nicht sein, wer in den letzten fünf Jahren vor seiner Anmeldung als Geschäftsführer wegen einer oder mehrerer der dort aufgeführten vorsätzlich begangenen Straftaten verurteilt worden ist. Damit soll die Sicherheit und Lauterkeit des Rechtsverkehrs geschützt werden.

Eine sogenannte Negativversicherung ist jedoch äußerst fehleranfällig.

Wie die beiden OLG-Entscheidungen zeigen, sind Formulierungen wie „wir" strikt zu vermeiden. Deshalb wird in der Fachliteratur der Formulierungsvorschlag „jeder Geschäftsführer versichert jeweils für sich, dass …" empfohlen. Diese Versicherung ist **vom Geschäftsführer höchstpersönlich** (keine Stellvertretung möglich) abzugeben und bedarf einer **notariellen Beglaubigung**.

Wird in der Versicherung jede einzelne Norm im Strafgesetzbuch, auf die § 6 Abs. 2 Satz 3 Nr. 3 GmbHG Bezug nimmt, enumerativ aufgezählt, müssen etwaige Neuregelungen genau beobachtet und mitaufgeführt werden. Dies gilt seit dem 12.4.2017 auch für die neu eingeführten Straftatbestände des § 265c StGB (Sportwettbetrug) und § 265d StGB (Manipulation von berufssportlichen Wettbewerben).

Einfacher – und **ebenfalls zulässig** – ist es, pauschal zu versichern, dass der Geschäftsführer noch nie (oder jedenfalls nicht in den letzten fünf Jahren) wegen einer Straftat im In- oder Ausland rechtskräftig verurteilt worden ist.

Unentbehrlich ist dabei das Wort „rechtskräftig". Das Bestellungsverbot knüpft an die rechtskräftige Verurteilung an. Versichert ein Geschäftsführer lediglich, dass er in den letzten fünf Jahren nicht verurteilt worden ist, ist es möglich, dass eine länger als fünf Jahre zurückliegende Verurteilung noch nicht fünf Jahre rechtskräftig ist. Eine solche Versicherung vermittelt dem RegG nicht die notwendigen Angaben über das Vorliegen eines Ausschlussgrunds und ist daher nicht ausreichend (OLG Oldenburg, Beschluss vom 8.6.2015, Az. 12 W 107/15).

Ist ein Geschäftsführer allerdings vor mehr als fünf Jahren wegen einer der genannten Straftaten rechtskräftig verurteilt worden, hindert die Verurteilung zwar nicht seine Bestellung zum Geschäftsführer. Gibt der Geschäftsführer aber in der Versicherung an, „niemals" wegen einer Straftat nach § 6 Abs. 2 Satz 2 Nr. 3 GmbHG verurteilt worden zu sein, ist die Versicherung falsch und die Bestellung kann nicht im Handelsregister eingetragen werden (OLG Oldenburg, Beschluss vom 3.4.2018, Az. 12 W 39/18).

OLG München, Beschluss vom 17.5.2018, Az. 31 Wx 166/18

21 Gesellschafterklage

Kommanditisten können keine Schadenersatzansprüche der KG gegen den Geschäftsführer der Komplementär-GmbH geltend machen

Der Fall:

X und Y sind je zu 50% die Erben der verstorbenen A. Diese war zu Lebzeiten alleinige Kommanditistin in der A-GmbH & Co. KG (A-KG) sowie alleinige Gesellschafterin der Komplementär-GmbH. Der Beklagte S war seit langen Jahren Steuerberater, Vermögensverwalter und Generalbevollmächtigter der Erblasserin. Seit 2003 war er alleiniger Geschäftsführer der Komplementär-GmbH.

Durch einen Kaufvertrag im Jahr 2016 erwarb S für 7,2 Mio. € ein Grundstück für die A-KG. X und Y haben als Kommanditisten den S auf Schadenersatz verklagt, weil dieser das Grundstück wissentlich zu einem weit überhöhten Kaufpreis erworben habe. Sie haben Ansprüche der KG geltend gemacht und beantragt, den S auf Zahlung von 3,3 Mio. € an die A-KG zu verurteilen.

Das LG hat die Klage abgewiesen. Das OLG hat ihr in Höhe von 1,7 Mio. € stattgegeben.

Das Urteil:

Auf die Revision des S hin hat der BGH das Berufungsurteil aufgehoben und die Klage abgewiesen.

Nach Auffassung des **BGH ist die gegen S erhobene Klage** bereits **unzulässig**, und zwar mit folgender Begründung:

S hat als Geschäftsführungsorgan der Komplementär-GmbH gehandelt. Diese führt als Komplementärin die Geschäfte der Kommanditgesellschaft. Wenn der Kauf des Grundstücks zu einem wissentlich zu hohen Preis erfolgt ist, **steht der KG gegen die Komplementär-GmbH** aus fehlerhafter Geschäftsführung ein **Schadenersatzanspruch** zu. Die Komplementär-GmbH kann dann ihrerseits ihren fehlerhaft handelnden Geschäftsführer gemäß § 43 Abs. 2 GmbHG in Anspruch nehmen. In dieser Konstellation kann den Kommanditisten nicht zugemutet werden, die GmbH als Komplementärin zu veranlassen, gegen sich selbst vorzugehen. Vielmehr können die Kommanditisten die Komplementär-GmbH direkt **im Wege der sogenannten Gesellschafterklage (actio pro socio)** auf Zahlung an die Kommanditgesellschaft verklagen (so bereits BGH, Urteil vom 2.7.1973, Az. II ZR 94/71, NJW 1903 und 70, S. 2198, 2199).

Einen solchen Anspruch haben X und Y vorliegend aber nicht geltend gemacht. Vielmehr haben sie direkt den Geschäftsführer der Komplementär-GmbH verklagt. Dies hält der BGH nicht für zulässig. Zwar hat er früher einmal eine Gesellschafterklage der Kommanditisten gegen einen geschäftsführenden Gesellschafter (eine natürliche Person als Komplementär der KG) für zulässig erachtet. Eine Erweiterung der Gesellschafterklage dahingehend, dass die Kommanditisten einer GmbH & Co. KG Ansprüche der KG auch gegen Dritte und insoweit auch gegen den Fremdgeschäftsführer der Komplementär-GmbH geltend machen können, lehnt der BGH aber ausdrücklich ab.

Konsequenzen:

Wenn Sie der Auffassung sind, dass das fehlerhafte Verhalten des Femdgeschäftsführers der Komplementär-GmbH Ihrer Kommanditgesellschaft einen Schaden zugefügt hat, können Sie als Kommanditist im Wege der Gesellschafterklage einen **Schadenersatzanspruch gegen die Komplementär-GmbH**

erheben, gerichtet auf Zahlung des Schadenersatzes an die KG. Sie können aber nicht im Wege des unmittelbaren Durchgriffs Ansprüche der KG gegen den Fremdgeschäftsführer der Komplementär-GmbH geltend machen. Eine darauf gerichtete Klage wäre unzulässig.

Wenn Sie die Komplementär-GmbH auf Schadenersatz verklagen und diese entsprechend verurteilt wird, hat sie ihrerseits einen Schadenersatzanspruch wegen fehlerhafter Geschäftsführung gegen ihr Geschäftsführungsorgan.

BGH, Urteil vom 19.12.2017, Az. II ZR 255/16

22 Gewerbeuntersagung

Zur Löschung der Eintragung eines Geschäftsführers im Handelsregister von Amts wegen

Der Fall und die Entscheidung:

Als Geschäftsführer einer seit 2006 tätigen Gesellschaft, die mit Blumen und Pflanzen handelt, sind A und B als Geschäftsführer im Handelsregister eingetragen. Mit Verfügung vom 5.7.2010 untersagte die Stadt die weitere selbstständige Ausführung des Gewerbes wegen Unzuverlässigkeit. Im verwaltungsgerichtlichen Klageverfahren nahmen die Geschäftsführer ihre Klage im Rahmen eines Vergleichs zurück. Die Behörde verzichtete „einstweilen" auf die Vollstreckung der Gewerbeuntersagung sowie eine Meldung an das Gewerbezentralregister. Sie erklärte sich bereit, vor Ablauf der Jahresfrist das Wiedergestattungsverfahren auf Antrag einzuleiten.

Mit Schreiben vom 20.6.2013 teilte das Registergericht (RegG) den Geschäftsführern der Gesellschaft mit, ihre Eintragung im Handelsregister von Amts wegen löschen zu wollen. Trotz des Verzichts auf Vollstreckung der Gewerbeuntersagung im verwaltungsrechtlichen Vergleich löschte das RegG dennoch die Eintragung des A und B als Geschäftsführer. Dieser Auffassung ist auch das OLG gefolgt.

Konsequenzen:

Die Eintragung eines Geschäftsführers kann dann von Amts wegen im Handelsregister gelöscht werden, wenn dieser die Voraussetzungen des § 6 Abs. 2 GmbHG nicht erfüllt (z.B. rechtskräftige Verurteilung wegen einer Insolvenzverschleppung). Treten bei ihm nachträglich Verhältnisse ein, die seiner Bestellung für dieses Amt entgegengestanden hätten, endet sein Amt mit diesem Zeitpunkt von selbst. Die Eintragung im Handelsregister wird unrichtig und ist von Amts wegen zu löschen.

Eine **Amtslöschung dient** nicht der Korrektur eines Fehlers im Anmeldeverfahren, sondern soll die im öffentlichen Interesse erlassenen Vorschriften über persönliche Anforderungen an die Geschäftsführer einer GmbH durchsetzen. Durch die Rücknahme der Klage im verwaltungsrechtlichen Verfahren ist die Untersagungsverfügung bestandskräftig geworden. Dem steht nicht der Vergleich mit der Behörde entgegen, auf die Vollstreckung der Gewerbeuntersagungsverfügung „einstweilen" sowie auf die Meldung an das Gewerbezentralregister zu verzichten.

Mit der **Bestandskraft der ordnungsbehördlichen Verfügung** haben A und B ihre Fähigkeit verloren, das Amt eines Geschäftsführers zu bekleiden.

Dass es mittlerweile zu einer Wiedergestattung der Tätigkeit des A und B gekommen ist bzw. diese einen entsprechenden, noch nicht entschiedenen Antrag gestellt haben, wurde im laufenden Verfahren nicht geltend gemacht.

OLG Karlsruhe, Urteil vom 23.12.2013, Az. 11 Wx 116/13

23 GmbH-Liquidation – Falsche Versicherung

Anspruch auf „Blitz-Löschung" einer GmbH aus dem Handelsregister ohne Anmeldung der Auflösung

Der Fall und der Beschluss:

Der Gesellschafter einer GmbH, der gleichzeitig ihr Alleingeschäftsführer und Liquidator war, hatte die Liquidation der GmbH beschlossen. Er meldete die Auflösung der GmbH zur Eintragung im Handelsregister an. Gleichzeitig wies der Liquidator in der Anmeldung auf die Vermögenslosigkeit der GmbH hin, sowie darauf, dass die Gesellschaft seit vier Jahren keinen Geschäftsbetrieb mehr unterhalte und es weder Forderungen noch Verbindlichkeiten gebe.

Das Handelsregister wertete dies als Antrag auf sofortige Löschung. Es lehnte diese Eintragung ab unter Hinweis auf Bedenken des Finanzamts und auf die Komplementäreigenschaft der GmbH bei einer KG. Für die KG war noch eine Steuererklärung abzugeben.

Das Oberlandesgericht (OLG) wies die Beschwerde zurück.

Konsequenzen:

Das OLG beschäftigt sich mit der Frage, ob eine GmbH auf Antrag sofort aus dem Handelsregister gelöscht werden kann, ohne dass das Verfahren der Liquidation nach dem GmbH-Gesetz eingehalten zu werden braucht. In der Praxis wird dieses übliche Verfahren vielfach (plakativ) als „Blitz-Löschung" bezeichnet, weil dabei die Einhaltung des (teilweise als lästig empfundenen) Sperrjahres (§ 73 Abs. 1 GmbHG) entfällt. Das OLG erweckt den Eindruck, dass eine solche „Blitz-Löschung" nicht mehr bzw. nicht ohne weiteres zulässig ist.

Diese Auffassung steht in Widerspruch zu anderen gerichtlichen Entscheidungen (OLG Hamm, Beschluss vom 2.9.2016, Az. I-27 W 63/16) und der herrschenden Meinung, die nach Versicherung der Vermögenslosigkeit einer GmbH durch den Liquidator einen Löschungsanspruch ohne Liquidation annehmen. Danach kann das Liquidationsverfahren nur dann entfallen, wenn die Gesellschaft tatsächlich kein Vermögen mehr hat und keine Verbindlichkeiten mehr bestehen. Dies hat der Liquidator zwar im entschiedenen Fall versichert. Die Versicherung war allerdings unrichtig. Die Gesellschaft hatte noch Vermögen (Beteiligung als Komplementärin an einer KG) und es bestanden auch noch Verbindlichkeiten (Steuerschulden beim Finanzamt). Unter diesen Umständen kam eine sofortige Löschung der Gesellschaft (ohne Einhaltung des gesetzlichen Liquidationsverfahrens einschließlich des Sperrjahres) unstreitig nach allen Auffassungen nicht in Betracht.

Für die Praxis bedeutet die Entscheidung des OLG Celle, dass „Blitz-Löschungen", soweit die Voraussetzungen vorliegen, grundsätzlich weiterhin möglich sind. Es wird von dem jeweiligen Registergericht abhängen, ob es der Grundsatzkritik des OLG (richterliche Rechtsfortbildung ohne gesetzliche Grundlage: „nicht im Einklang mit dem GmbHG") folgt oder nicht. Nur eine Entscheidung des BGH kann Klarheit bringen hinsichtlich eines Löschungsanspruchs aus dem Handelsregister ohne Einhaltung des Liquidationsverfahrens bei Vermögenslosigkeit der GmbH. Nach derzeitiger Lage kann eine derartige Löschung nur „angeregt" werden. Das OLG Celle hatte ausdrücklich eine Rechtsbeschwerde (zum BGH) zugelassen. Diese ist aber nicht eingelegt worden.

☞ Jedem Liquidator muss klar sein, dass falsche Versicherungen im Zusammenhang mit einer „Blitz-Löschung" keineswegs folgenlos bleiben. Falsche Versicherungen sind zwar nicht strafbar, können aber Schadenersatzansprüche begründen (§ 71 Abs. 4, § 43 GmbHG oder nach § 73 GmbHG in Verbindung mit § 823 Abs. 2 BGB). Deshalb ist dringend zu empfehlen, keine pauschale Versicherung bezüglich der Vermögenslosigkeit abzugeben, sondern dies anhand typischer Fallgruppen (u.a. Anhängigkeit von Rechtsstreitigkeiten, offene Steuerverfahren, Beteiligung an anderen Gesellschaften) zu konkretisieren. Zum einen verhindert es, dass ein Liquidator den abstrakten Begriff der Vermögenslosigkeit nicht richtig versteht. Zum anderen besteht für die Registergericht dann meist keine Notwendigkeit mehr für eigene Ermittlungen und Nachfragen (§ 26 FamFG).

OLG Celle, Beschluss vom 17.10.2018, Az. 9 W 80/18

24 GmbH-Publizität

Zum Adressaten des Ordnungsgeldverfahrens bei Verletzung von Offenlegungspflichten

Der Fall und die Entscheidung:

Die Parteien streiten über die Wirksamkeit von Ordnungsgeldfestsetzungen gegen den Beschwerdeführer persönlich als Geschäftsführer einer GmbH wegen nicht erfolgter Offenlegung der Jahresabschlüsse ab 2008.

Zunächst war gegen die GmbH ein Ordnungsgeldverfahren durchgeführt worden, in dessen Zuge es wiederholt zu Festsetzungen von Ordnungsgeldern gegen die Gesellschaft kam. Am 18.2.2015 vermerkte die zuständige Sachbearbeiterin bei dem Rechtsbeschwerdeführer (Behörde) in der Akte zum Jahresabschluss 2008, dass die die GmbH betreffende Unterakte wegen der fortbestehenden Reaktionslosigkeit geschlossen werde. Weiter heißt es dort, das Ordnungsverfahren zum Jahresabschluss 2008 werde nunmehr gegen das vertretungsberechtigte Organ der Gesellschaft gerichtet. Dazu sei eine Androhungsverfügung in einer neuen Unterakte an ein Mitglied des vertretungsberechtigten Organs zu senden.

Von dieser „Schließung der Unterakte" wurden weder die Gesellschaft noch deren Vertretungsorgane informiert. Die Vollstreckung aus den bestandskräftig gewordenen Ordnungsgeldentscheidungen gegen die GmbH will die Behörde im Übrigen fortsetzen.

Am 18.2.2015 erließ die Behörde eine Androhungsverfügung unmittelbar gegen den Beschwerdeführer (Geschäftsführer). Die vorherigen Verfahren gegen die GmbH wurden ebenso wenig erwähnt wie die Absicht, mit neuen Ordnungsgeldfestsetzungen nicht weiter gegen die GmbH vorgehen zu wollen. Dem Geschäftsführer wurde aufgegeben, innerhalb von sechs Wochen nach Zustellung der Verfügung die Abschlussunterlagen zum 31.12.2008 offenzulegen. Zugleich wurde die Festsetzung eines Ordnungsgeldes in Höhe von 2.500 € angedroht. Diese Verfügung wurde dem Geschäftsführer am 20.2.2015 zugestellt, der darauf nicht reagierte. Da eine Offenlegung auch weiterhin nicht erfolgte, setzte die Behörde gegen den Geschäftsführer ein entsprechendes Ordnungsgeld fest. Zugleich wurde unter Setzung einer weiteren Sechswochenfrist für den Fall der weiteren Untätigkeit ein erneutes Ordnungsgeld in Höhe von dann 5.000 € angedroht. Gegen diese am 9.7.2015 zugestellte Entscheidung hat der Geschäftsführer am 23.7.2015 Beschwerde eingelegt. Die Behörde hat der Beschwerde nicht abgeholfen und die Akten dem LG Bonn vorgelegt. Dieses hat die Ordnungsgeldentscheidung einschließlich der Festsetzung von Zustellungskosten aufgehoben. Dieser Auffassung ist auch das OLG gefolgt.

Konsequenzen:

Das OLG musste sich mit der praktisch relevanten Frage auseinandersetzen, ob und inwieweit eine Abstufung der Inanspruchnahme von Gesellschaft und Organ bei der zwangsweisen Durchsetzung von Offenlegungspflichten besteht. § 335 HGB sieht nämlich vor, dass zur Durchsetzung der Offenlegungspflichten der § 325, 325a HGB ein Ordnungsgeldverfahren **gegen die Organe** der Gesellschaft **und auch gegen die Kapitalgesellschaft** durchgeführt werden kann. Damit soll die möglichst effektive Durchsetzung der Erfüllung der Offenlegungspflichten erreicht werden. Das OLG ist der herrschenden Meinung gefolgt, nach der eine kumulative Durchführung eines Ordnungsgeldverfahrens gemäß § 335 Abs. 1 HGB nicht möglich ist.

Nach Auffassung des OLG steht der Behörde ein Auswahlermessen zu, das schon aus Verhältnismäßigkeitsgesichtspunkten regelmäßig zugunsten der **vorrangigen Inanspruchnahme der Gesellschaft** auszuüben sein wird. Der dann zudem entstehende „Zustellungsvorteil" (= Zustellung am Sitz der Gesellschaft) ist offenkundig und braucht zur Begründung der Inanspruchnahme der Gesellschaft in der Androhungsverfügung auch nicht ausdrücklich erwähnt zu werden.

Wenn sich ein weiteres Vorgehen gegen den zuerst ausgewählten Adressaten als untunlich erwiesen hat, kann – unter erneuter ermessensfehlerfreier Auswahl – dann gegen den neuen Adressaten (Geschäftsführer) mit dem vollen gesetzlichen Handlungsinstrumentarium weiter vorgegangen werden. Voraussetzung für die Wirksamkeit des Verfahrens gegenüber dem zweiten Adressaten ist aber aus Gründen der Rechtssicherheit und Rechtsklarheit, dass die **Androhung** gegen den zunächst in Anspruch genommenen Adressaten (GmbH) **aufgehoben und dies auch allen Beteiligten mitgeteilt wird**.

Bedeutsam ist, dass mit der Aufhebung der Androhung kein Verzicht auf bereits festgesetzte Ordnungsgelder gegen den ersten Adressaten verbunden ist. Ein solcher ist der Behörde bereits haushaltsrechtlich nicht erlaubt.

OLG Köln, Urteil vom 5.10.2016, Az. 28 Wx 18/16

25 GmbH & Co. KG – Gesellschafterbeschluss

Kein Gesellschafterbeschluss für die Geltendmachung von Ansprüchen gegen Geschäftsführer einer Komplementär-GmbH

Der Fall:

Der Kläger war Geschäftsführer der beklagten Komplementär-GmbH einer KG. Er hatte versucht, die KG dadurch zu schützen, dass er in einem Gerichtsverfahren falsch aussagte. Hierdurch kam es bei der Gesellschaft zu einem unnötigen Prozess, der zusätzlich hohe Kosten (20.000 €) nach sich zog. Daraufhin wurde ihm gekündigt. Der Kläger machte Restlohnansprüche aus seinem gekündigten Geschäftsführeranstellungsvertrag gegen die Komplementär-GmbH geltend. Diese rechnete ihrerseits mit einer von der KG abgetretenen Schadenersatzforderung auf. Ein Gesellschafterbeschluss, dass die GmbH & Co. KG diese Forderung gegen den Geschäftsführer geltend machen durfte, war nicht gefasst worden.

Das Urteil:

Nachdem das LG der Klage stattgegeben hatte, wies das OLG diese ab. Nach Auffassung des OLG steht der KG ein Anspruch aus einer Pflichtverletzung des Geschäftsführeranstellungsvertrags zu, weil sie in den Schutzbereich des zwischen der Komplementär-GmbH und dem Kläger zustande gekommenen Dienstverhältnisses einbezogen ist. Schließlich war die Übernahme der Komplementärstellung die einzige Aufgabe der KG. Der Kläger hat auch seine Pflichten aus dem Anstellungsvertrag schuldhaft verletzt, weil sein betrügerisches Verhalten im Prozess einen Sorgfaltspflichtverstoß darstellt. Zwar hat dieser eine „nützliche Pflichtverletzung" beabsichtigt. Eine gesetzeswidrige Tätigkeit begründet aber dann eine Ersatzpflicht des Geschäftsführers, wenn der Gesetzesverstoß subjektiv von Anfang an zum Nutzen der Gesellschaft erfolgt, jedenfalls dann, wenn dieser hieraus ein Schaden (hier: unnötige Prozessführung) erwächst.

Konsequenzen:

Nach Auffassung des OLG war kein Gesellschafterbeschluss für die Geltendmachung eines Anspruchs der GmbH & Co. KG gegen ihren (derzeitigen oder ehemaligen) Geschäftsführer der Komplementärin erforderlich. Auch in der Komplementär-GmbH muss ein solcher Beschluss nicht gefasst werden, da es sich gerade nicht um einen Ersatzanspruch der GmbH aus der Geschäftsführung gegen ihren Geschäftsführer handelt, sondern um einen **Ersatzanspruch eines Dritten**, nämlich der GmbH & Co. KG. Dies gilt auch dann, wenn diese die Ansprüche – wie hier – an die Komplementär-GmbH abgetreten hat. Das OLG lehnte eine analoge Anwendung des § 46 Nr. 8 GmbHG ab, der für die Geltendmachung von Schadenersatzansprüchen gegen einen GmbH-Geschäftsführer zwingend einen entsprechenden Gesellschafterbeschluss vorsieht, weil es an einer ungewollten Regelungslücke fehlt. **Bei einer KG** ist nach den Vorschriften des HGB **kein Gesellschafterbeschluss** erforderlich.

Jedem Geschäftsführer, der noch immer einen Prozessbetrug für ein probates Verteidigungsmittel zum Wohle „seiner" Gesellschaft halten sollte, muss klar sein, dass er für diesen vermeintlich kreativen Umgang mit der Wahrheit mit seinem Privatvermögen haftet, wenn hierdurch ein Schaden für die Gesellschaft eintritt.

OLG Karlsruhe, Urteil vom 31.7.2013, Az. 7 U 184/12

26 Haftungsbescheid – Bestandskraft

Verstrichene Frist für Widerspruch gegen Steuerforderung macht spätere Einwendungen unmöglich

Der Fall:

A war Geschäftsführerin der X-GmbH, die für die Jahre 2003 bis 2005 weder Umsatz- noch Körperschaftsteuererklärungen abgegeben hatte. Gegen die Schätzbescheide des Finanzamts legte die X-GmbH Einspruch ein.

Am 31.3.2006 beantragte das Finanzamt die Eröffnung des Insolvenzverfahrens über das Vermögen der X-GmbH, das im November 2006 eröffnet wurde.

Der Insolvenzverwalter reichte im November 2007 die Steuererklärungen der X-GmbH ein. Das Finanzamt meldete die Umsatzsteuer, Körperschaftsteuer und den Solidaritätszuschlag für 2003 bis 2005 zur Insolvenztabelle an. Mit Schreiben vom 2.7.2008 erklärte A, sie werde die Steuerschulden akzeptieren. Auch die X-GmbH widersprach den Forderungen nicht. A war während des Insolvenzverfahrens weiterhin Geschäftsführerin der X-GmbH.

Nach Vollzug der Schlussverteilung hob das Amtsgericht das Insolvenzverfahren auf. Am 2.12.2008 erließ das Finanzamt einen Haftungsbescheid gegen A, da alle im Haftungsbescheid aufgeführten Steuern im Insolvenzverfahren ohne Widerspruch zur Insolvenztabelle festgestellt worden seien. Zahlungen der X-GmbH seien nicht mehr zu erwarten.

Das FG wies die dagegen gerichtete Klage der A mit der Begründung ab, A könne sich im Haftungsverfahren nicht darauf berufen, dass die Steuerschulden nicht in der geltend gemachten Höhe bestünden, weil sie an die in der Insolvenztabelle widerspruchslos festgestellten Forderungen nach § 166 AO gebunden sei.

Das Urteil:

Der BFH wies die Revision der A wie folgt als unbegründet zurück: A muss die widerspruchslose Feststellung zur Insolvenztabelle gegen sich gelten lassen. Denn die widerspruchslose Feststellung einer Steuerforderung im Insolvenzverfahren ist als unanfechtbare Steuerfestsetzung im Sinne des § 166 AO anzusehen. Im Steuerrecht wirkt die widerspruchslose Eintragung in die Insolvenztabelle wie eine bestandskräftige Festsetzung der Forderung (BFH, Urteil vom 16.4.2013, Az. VII R 44/12).

Bleibt eine angemeldete Forderung im Prüfungstermin unbestritten, ist ein vom Insolvenzschuldner eingeleitetes Einspruchsverfahren durch die widerspruchslose Feststellung zur Insolvenztabelle in der Hauptsache erledigt (BFH, Urteil vom 11.12.2013, Az. XI R 22/11, BStBl II 2014, S. 332). Für die Befriedigung des Steueranspruchs ist die Feststellung in der Insolvenztabelle maßgebend, sodass sich die Fortsetzung eines bei Verfahrenseröffnung anhängigen Steuerstreits erübrigt. Das gilt auch gegenüber dem Insolvenzschuldner. Die **Feststellung in der Insolvenztabelle**, die **als Steuerfestsetzung** wirkt, ist dadurch unanfechtbar im Sinne des § 166 AO; sie ist mit einem förmlichen Rechtsbehelf nicht mehr anfechtbar.

Konsequenzen:

Soweit § 166 AO eingreift, soll das Haftungsverfahren von Fragen der materiellen Richtigkeit der Steuerfestsetzungen befreit werden. Die Vorschrift soll verhindern, dass im Haftungsverfahren das Besteuerungsverfahren nochmals aufgerollt und dadurch das Haftungsverfahren **unnötig verzögert** wird, wenn der Haftungsschuldner als Vertreter des Steuerpflichtigen bereits zur Anfechtung der Steuerfestsetzung befugt war oder diese bereits erfolglos angefochten hat (BFH, Urteil vom 6.4.2016, Az. I R 19/14).

BFH, Urteil vom 27.9.2017, Az. XI R 9/16

27 Insichgeschäft

Unzulässiges Insichgeschäft ist nur bei Nachteil für die GmbH unwirksam

Der Fall:

Die M-GmbH betrieb unter der Firma „Media Control GmbH" ein Marktforschungsunternehmen im Bereich elektronischer Medien. Bezüglich des prägenden Wortbestandteils der Firma waren zu ihren Gunsten verschiedene Marken eingetragen.

Alleingesellschafter der M-GmbH war zunächst X. Beginnend im Jahr 2003 verkaufte dieser schrittweise seine Geschäftsanteile an ein Unternehmen der G-Gruppe. Da er gleichwohl die Kontrolle über das Zeichen „Media Control" behalten wollte, kam er in den Verhandlungen mit der G-Gruppe überein, die Marken vor Vollzug des Unternehmenserwerbs aus der Klägerin herauszulösen und auf sich bzw. eine von ihm beherrschte Gesellschaft zu übertragen. Die M-GmbH sollte die Marken aber weiter nutzen dürfen.

Ein darauf gerichteter Vertrag wurde abgeschlossen. Nachfolgend sind die Marken der M-GmbH auf die von X beherrschte Y-GmbH übertragen worden. Aufseiten der M-GmbH handelte die alleinvertretungsberechtigte, jedoch nicht von den Beschränkungen § 181 BGB befreite Geschäftsführerin A. Diese handelte auch aufseiten der Y-GmbH, deren ebenfalls alleinvertretungsberechtigte und insoweit von den Beschränkungen § 181 BGB befreite Geschäftsführerin sie neben X war.

Die M-GmbH nutzte die Marken über rund zehn Jahre hin, ohne Abschluss eines schriftlichen Markenlizenzvertrags. Nachdem X ganz aus der M-GmbH ausgeschieden war, kündigte die Y-GmbH den Markenlizenzvertrag Ende Januar 2014.

Die M-GmbH hat die Y-GmbH verklagt auf Feststellung der Unwirksamkeit der Vertragskündigung und gerichtet auf Untersagung der Nutzung des Zeichens „Media Control".

Das Landgericht hat die Klage abgewiesen und der Widerklage der Beklagten, gerichtet auf Unterlassung der Markennutzung durch die Klägerin, stattgegeben. Das Berufungsgericht hat das Urteil des LG bestätigt.

Das Urteil:

Die Revision der Klägerin ist ohne Erfolg geblieben. Der BGH hat die Klage ebenfalls für unbegründet und die Widerklage für begründet gehalten.

Im Rahmen der rechtlichen Überprüfung des BGH waren zwei Hauptprobleme relevant.

Zum einen kam es darauf an, ob die erfolgte Übertragung der Markenrechte von der M-GmbH auf die Y-GmbH rechtswirksam erfolgt war. Zum anderen kam es darauf an, ob der Markenlizenzvertrag wirksam zustande gekommen und wirksam gekündigt worden war.

Im Rahmen der **Übertragung der Markenrechte** hat die A als jeweils alleinvertretungsberechtigte Geschäftsführerin sowohl für die M-GmbH als auch für die Y-GmbH gehandelt. Insoweit lag ein nach § 181 BGB unzulässiges Insichgeschäft vor. Aufseiten der Y-GmbH war die A von den Beschränkungen des § 181 BGB befreit, nicht aber aufseiten der M-GmbH. Gleichwohl war die Übertragung nicht schwebend unwirksam, da sie ausschließlich der Erfüllung einer zuvor vertraglich vereinbarten Verpflichtung diente.

Darüber hinaus hat der BGH auch einen **Missbrauch der Vertretungsmacht verneint**, dessen Vorliegen zur Unwirksamkeit des Rechtsgeschäfts geführt hätte. Aufgrund einer internen Anordnung der M-GmbH hätte die A zum Abschluss des Geschäfts mit der Y-GmbH der Mitwirkung eines weiteren Geschäftsführers bedurft. Ein Verstoß gegen eine solche interne Regelung bleibt aber ohne Rechtsfolge gegenüber dem Geschäftspartner. Etwas anderes gilt nur dann, wenn dieser nicht schutzwürdig ist, weil er weiß oder es sich ihm geradezu aufdrängen muss, dass der Geschäftsführer seine Vertretungsmacht missbraucht. Insoweit gilt aber eine Besonderheit, wenn der seine Kompetenzen überschreitende Geschäftsführer auch aufseiten des Geschäftspartners handelt, also im Rahmen eines Insichgeschäfts. Unter diesen Umständen setzt eine Unwirksamkeit eines Insichgeschäfts gemäß § 181 BGB unter dem Gesichtspunkt des Missbrauchs der Vertretungsmacht des Handelnden voraus, dass das Insichgeschäft für den Vertretenen nachteilig ist (vgl. BGH, Urteil vom 25.2.2002, Az. II ZR 374/00, ZIP 2002, S. 753 ff.; so auch die Literaturauffassung). Da die Übertragung der Erfüllung einer Verbindlichkeit diente, konnte nicht von einem Nachteil der M-GmbH gesprochen werden.

Nach Auffassung des BGH war zwischen den Parteien zumindest konkludent ein Markenlizenzvertrag zustande gekommen. Insoweit galten die ursprünglichen Regelungen zwischen der M-GmbH und X in gleicher Weise. Dieser Vertrag enthielt lediglich eine Regelung zur außerordentlichen Kündigung. Gleichwohl hat der BGH aufgrund einer ausführlichen Untersuchung des von den Parteien Gewollten und des Regelungszusammenhangs herausgearbeitet, dass auch ohne entsprechende Regelung der **Markenlizenzvertrag ordentlich kündbar** war. Das Markenlizenzrecht war nämlich der M-GmbH unentgeltlich und ausschließlich sowie zeitlich unbefristet eingeräumt. Es war insoweit auch wirtschaftlich sinnvoll, solange der X an der M-GmbH selbst beteiligt war. Unter den genannten Umständen konnte jedoch nicht davon ausgegangen werden, dass ein ordentliches Kündigungsrecht ausgeschlossen sein sollte.

Konsequenzen:

Wenn Sie als alleinvertretungsberechtigter Geschäftsführer für zwei Gesellschaften handeln, liegt ein **Insichgeschäft** vor. Dieses ist dann **schwebend unwirksam**, wenn Sie nicht in beiden Gesellschaften von den Beschränkungen des Insichgeschäfts befreit sind. Das Geschäft ist nur dann **wirksam**, wenn das Rechtsgeschäft der **Erfüllung einer rechtlichen Verbindlichkeit** diente.

Wenn Sie bei Abschluss dieses Geschäfts auch die Regelungen über die internen Beschränkungen der Vertretungsmacht verletzen, liegt ein Missbrauch der Vertretungsmacht vor. Dieser Verstoß führt im Rahmen eines Insichgeschäfts aber nur dann zur Unwirksamkeit des Rechtsgeschäfts, wenn das Geschäft zu einem Nachteil des Vertretenen, dessen Anweisung Sie verletzt haben, geführt hat. Dient das Geschäft auch insoweit nur der Erfüllung einer Verbindlichkeit, ist es trotz Missbrauchs der Vertretungsmacht wirksam.

☞ Wenn Sie einen langfristigen Nutzungsvertrag abschließen, sollten Sie entweder eine **Befristung** der Vertragslaufzeit regeln **oder** aber das Bestehen und die **Ausübung eines ordentlichen Kündigungsrechts**. Fehlt es daran, ist eine Auslegung des Rechtsgeschäfts nach allen konkreten Umständen erforderlich. Insoweit sind immer klare Vertragsregelungen vorzuziehen.

BGH, Urteil vom 18.10.2017, Az. I ZR 6/16

28 Insolvenz – D&O-Versicherung

Keine Deckung bei Zahlungen entgegen § 64 GmbHG

Der Fall und das Urteil:

Die Geschäftsführerin einer GmbH war von dem Insolvenzverwalter der Gesellschaft gemäß § 64 GmbHG erfolgreich in Anspruch genommen worden, da die GmbH nach Eintritt der Insolvenzreife noch Überweisungen in Höhe von über 200.000 € ausgeführt hatte. Der Insolvenzverwalter hatte ein rechtskräftiges Zahlungsurteil gegen die Geschäftsführerin erwirkt.

Die Geschäftsführerin verlangte vom D&O-Versicherer des Unternehmens die Freistellung. Diese lehnte den Versicherungsschutz ab. Das OLG ist dieser Auffassung gefolgt, weil grundsätzlich kein von der D&O-Versicherung des Unternehmens erfasster Anspruch vorlag. Deshalb stand der Geschäftsführerin als versicherter Person kein Deckungsanspruch aus der Police zu.

Konsequenzen:

Bei einer D&O-Versicherung (Directors-and-Officers-Versicherung, auch Organ- oder Manager-Haftpflicht) handelt es sich um eine Vermögensschadenhaftpflichtversicherung, die ein Unternehmen für seine Organe und leitenden Angestellten abschließt. Nach Auffassung des OLG deckt die D&O-Versicherung nicht die GmbH-Geschäftsführerhaftung gemäß § 64 GmbHG wegen nach Insolvenzreife getätigter rechtswidriger Zahlungen. Dieser Haftungsanspruch ist nämlich mit dem versicherten Anspruch auf Schadenersatz wegen eines Vermögensschadens nicht vergleichbar. Es handelt sich vielmehr um einen „Ersatzanspruch eigener Art", der allein dem Interesse der Gläubigergesamtheit eines insolventen Unternehmens dient. Die Gesellschaft erleidet schließlich durch insolvenzrechtswidrige Zahlungen nach Insolvenzreife keinen Vermögensschaden, da eine bestehende Forderung beglichen wird. Nachteilig wirkt sich die Zahlung an bevorzugte Gläubiger nur für die übrigen Gläubiger aus. Die **D&O-Versicherung** ist jedoch **nicht auf den Schutz der Gläubigerinteressen ausgelegt**.

Der Haftungsanspruch gemäß § 64 GmbHG ist deshalb nicht mit einem Schadenersatzanspruch vergleichbar, weil verschiedene Einwendungen, die im Schadenersatzrecht erhoben werden können, bei § 64 GmbHG nicht vorgesehen sind. So kann z.B. einer Haftung gemäß § 64 GmbHG nicht entgegengehalten werden, dass der notleidenden Gesellschaft kein oder nur ein geringerer Schaden entstanden ist. Auch ist es nicht möglich, sich auf ein Mitverschulden oder eine eventuelle Gesamtschuld mehrerer handelnder Personen zu berufen.

Bereits das OLG Celle hatte 2016 darauf hingewiesen, dass die D&O-Versicherung bei einem Anspruch aus § 64 GmbHG möglicherweise nicht haften muss. Dies wurde vom OLG Düsseldorf bestätigt.

☞ Da die Haftung eines Geschäftsführers nach § 64 GmbHG in der Insolvenzreife der Gesellschaft nicht selten vorkommt und immer wieder von Insolvenzverwaltern geltend gemacht wird, ist jeder Geschäftsführer gut beraten, **diesen Haftungstatbestand gesondert in die Versicherungspolice mit aufzunehmen**. Dadurch kann die durch die Rechtsprechung des OLG Düsseldorf entstandene (praxisrelevante) Deckungslücke einer D&O-Versicherung wieder geschlossen werden.

OLG Düsseldorf, Urteil vom 20.7.2018, Az. I-4 U 93/16

29 Insolvenz – Gläubigerbenachteiligung (1)

Insolvenzanfechtung einer unentgeltlichen Darlehensgewährung

Der Fall:

Über das Vermögen des B ist das Insolvenzverfahren eröffnet worden. B hatte in den Jahren vor Eröffnung des Insolvenzverfahrens dem X drei jeweils unverzinsliche Darlehen über 60.000 €, 950.000 € und 600.000 € gewährt, welche X jeweils in Raten zurückgezahlt hatte. Im Wege der Insolvenzanfechtung hat der Insolvenzverwalter den X auf der Grundlage eines Zinssatzes von 5,5% auf Zahlung von rund 114.000 € in die Insolvenzmasse verklagt. Landgericht und Oberlandesgericht haben der Klage stattgegeben.

Das Urteil:

Der BGH hat das Berufungsurteil aufgehoben und den Rechtsstreit zur weiteren Sachaufklärung zurückverwiesen.

In der Gewährung eines Darlehens liegt eine Rechtshandlung. Dies ist auch der Fall bei der Vereinbarung eines zinslosen Darlehens. Diese Rechtshandlung ist aber nur dann anfechtbar, wenn sie zu einer Gläubigerbenachteiligung geführt hat. Dies ist der Fall, wenn durch die angefochtene Rechtshandlung entweder die **Schuldenmasse vermehrt oder** die **Aktivmasse verkürzt** worden ist (BGH, Urteil vom 7.2.2002, Az. IX ZR 115/99). Insoweit ist zu prüfen, ob sich die Befriedigungsmöglichkeiten der Insolvenzgläubiger ohne die Handlung bei einer wirtschaftlichen Betrachtung günstiger gestaltet hätten.

An dieser erforderlichen Gläubigerbenachteiligung fehlt es aber dann, wenn der Schuldner **lediglich** einen **möglichen Vermögenserwerb unterlassen** hat. In einem solchen Fall hat die Rechtshandlung nämlich nicht zu einer Minderung des Schuldnervermögen geführt, sondern lediglich dessen Mehrung verhindert (BGH, Urteil vom 2.4.2009, Az. IX ZR 236/07).

Die Nutzungsmöglichkeit von Geld gehört zum Schuldnervermögen. Dieser kann den wirtschaftlichen Wert des Geldes sowohl selbst nutzen als auch Dritten überlassen. Wenn der geschäftlich tätige Schuldner sein Geld einem Dritten zur Verfügung stellt, entscheidet er sich für eine wirtschaftliche Fremdnutzung des Geldes. Der in der Nutzung des Geldes liegende Wert entgeht dann der Insolvenzmasse und verkürzt die den Gläubigern zur Verfügung stehende Aktivmasse.

Die Rückgabe eines Vermögensgegenstandes ohne Zinsabrede stellt eine nach § 129 Abs. 1 InsO anfechtbare, da einen Gläubiger benachteiligende, Rechtshandlung dar. Zwischen Rechtshandlung und Gläubigerbenachteiligung muss ein **kausaler Zusammenhang** bestehen. Insoweit kommt es auf das reale Geschehen und nicht auf hypothetische, nur gedachte Kausalverläufe an. Es ist daher die Entwicklung des Schuldnervermögens mit und ohne die angefochtene Rechtshandlung zu vergleichen.

Hätte der Schuldner, hier der B, wie von ihm vorgetragen, das Geld selbst nicht anderweitig für sich mit Rendite eingesetzt, konnte es durch die zinslose Darlehensgewährung zu keinem Vermögensnachteil bei ihm kommen.

Insoweit hat der BGH festgestellt, dass ein geschäftlich tätiger Schuldner ihm mögliche Nutzungen ziehen wird, sodass die Nutzungsvorteile der zum Geschäftsvermögen gehörenden Gegenstände regelmäßig anfechtungsrechtlich Teil seines Aktivvermögens sind. Bei solchen geschäftlich tätigen Schuldnern, wie es eine GmbH ist, reicht es daher für die Gläubigerbenachteiligung aus, wenn es dem Schuldner **rechtlich und tatsächlich möglich war, Nutzungsvorteile** entweder durch eine Eigennutzung oder durch eine Fremdnutzung **zu erzielen**. Dies hat der Insolvenzverwalter zu beweisen.

Konsequenzen:

Wenn Sie als Geschäftsführer einer GmbH einem Geschäftspartner zinslose Darlehen gewähren, kann hierin eine Gläubigerbenachteiligung liegen, die bei Eröffnung eines Insolvenzverfahrens über das Vermögen der GmbH dem Insolvenzverwalter eine Anfechtungsmöglichkeit eröffnet. Bei geschäftlich tätigen Schuldnern ist üblicherweise davon auszugehen, dass eine unentgeltliche Nutzungsüberlassung zu einer Minderung des Aktivvermögens des Schuldners führt, der nämlich von seiner eigenen Nutzungsmöglichkeit keinen Gebrauch macht.

Insoweit hat der **BGH** bereits früher eine **Gläubigerbenachteiligung bejaht** in der Insolvenz einer Bank, die einem Dritten ein langfristiges Darlehen zu einem unter dem marktüblichen Zinssatz liegenden Zins gewährt hatte, bei einem Bauunternehmen, welches seine Arbeitnehmer einem Dritten unentgeltlich überlassen hat sowie bei einer Krankenhaus-GmbH, welche Krankenhausräume einem Dritten unentgeltlich zur Nutzung überlassen hat. In allen diesen Fällen eines geschäftlich tätigen Schuldners hat die unentgeltliche Nutzungsgewährung ein anfechtbares, da die Gläubiger benachteiligendes Rechtsgeschäft dargestellt.

BGH, Urteil vom 15.11.2018, Az. IX ZR 229/17

30 Insolvenz – Gläubigerbenachteiligung (2)

Wann wird eine Gläubigerbenachteiligung beseitigt?

Der Fall:

X war Geschäftsführer der P-GmbH und alleiniger Kommanditist deren Muttergesellschaft, der P-GmbH & Co. KG. X war weiterhin Alleingesellschafter der einzigen Komplementärin der Muttergesellschaft, und zwar der P-Verwaltungs-GmbH.

Aufgrund eines Darlehensvertrags gewährte X der P-GmbH ein Darlehen über 100.000 €. Diese zahlte den Darlehensbetrag einen Monat später an X zurück. Nach Erhalt dieses Betrags entrichtete X am selben Tag als Kommanditeinlage 100.000 € an die Muttergesellschaft. Diese erbrachte ihrerseits unmittelbar nachfolgend an demselben Tag an die P-GmbH eine Verlustausgleichszahlung über 100.000 €.

Der Insolvenzverwalter über das Vermögen der P-GmbH nimmt X auf der Grundlage von § 135 Abs. 1 Nr. 2 Insolvenzordnung (InsO) auf Zahlung von 100.000 € in Anspruch.

Landgericht und Oberlandesgericht haben die Klage abgewiesen.

Das Urteil:

Der Bundesgerichtshof (BGH) hält die Zahlungsklage für begründet.

Seiner Auffassung nach stellt die Kreditgewährung durch X an die P-GmbH **anfechtungsrechtlich ein Gesellschafterdarlehen** dar. Auch nach der gesetzlichen Neuregelung des Rechts der Gesellschafterdarlehen werden von §§ 39 Satz 1 Nr. 5, 135 Abs. 1 InsO auch **Rechtshandlungen Dritter** erfasst, welche der Darlehensgewährung durch einen Gesellschafter wirtschaftlich gleichstehen (BGH, Urteil vom 21.2.2013, Az. IX ZR 32/1; GmbH-Stpr 2013, S. 283).

Der BGH hat insoweit noch einmal betont, dass **der mittelbar an einer Gesellschaft Beteiligte hinsichtlich seiner Kredithilfen** für die Gesellschaft **genauso wie ein unmittelbarer Gesellschafter zu behandeln ist**. Dies gelte ebenfalls für einen solchen Gesellschafter, welcher an dem Gesellschafter der Gesellschaft zum einen beteiligt ist und zum anderen aufgrund einer ihm zustehenden qualifizierten Anteilsmehrheit einen beherrschenden Einfluss auf diesen Gesellschafter ausüben kann. Dies hat der BGH im vorliegenden Fall bejaht aufgrund der Gesellschafterstellung des X sowohl an der

P-GmbH als auch als einziger Kommanditist an der Muttergesellschaft und als Alleingesellschafter ihrer Komplementär-GmbH.

Unzweifelhaft hatte die Gesellschaft das Gesellschafterdarlehen innerhalb der einjährigen Anfechtungsfrist des § 135 Satz 1 Nr. 2 InsO an X zurückgezahlt. Die entscheidende Frage war, ob X die mit der Darlehensrückzahlung verbundene Gläubigerbenachteiligung (§§ 29 Abs. 1 InsO) danach wieder beseitigt hatte. Das wäre aber nur dann der Fall, wenn er den **vollen Wert** des erhaltenen Gegenstands in das Vermögen des Schuldners zurückgeführt hätte (BGH, Urteil vom 25.1.2018, Az. IX ZR 299/16).

Dies setzt aber voraus, dass der Gesellschafter dem Schuldner den entzogenen Vermögenswert zurückgibt und damit die vorher eingetretene Verkürzung der Haftungsmasse rückgängig macht. Dies ist der Fall, wenn abgetretenes Recht an den Schuldner rückabgetreten oder eine von diesem erhaltene Zahlung an ihn zurückgewährt wird. Vorliegend war dies nicht der Fall, da X mit der Zahlung von 100.000 € ausschließlich seine ihm aus dem Gesellschaftsverhältnis zur Kommanditgesellschaft (KG), der Muttergesellschaft, obliegende Pflicht zur Erbringung der Einlage erfüllt hatte und erfüllen wollte. Die Muttergesellschaft hat dann auch nicht den Betrag von 100.000 € praktisch als Zahlungsmittler zur Darlehenszurückzahlung an die P-GmbH weitergeleitet. Sie hat vielmehr aufgrund einer ihr wiederum eigenständig obliegenden Zahlungsverpflichtung zur Verlustdeckung gehandelt. Die Zahlung des X an die KG war daher weder rechtlich noch wirtschaftlich eine Zahlung an die P-GmbH.

Zutreffend stellt der BGH fest, dass X zur Erfüllung der Kommanditeinlage und zur Rückgängigmachung der Gläubigerbenachteiligung **insgesamt 200.000 € hätte zahlen müssen**.

Konsequenzen:

Wenn Sie als Gesellschafter Ihrer wirtschaftlich angeschlagenen GmbH ein Darlehen geben und die GmbH Ihnen das Darlehen zurückzahlt, kann die **Rückzahlung** gemäß § 135 Abs. 1 Nr. 2 InsO **anfechtbar** sein. Dies ist der Fall, wenn die Rückzahlung **innerhalb eines Jahres** vor Stellung des Insolvenzantrags erfolgt ist.

Das gilt nicht nur, wenn Sie direkt an der Gesellschaft beteiligt sind, sondern auch wenn Sie an dem Gesellschafter der Gesellschafterin beteiligt sind und dort einen maßgeblichen Einfluss ausüben, wenn Sie also praktisch **mittelbar an der später insolventen GmbH beteiligt** sind.

Die durch die Rückzahlung des Darlehens eingetretene **Gläubigerbenachteiligung** können Sie nur durch eine vollständige Rückgewähr der erhaltenen Leistung **an die Gesellschaft selbst wieder ausgleichen**. Wenn Sie die

Zahlung an einen Dritten vornehmen, müssen Sie dies **unter der Auflage der Weiterleitung** des Betrags an die Gesellschaft tun. Wenn Sie aber aufgrund eines anderen Rechtsverhältnisses an einen Dritten zahlen, kann die Gläubigerbenachteiligung auf keinen Fall dadurch ausgeglichen werden. Daran ändert es auch nichts, wenn der Zahlungsempfänger seinerseits aufgrund eines anderen Rechtsverhältnisses eine entsprechende Zahlung an die betreffende GmbH vornimmt.

☞ Sie müssen daher die Rechtsverhältnisse mit verschiedenen Gesellschaften streng auseinanderhalten.

BGH, Urteil vom 2.5.2019, Az. IX ZR 67/18

31 Insolvenz – Masseschmälerung (1)

Wann wird im Rahmen der Insolvenzhaftung eine Masseschmälerung durch eine Gegenleistung ausgeglichen?

Der Fall:

Über das Vermögen der X-GmbH ist das Insolvenzverfahren eröffnet worden. Nach Auffassung des Insolvenzverwalters war die X-GmbH spätestens seit dem 1.9.2009 zahlungsunfähig. Zwischen dem 14.9. und 9.12.2009 hat die X-GmbH vom Geschäftskonto und aus der Barkasse Zahlungen in einer Gesamthöhe von rund 54.000 € vorgenommen, und zwar an die Stadtwerke AG, verschiedene Lieferanten sowie die Juni-Gehälter an die Angestellten.

Der Insolvenzverwalter hat den früheren Geschäftsführer A auf Zahlung des Gesamtbetrags in die Insolvenzmasse verklagt.

Das LG hat der Klage stattgegeben, das OLG teilweise und sie im Übrigen in Höhe von 14.000 € abgewiesen.

Das Urteil:

Der BGH hält die Klage insgesamt für begründet und hat insoweit das Urteil des LG wiederhergestellt.

Der Geschäftsführer einer GmbH ist zum Ersatz von Zahlungen verpflichtet, die nach Eintritt der Zahlungsunfähigkeit der GmbH bzw. nach Feststellung ihrer Überschuldung geleistet werden. Dies war vorliegend bei allen Zahlungen an die Gläubiger der X-GmbH der Fall.

Nach der Rechtsprechung des BGH entfällt jedoch die zunächst gegebene Ersatzpflicht des Geschäftsführers für solche Zahlungen, wenn und soweit die durch die Zahlung verursachte Masseschmälerung durch eine **in unmittelbarem Zusammenhang mit der in Zahlung stehenden Gegenleistung** ausgeglichen wird (so BGH, Urteil vom 18.11.2014, Az. II ZR 231/13, GmbH-Stpr 2015, S. 218). Im Saldo bleibt dann nämlich die Insolvenzmasse genauso groß wie vorher. Durch eine Rückzahlungspflicht des Geschäftsführers würde sie ohne Grund vergrößert werden.

Es reicht aber – so der BGH – nicht irgendein beliebiger weiterer Massezufluss als Ausgleich der Masseschmälerung aus. Vielmehr ist ein unmittelbarer wirtschaftlicher Zusammenhang mit der einzelnen Zahlung erforderlich. Aus jeder Zahlung der GmbH muss daher ein wirtschaftlicher Zufluss an die GmbH erfolgen. Als einen solchen Massezufluss bewertet der BGH auch, dass für die Zahlung ein Gegenwert in das Gesellschaftsvermögen gelangt ist (so BGHZ a.a.O.). Wann dieser Gegenwert in das Gesellschaftsvermögen gelangt, ist nach Auffassung des BGH unerheblich.

Vorliegend hat der BGH **keinen solchen Massezufluss** bejaht. Insbesondere steht der Zahlung von Gehältern an die Mitarbeiter kein Massezufluss gegenüber. Die von den Mitarbeitern erbrachten **Arbeitsleistungen** stellen keine durch die Gläubiger verwertbare Masse dar. Schutzzweck des § 64 GmbHG ist der Schutz der Insolvenzgläubiger.

Auch den **Zahlungen an den Energieversorger** und die anderen Lieferanten steht kein jeweiliger Massezufluss gegenüber. Zwar hat die GmbH Lieferungen oder Dienstleistungen erhalten, doch ist die Masseschmälerung nicht so ausgeglichen worden, dass die Gläubiger darauf zugreifen können. **Maßgeblich ist die Verwertbarkeit** der Gegenleistung **durch die Insolvenzgläubiger**, wobei die Bewertung einer Gegenleistung nach Liquidationswerten zu erfolgen hat.

Konsequenzen:

Wenn eine GmbH nach Eintritt der Insolvenzreife noch Zahlungen an einzelne Gläubiger bringt, können diese wegen Gläubigerbegünstigung anfechtbar sein. Der handelnde Geschäftsführer kann zur Erstattung der abgeflossenen Beträge gemäß § 64 Abs. 1 GmbHG herangezogen werden. Dies ist regelmäßig bei einer Masseschmälerung der Fall.

☞ Die Ausgleichspflicht kann nur entfallen, wenn in unmittelbarem wirtschaftlichen Zusammenhang ein Gegenwert in die Masse geflossen ist, der für die Gesellschaftsgläubiger genauso verwertbar ist, wie die Masse vor der Schmälerung. Irgendwelche **Dienstleistungen oder Lieferungen verbrauchbarer Güter** kommen dafür **nicht in Betracht**. Eventuell zugeflossene Vermögenswerte müssen mit den Liquidationswerten bewertet werden.

BGH, Urteil vom 4.7.2017, Az. II ZR 319/15

32 Insolvenz – Masseschmälerung (2)

Zur Verantwortlichkeit für masseverkürzende Leistungen (hier: Abgeltung von Arbeitsleistungen)

Der Fall:

Im März 2015 wurde über das Vermögen einer GmbH das Insolvenzverfahren eröffnet. Der Beklagte war Geschäftsführer der GmbH. Er hat vom 1.8. bis 16.12.2014 für die GmbH zum Teil aufgrund entsprechender Vorleistungen Dritter, zum Teil zum Erwerb entsprechender Forderungen Zahlungen an Dritte veranlasst, obwohl die Gesellschaft bereits seit Ende Juli 2014 überschuldet war. Der Kläger macht als Insolvenzverwalter der GmbH gegen den Geschäftsführer nunmehr Ansprüche nach § 64 Satz 1 GmbHG geltend.

Das Urteil:

Das OLG München hat der Klage stattgegeben. Das Gericht setzt sich mit seiner Entscheidung in Widerspruch zur Auffassung des OLG Düsseldorf (Urteil vom 1.10.2015, Az. I-6 U 169/14).

Konsequenzen:

Nach § 64 Satz 1 GmbHG ist ein Geschäftsführer gegenüber der Gesellschaft zum Ersatz solcher Zahlungen verpflichtet, die nach Zahlungsunfähigkeit oder Überschuldung der GmbH geleistet werden, es sei denn, die Zahlungen sind mit der Sorgfalt eines ordentlichen Geschäftsleiters vereinbar. Die **Ersatzpflicht des Geschäftsführers** für Zahlungen nach Insolvenzreife **entfällt** nur, sofern die durch die Zahlung verursachte Schmälerung der Masse durch einen dem Gläubigerzugriff unterliegenden Vermögenswert ausgeglichen wird.

Der Umstand, dass die Gesellschaft aufgrund des der Zahlung zugrunde liegenden Rechtsgeschäfts eine **Forderung** erworben hat, stellt dagegen **keine „Gegenleistung"** dar. Nach Auffassung des OLG werden Zahlungen aus dem Vermögen einer insolvenzreifen GmbH **auch nicht durch Vorleistungen** des Zahlungsempfängers **kompensiert**. Zweck des Zahlungsverbots sei es, die verteilungsfähige Vermögensmasse der insolvenzreifen GmbH im Interesse der Gesamtheit ihrer Gläubiger zu erhalten. Im Falle einer Vorleistung vermehre sich das Gesellschaftsvermögen zunächst um die ausgleichende Gegenleistung. Die gleichzeitig entstehende Verbindlichkeit der Gesellschaft könne zu diesem Zeitpunkt jedoch noch nicht vermögensmindernd berücksichtigt werden. Bei der zeitlich nachfolgenden Zahlung komme es daher zu einer Verkürzung der Vermögensmasse der Gesellschaft.

Nach Auffassung des OLG kann der Rechtsgedanke des § 142 InsO nicht auf § 64 Satz 1 GmbHG übertragen werden (anderer Auffassung OLG Düsseldorf). Durch § 142 InsO werde sichergestellt, dass die Gesellschaft nach Eröffnung des Insolvenzverfahrens nicht vom Geschäftsverkehr ausgeschlossen wird. Daher seien Zahlungen der Gesellschaft nach Eröffnung des Insolvenzverfahrens nicht anfechtbar, sofern im zeitlichen Zusammenhang hierzu (d.h. innerhalb von 30 Tagen nach Erhalt der Leistung) eine gleichwertige Gegenleistung in das Gesellschaftsvermögen gelange. Durch § 64 Satz 1 GmbHG sei hingegen bezweckt, das **Gesellschaftsvermögen** der GmbH **bis zur Eröffnung des Insolvenzverfahrens zu erhalten**. Bei Zahlungen bereits erhaltener Leistungen könne es sich mithin nur dann um keine verbotene Zahlung im Sinne von § 64 Satz 1 GmbHG handeln, wenn diese mit der Sorgfalt eines ordentlichen Geschäftsleiters, wie z.B. bei Zahlungen im Rahmen von Sanierungsbemühungen oder zum Erhalt von Sanierungschancen, vereinbar seien.

OLG München, Urteil vom 22.6.2017, Az. 23 U 3769/16

33 Insolvenz – Masseschmälerung (3)

Zur Verantwortlichkeit des Geschäftsführers für Zahlungen nach Insolvenzreife

Der Fall und das Urteil:

Der Kläger macht als Insolvenzverwalter einer GmbH gegen den Beklagten als deren Geschäftsführer Rückgewähransprüche zur Masse aus Geschäftsführerhaftung gemäß § 64 GmbHG geltend. Er behauptet, dass die Gesellschaft bereits seit 2012 überschuldet und zahlungsunfähig gewesen sei. Diverse Zahlungen hätte der Beklagte nicht mehr tätigen dürfen.

Dieser gibt an, die GmbH sei weder zahlungsunfähig noch überschuldet gewesen, vielmehr habe eine positive Fortführungsprognose aufgrund zahlreicher Aufträge bestanden. Das Landgericht (LG) gab der Klage vollumfänglich statt. Trotz des Hinweises des Geschäftsführers, es seien Ratenzahlungsvereinbarungen und Zahlungen zur Sanierung der Gesellschaft erfolgt, folgte das OLG der Auffassung des LG.

Konsequenzen:

Nach § 64 Satz 1 GmbHG ist ein GmbH-Geschäftsführer der Gesellschaft zum Ersatz solcher Zahlungen verpflichtet, die nach dem Eintritt der Zahlungsunfähigkeit der Gesellschaft oder nach Feststellung der Überschuldung geleistet wurden, es sei denn, die Zahlungen waren mit der Sorgfalt eines ordentlichen Kaufmanns vereinbar. Die Beweislast hierfür trägt der Beklagte. Im entschiedenen Fall ist er dieser Verpflichtung nicht in dem erforderlichen Umfang nachgekommen. Die Ratenzahlungsvereinbarungen wurden nicht bewiesen, und der Beklagte kam auch seiner Darlegungs- und Beweislast bezüglich einer positiven Fortführungsprognose nicht in dem hierfür erforderlichen Umfang nach.

Das OLG bestätigt, dass die GmbH spätestens seit dem 1.7.2012 überschuldet war. Der Insolvenzverwalter hat seiner Beweislast hinsichtlich der **Überschuldung der Gesellschaft** genügt, indem er ausgeführt hat, dass der Jahresabschluss der GmbH einen nicht durch das Eigenkapital gedeckten Fehlbetrag aufweist, der sich zudem noch erhöht hat.

Das Gericht stellt klar, dass **Forderungen auf Rückgewähr von Gesellschafterdarlehen** grundsätzlich im Überschuldungsstatus zu passivieren sind. Eine **Ausnahme** besteht nur dann, wenn eine **qualifizierte Rangrücktrittserklärung** vorliegt. Diese muss sowohl vor als auch nach Verfahrenseröffnung sicherstellen, dass eine Darlehensforderung als Verbindlichkeit nicht in die (Überschuldungs)-Bilanz aufgenommen wird. Erforderlich ist hierfür eine Erklärung des Gläubigers, er wolle mit seiner Forderung hinter die Forderungen aus § 39 Abs. 1 Nr. 5 InsO zurücktreten. Dem Nachweis ist der Geschäftsführer nicht nachgekommen.

Ferner lag **Zahlungsunfähigkeit** vor. Ist die GmbH nicht in der Lage, sich innerhalb von drei Wochen die zur Begleichung der fälligen Forderungen benötigten finanziellen Mittel zu beschaffen, handelt es sich nicht mehr um eine rechtlich unerhebliche Zahlungsstockung, sondern um eine Zahlungsunfähigkeit. Beträgt die **Liquiditätslücke** der Gesellschaft **10% oder mehr**, ist regelmäßig von Zahlungsunfähigkeit auszugehen, sofern nicht ausnahmsweise mit an Sicherheit grenzender Wahrscheinlichkeit zu erwarten ist, dass die Liquiditätslücke demnächst vollständig oder fast vollständig geschlossen wird und den Gläubigern ein Zuwarten nach den besonderen Umständen des Einzelfalls zuzumuten ist.

☞ Wenn durch Leistungen des Geschäftsführers in der Insolvenzsituation im Einzelfall größere Nachteile für die Masse abgewendet werden können, kann ein Verschulden ausnahmsweise zu verneinen sein. Dies kann insbesondere bei Zahlungen in Betracht kommen, ohne die der Betrieb im Zweifel hätte sofort eingestellt werden müssen, was jede Chance auf Sanierung oder Fortführung im Insolvenzverfahren zunichte gemacht hätte (z.B. Zahlungen an den Energieversorger).

Zahlungen zur Erhaltung der Sanierungschancen sind nur für einen kurzfristigen Zeitraum privilegiert, der regelmäßig eine **Dauer von drei Wochen** umfasst, in denen die Sanierungsbemühungen abgeschlossen sein müssen.

Voraussetzung ist aber ein tragfähiges Sanierungskonzept, das der Beklagte ebenfalls nicht dargelegt hat.

OLG München, Urteil vom 18.1.2018, Az. 23 U 2702/17

34 Insolvenz – Masseschmälerung (4)

Zur Feststellung der Überschuldung einer GmbH

Der Fall und das Urteil:

Der Kläger macht als Insolvenzverwalter gegen den Beklagten als ehemaligen Geschäftsführer der Komplementärin der Insolvenzschuldnerin (KG) Schadenersatzansprüche geltend. Das Landgericht (LG) hat die Klage mangels Insolvenzreife der Schuldnerin abgewiesen. Dagegen richtet sich die Berufung des Klägers, der insbesondere rügt, das LG habe die insolvenzrechtlichen Begriffe der Zahlungsunfähigkeit und Überschuldung verkannt. Dieser Auffassung ist auch das Oberlandesgericht (OLG) gefolgt. Es bleibt abzuwarten, wie der BGH (Az. II ZR 25/19) entscheiden wird.

Konsequenzen:

Nach Auffassung des OLG gelten folgende Grundsätze:

Einer Handelsbilanz kommt in der Praxis für die Frage, ob die Gesellschaft überschuldet ist, lediglich indizielle Bedeutung zu. Hat der Anspruchsteller jedoch erläutert, ob und ggf. in welchem Umfang stille Reserven oder sonstige aus ihr nicht ersichtliche Vermögenswerte vorhanden sind, ist es Sache des beklagten Geschäftsführers, im Rahmen seiner sekundären Darlegungslast im Einzelnen vorzutragen, welche stillen Reserven oder sonstigen für eine Überschuldungsbilanz maßgeblichen Werte in der Handelsbilanz nicht abgebildet sind. Der Beklagte hatte im Prozess trotz eines richterlichen Hinweises ebenfalls nicht dargelegt, ob eine die Überschuldung ausschließende positive Fortführungsprognose bestand. Eine **günstige Fortführungsprognose** setzt neben dem Fortführungswillen des Schuldners bzw. seiner Organe auch die objektive – grundsätzlich aus einem aussagekräftigen Unternehmenskonzept (dem sogenannten Ertrags- und Finanzplan) herzuleitende – Überlebensfähigkeit des Unternehmens voraus. Die Maßnahmen müssen auf eine durchgreifende Sanierung der Gesellschaft gerichtet sein, denn die Unternehmensfortführung darf nicht die Risiken für die Gläubiger erhöhen.

Nach ständiger höchstrichterlicher Rechtsprechung entfällt die Ersatzpflicht des Organs für Zahlungen nach Insolvenzreife, soweit die durch die Zahlung verursachte Schmälerung der Masse in einem unmittelbaren Zusammenhang mit ihr ausgeglichen wird. Dass einzelne Zahlungen mit der Sorgfalt eines ordentlichen Kaufmanns vereinbar waren, hat der insoweit darlegungs- und beweispflichtige Beklagte nicht belegt. Der hierzu anzulegende Maßstab bestimmt sich nicht allein nach den allgemeinen Verhaltenspflichten eines Geschäftsführers, der bei seiner Amtsführung Recht und Gesetz zu wahren hat. Nach der BGH-Rechtsprechung kann das Verschulden ausnahmsweise insbesondere dann zu verneinen sein, soweit durch Leistungen des Geschäftsführers in der Insolvenzsituation im Einzelfall größere Nachteile für die Masse abgewendet werden. Dies kommt z.B. bei Zahlungen in Betracht, ohne die der Betrieb im Zweifel sofort hätte eingestellt werden müssen, was jede Chance auf Sanierung oder Fortführung im Insolvenzverfahren zunichtegemacht hätte.

Zahlungen zur Erhaltung der Sanierungschancen sind jedoch **nur für einen kurzfristigen Zeitraum privilegiert**. In der Regel wird von einer **Dauer von drei Wochen** auszugehen sein, innerhalb derer die Sanierungsbemühungen abgeschlossen sein müssen. Voraussetzung ist aber ein tragfähiges Sanierungskonzept.

Der Geschäftsführer handelt fahrlässig, wenn er sich nicht rechtzeitig die erforderlichen Informationen und Kenntnisse verschafft, die er für die Prüfung benötigt, ob er pflichtgemäß Insolvenzantrag stellen muss. Ein selbst nicht hinreichend sachkundiger Geschäftsführer ist **nur dann entschuldigt**, wenn er sich unter umfassender Darstellung der Verhältnisse der Gesellschaft und Offenlegung der erforderlichen Unterlagen von einer unabhängigen, für die zu klärenden Fragestellungen fachlich qualifizierten Person hat beraten lassen und danach keine Insolvenzreife festzustellen war. Die Sorgfalt eines ordentlichen und gewissenhaften Geschäftsleiters gebietet zudem, das Prüfungsergebnis einer **Plausibilitätskontrolle zu unterziehen**.

OLG München, Urteil vom 17.1.2019, Az. 23 U 998/18

35 Insolvenz – Masseschmälerung (5)

Geschäftsführerhaftung wegen Entgegennahme von Zahlungen auf debitorisches Konto der insolvenzreifen GmbH

Der Fall:

B war einzelvertretungsberechtigter und von den Beschränkungen des § 181 BGB befreiter Geschäftsführer der R-GmbH, über deren Vermögen das Insolvenzverfahren eröffnet worden war.

Auf dem Geschäftskonto der GmbH bei der Kreissparkasse gingen in den Monaten zwischen Eintritt der Insolvenzreife und Stellung des Insolvenzantrags Zahlungen von insgesamt rund 332.000 € ein. Das Konto wies während des gesamten Zeitraums ein Soll von mehr als 930.000 € auf, bei einer bewilligten Kreditlinie von 797.000 €. Von dem Konto gingen auch Zahlungen ab, die der Insolvenzverwalter in Höhe von rund 130.000 € erfolgreich angefochten hat. Ein anderes Konto der GmbH bei der Kreissparkasse wies ein Guthaben von 160.000 € auf.

Der Insolvenzverwalter der R-GmbH hat den B auf Ersatz der auf das debitorische Konto bei der Kreissparkasse geflossenen Zahlungen verklagt.

Die Vorinstanzen haben der Klage stattgegeben.

Das Urteil:

Der BGH hat die Revision zurückgewiesen.

Er hatte allerdings lediglich über die Rechtsfrage zu entscheiden, ob der grundsätzlich bestehende Zahlungsanspruch gegen den B um die erfolgreich angefochtenen und zurückgeflossenen Zahlungen in Höhe von rund 130.000 € von dem Konto zu mindern war. Wegen der Beschränkung der Revision auf diese Frage war vom Bestehen eines Anspruchs der Insolvenzmasse gegen B auf Zahlung der auf dem debitorischen Konto bei der Kreissparkasse eingegangenen Zahlungen von 332.000 € auszugehen.

Der BGH hat entschieden, dass die **erfolgreiche Anfechtung** der vom Konto abgeflossenen Zahlungen an Gesellschaftsgläubiger vorliegend **zu keiner Anspruchsminderung** gegen B führt.

Grundsätzlich führt der Rückfluss liquider Mittel aufgrund einer Insolvenzanfechtung dazu, dass die Masseschmälerung rückgängig gemacht wird und lässt daher die Haftung des pflichtwidrig handelnden Geschäftsführers insoweit entfallen. Vorliegend resultiert aber die Haftung des B nicht aus den vorgenommenen Zahlungen vom Konto, sondern aus dem Zahlungseingang auf dem debitorischen Konto der GmbH.

Wenn von einem debitorischen Bankkonto eine Gesellschaftsverbindlichkeit beglichen wird, wird lediglich der befriedigte Gläubiger durch die Bank als Gläubigerin ersetzt, und zwar ohne eine Schmälerung der Insolvenzmasse. Wenn dies so ist, führt die erfolgreiche Anfechtung der Zahlung auch nicht dazu, dass die Masseschmälerung rückgängig gemacht wird.

Hier resultiert die Haftung aus den Zahlungen auf das debitorische Bankkonto, weil darin eine masseschmälernde Leistung an die kontoführende Bank lag, und zwar durch die Verminderung des Debets (so auch BGH, Urteil vom 29.11.1999, Az. II ZR 273/98; BGHZ 143, S. 184, 187 f.).

Wenn schon der Geschäftsführer nicht rechtzeitig einen Insolvenzantrag stellt, dann muss er wenigstens die **Masse erhalten**. Er muss dafür sorgen, dass Zahlungen auf Gesellschaftsforderungen der Masse zugutekommen **und nicht einer Verringerung der Verbindlichkeiten** der GmbH **gegenüber der Bank**. Die Haftung des Geschäftsführers könnte nur dann entfallen, wenn diese Verrechnung mit dem Debet später erfolgreich angefochten werde könnte, was hier aber nicht erfolgt war.

Konsequenzen:

Bei Zahlungsunfähigkeit oder Überschuldung der GmbH müssen Sie als Geschäftsführer unverzüglich einen Insolvenzantrag stellen. Ansonsten können Sie persönlich schadenersatzpflichtig werden. Das gilt insbesondere dann, wenn Sie mit Mitteln der GmbH noch einzelne Gesellschaftsgläubiger befriedigen. Ihre Haftung könnte dann bei einer später erfolgreichen Anfechtung der Zahlungen durch den Insolvenzverwalter wieder in der Summe reduziert werden. Sie werden aber auch dann ersatzpflichtig, wenn Sie Zahlungen von Gesellschaftsschuldnern auf ein debitorisches Bankkonto fließen lassen, weil hierdurch eine **Besserstellung der Bank** eintritt.

Zur Vermeidung Ihrer persönlichen Haftung sollten Sie bei drohender Insolvenz Zahlungen auf ein Konto veranlassen, dass Sie zuvor **bei einer anderen Bank** eingerichtet haben – nicht also auf ein Konto Ihrer Hausbank, bei der Ihre Gesellschaft „in der Kreide" steht.

BGH, Urteil vom 3.6.2014, Az. II ZR 100/13

36 Insolvenz – Nahestehende Person

Insolvenzrechtlich können GmbH & Co. KG und GmbH nahestehende Personen sein, wenn deren Geschäftsführer verheiratet sind

Der Fall:

Über das Vermögen der N-Metallbau GmbH ist das Insolvenzverfahren eröffnet worden. Ihr Geschäftsführer war A. Die GmbH hat von der X-GmbH & Co. KG regelmäßig Arbeitsleistungen bezogen und hierfür die monatlich abgerechneten Beträge an die GmbH & Co. KG gezahlt. Alleingesellschafterin und Geschäftsführerin der Komplementär-GmbH der KG ist die N, die Ehefrau des Geschäftsführers der GmbH.

Der Insolvenzverwalter über das Vermögen der N-GmbH hat die GmbH & Co. KG aufgrund einer Insolvenzanfechtung auf Rückgewähr von 50.000 € verklagt.

Die Klage ist in den Vorinstanzen abgewiesen worden.

Das Urteil:

Der BGH hat die rechtliche Lage anders eingeschätzt und den Rechtsstreit zur weiteren Aufklärung an das OLG zurückverwiesen.

Nach seiner Auffassung ist es nicht ausgeschlossen, dass die Beklagte GmbH & Co. KG eine der N-Metallbau GmbH **nahestehende Person im Sinne des Insolvenzrechts** ist. Die Insolvenzordnung erleichtert in verschiedenen Regelungen die Insolvenzanfechtung gegenüber dem Schuldner nahestehenden Personen. Diese Personen haben grundsätzlich bessere Informationsmöglichkeiten über die wirtschaftliche Situation der Schuldnerin als außenstehende Dritte.

Der Begriff der nahestehenden Person wird in § 138 InsO definiert. Aus § 138 Abs. 2 Nr. 1 InsO folgt, dass der Geschäftsführer einer GmbH für diese eine nahestehende Person ist. Erfasst werden weitergehend auch solche Personen, die zu dem Geschäftsführer der Schuldnerin in einer persönlichen Verbindung stehen.

Somit ist im Urteilsfall die Ehefrau des Geschäftsführers eine der GmbH nahestehende Person. Nach Auffassung des BGH bezieht sich das vom Gesetz vorausgesetzte **Näheverhältnis** nicht nur auf natürliche, sondern auch **auf juristische Personen**.

Unter Berücksichtigung des Gesetzgebungszwecks hat der BGH daher folgende Feststellung getroffen: Sei der Schuldner eine juristische Person, stehe ihm deshalb eine andere juristische Person nahe, wenn der Geschäftsführer des Schuldners zugleich Geschäftsführer des Gläubigers als Anfechtungsgegner ist oder wenn zwischen den personenverschiedenen Geschäftsführern ein Näheverhältnis im Sinne von § 138 Abs. 1 Nr. 1 bis 3 InsO bestehe. Dies sei insbesondere dann der Fall, wenn es sich bei den beiden Geschäftsführern um Eheleute handelt. Dies folge aus der besseren Unterrichtungsmöglichkeit aufgrund der bestehenden Ehe der beiden Geschäftsführer.

Eine solche unterstellte bessere Unterrichtungsmöglichkeit scheidet aber dann aus, wenn der Geschäftsführer der Schuldner-GmbH in den konkreten Fragen seinerseits **zur Verschwiegenheit verpflichtet** ist. Dann kann nicht einfach unterstellt werden, dass der Geschäftsführer aufgrund des Näheverhältnisses seine Verschwiegenheitspflicht verletzt und Kenntnisse unzulässig weitergibt. Unter die Verschwiegenheitspflicht kann auch die Tatsache der Zahlungsunfähigkeit der GmbH fallen.

Konsequenzen:

Unterhält Ihre GmbH Geschäftsbeziehungen mit einem Unternehmen, das von Ihrem Ehegatten (oder anderen Verwandten) geführt wird, können Sie im Insolvenzfall die erleichterte Anfechtung durch den Insolvenzverwalter zugunsten des Gläubiger-Unternehmens aushebeln, indem Sie sich auf Ihre Verschwiegenheitspflicht berufen. Dies dürfte immer dann möglich sein, wenn Sie als Geschäftsführer nicht zugleich Gesellschafter der GmbH oder nur mit Anderen gemeinsam an der GmbH beteiligt sind.

Wenn Sie allerdings Alleingesellschafter- und Geschäftsführer der GmbH sind, können Sie sich selbst von der Verschwiegenheitspflicht befreien. Dies wird bei einer Informationsweitergabe, die nachweislich erfolgt ist, aufgrund einer darin liegenden konkludenten Befreiungserklärung bejaht.

BGH, Urteil vom 22.12.2016, Az. IX ZR 94/14

37 Insolvenzverschleppung (1)

Zu den Beweiserleichterungen für einen Insolvenzverwalter

Der Fall und das Urteil:

Der Kläger ist Insolvenzverwalter über das Vermögen einer GmbH (Insolvenzschuldnerin). Er nimmt den Beklagten als ehemaligen Geschäftsführer auf Ersatz von rund 320.000 € wegen Zahlungen in Anspruch, die im Zeitraum vom 11.2.2010 bis 20.5.2010 aus der Kasse bzw. von Konten der Insolvenzschuldnerin veranlasst wurden.

Der Beklagte war seit der Gründung der GmbH im Jahr 2009 ihr alleiniger Gesellschafter und Geschäftsführer. Der Kläger behauptet, die Gesellschaft sei am 31.12.2009 überschuldet gewesen (Vorlage einer Überschuldungsbilanz) und diese Überschuldung habe zur Zeit der streitgegenständlichen Zahlungen fortbestanden. Eine positive Fortführungsprognose habe nicht bestanden, weil auch im Folgejahr unstreitig ein Jahresfehlbetrag von rund 200.000 € erzielt wurde. Der Beklagte habe gegen seine Verpflichtung zur Überprüfung einer Überschuldung und seine Insolvenzantragspflicht (§ 15a Abs. 1 Satz 1 InsO) verstoßen. Die Veranlassung der streitgegenständlichen Zahlungen sei mit der Sorgfalt eines ordentlichen Kaufmanns unvereinbar.

Die Verletzung der Pflicht zur wirtschaftlichen Selbstkontrolle sei mindestens fahrlässig erfolgt.

Der Beklagte behauptet, die Überschuldungsbilanz per 31.12.2009 sei unrichtig, weil sie Verbindlichkeiten enthalte, die tatsächlich nicht bestünden. Zudem seien Aktiva nicht oder unvollständig ausgewiesen. Es habe auch eine positive Fortführungsprognose bestanden, die sich in der Gewährung von Darlehen verschiedener Darlehensgeber manifestiere. Das Unternehmenskonzept der Insolvenzschuldnerin habe die Anpassung einer umfangreichen Software vorgesehen, bei der eine Vorlaufzeit von drei Jahren eingeplant gewesen sei, bevor die Gewinnzone habe erreicht werden sollen.

Durch die Veruntreuung der Darlehensvaluta und technische Verzögerungen bei der Softwareentwicklung habe zum Jahreswechsel 2009/2010 eine besondere Situation bestanden, der ursprüngliche Zeitplan sei nicht mehr zu halten gewesen. Der Beklagte sei Opfer von Straftaten geworden und habe versucht, die Transaktionen aufzuklären und die Softwareprobleme zu lösen.

LG und OLG haben der Klage stattgegeben, weil die Insolvenzschuldnerin am 31.12.2009 überschuldet war.

Konsequenzen:

Das OLG hat sich mit der Frage der Darlegungs- und Beweislast im Zusammenhang mit der Bestimmung des Überschuldungszeitpunkts einer Gesellschaft auseinandergesetzt und sich der höchstrichterlichen Rechtsprechung angeschlossen. Danach ist ein Insolvenzverwalter gehalten, schlüssig die Überschuldung zu einem bestimmten Zeitpunkt nachzuweisen. Dies war im Streitfall durch Vorlage nicht nur einer Handelsbilanz erfolgt, sondern auch einer auf den entsprechenden Zeitpunkt aufgestellten Überschuldungsbilanz.

☞ In dieser Situation **muss** dann der **Geschäftsführer zu seiner Entlastung darlegen**, warum im Überschuldungsstatus, der aller Voraussicht nach mit seiner Unterstützung aufgestellt wurde, bestimmte stille Reserven oder Werte doch in unzutreffender Weise nicht berücksichtigt wurden. Gelingt ihm das, kann dies zu einer Verlagerung eines möglichen Überschuldungszeitpunkts auf der Zeitschiene nach hinten kommen und einer Vermeidung der möglichen Verletzung der Antragspflicht. Dass diese Anforderungen es dem Geschäftsführer nicht leichtmachen, zeigt der vorliegende Rechtsstreit. Beim gegenwärtigen Stand der höchstrichterlichen Rechtsprechung und der Rolle, die ein Geschäftsführer auch in der Krise einer Gesellschaft hat, ist daran wenig zu ändern.

OLG Hamburg, Urteil vom 16.3.2018, Az. 5 U 191/16

38 Insolvenzverschleppung (2)

Strafbarkeit des GmbH-Geschäftsführers wegen vorsätzlicher Insolvenzverschleppung

Der Fall:

X war faktischer Geschäftsführer der C-GmbH. Diese war in einen von der T-AG geleiteten Konzern eingebunden. Hauptaktionär der T war die A-AG. Die C-GmbH bestellte im Mai und Juni bei verschiedenen Lieferanten Ware für rund 137.000 €. X wusste, dass die finanziellen Mittel der C-GmbH nicht reichten, um sämtliche von ihr getätigten Bestellungen zu bezahlen. Die finanziellen Mittel waren sehr angespannt. Spätestens ab Ende April war die Gesellschaft zahlungsunfähig, was der Angeklagte X billigend in Kauf nahm. Im Juli unterbreitete er den Lieferanten Ratenzahlungsvorschläge, auf die aber keinerlei Zahlungen erfolgten.

Das Landgericht hat den X wegen vorsätzlicher Insolvenzverschleppung sowie wegen Betrugs zu einer Gesamtfreiheitsstrafe von einem Jahr mit Strafaussetzung zur Bewährung verurteilt.

Die Entscheidung:

Der BGH hat die Verurteilung aufgehoben und die Angelegenheit zu einer neuen Entscheidung durch ein anderes Tatgericht zurückverwiesen.

Wenn ein Geschäftsführer die Geschäfte der GmbH trotz Vorliegen eines Insolvenzgrundes fortführt, begeht er eine Insolvenzverschleppung. Es muss demnach zunächst einmal ein Insolvenzgrund vorliegen. Dies kann die Überschuldung oder Zahlungsunfähigkeit der GmbH sein. Nach § 17 Abs. 2 Insolvenzordnung (InsO) ist ein Schuldner zahlungsunfähig, wenn er nicht in der Lage ist, die fälligen Zahlungspflichten in angemessener Frist zu erfüllen. Es kommt allein auf den Zeitpunkt der Fälligkeit einer Forderung an. Dieser kann durch eine Stundungsvereinbarung hinausgeschoben werden. Hiervon abzugrenzen ist eine bloße Zahlungsstockung, d.h. ein kurzfristiger und innerhalb eines Zeitraums von drei Wochen behebbarer Mangel an flüssigen Mitteln.

Ob eine Zahlungsunfähigkeit vorliegt, wird regelmäßig durch die sogenannte betriebswirtschaftliche Methode festgestellt. Hiernach erfolgt eine stichtagsbezogene Gegenüberstellung der fälligen Verbindlichkeiten einerseits und der zu ihrer Tilgung vorhandenen oder kurzfristig beschaffbaren Mittel andererseits (BGH, Urteil vom 30.1.2003, Az. 3 StR 437/03). Ergänzend ist dann eine Prognose vorzunehmen, ob innerhalb einer 3-Wochen-Frist die Wiederherstellung der Zahlungsfähigkeit aller Voraussicht nach erfolgen wird oder nicht. Dies ist anhand einer Finanzplanrechnung zu ermitteln.

Darüber hinaus kann die Zahlungsunfähigkeit aber auch durch die sogenannte wirtschaftskriminalistische Methode ermittelt werden. Als Warnzeichen insoweit gelten die ausdrückliche Erklärung, nicht zahlen zu können, das Ignorieren von Rechnungen und Mahnungen, gescheiterte Vollstreckungsversuche, die Nichtzahlung von Löhnen und Gehältern sowie der Sozialversicherungsabgaben oder der sonstigen Betriebskosten, Scheck- und Wechselproteste oder Insolvenzanträge von Gläubigern.

Insoweit sind nicht die Grundsätze zur Feststellung der Zahlungsunfähigkeit im Rahmen einer Insolvenzanfechtung ausschlaggebend, da diese auf eine rückblickende Betrachtung unter Berücksichtigung der weiteren wirtschaftlichen Entwicklung zurückgreifen kann. Dagegen kommt es bezüglich der Zahlungsunfähigkeit im Rahmen einer Strafbarkeit wegen vorsätzlicher Insolvenzverschleppung auf eine **prognostische Beurteilung der künftigen Entwicklung** auf Grundlage der Tatsachen an.

Es ist daher festzustellen, ob Finanzmittel vorhanden sind oder ob solche kurzfristig besorgt werden können, ob also freie Kreditlinien vorhanden sind. Insoweit ist auch zu prüfen, ob es durchsetzbare und fällige Forderungen gegen Schuldner der GmbH gibt. Diese Fragen hatte das LG nicht hinreichend geprüft, sondern war lediglich davon ausgegangen, dass nicht genug Mittel vorhanden waren, um sämtliche Gläubiger zeitnah zu befriedigen.

Konsequenzen:

Als Geschäftsführer einer GmbH können Sie sich strafbar machen und persönlich schadenersatzpflichtig werden, wenn Sie die Geschäfte der GmbH trotz eingetretenen Insolvenzgrundes fortführen und hierdurch Gesellschaftsgläubiger zu Schaden kommen.

Wenn Sie feststellen, dass die GmbH ihre laufenden finanziellen Verpflichtungen nicht erfüllen kann, müssen Sie das Vorliegen eines Insolvenzgrundes gewissenhaft prüfen und dürfen nicht einfach neue Bestellungen bei Lieferanten vornehmen.

Entscheidend kommt es darauf an, ob voraussichtlich die fälligen Verbindlichkeiten der GmbH aus eigenen und aus kurzfristig – innerhalb von drei Wochen – zu beschaffenden Geldmitteln befriedigt werden können. Insoweit ist die genaue finanzielle Lage der GmbH zu prüfen, einschließlich vorhandener und durchsetzbarer Forderungen gegen Gesellschaftsschuldner. Es muss daher zum einen der finanzielle Status quo ermittelt und darüber hinaus eine Prognose der kurzfristigen Lösbarkeit der finanziellen Probleme angestellt werden. Ergibt sich keine positive Prognose, müssen Sie den gesetzlich vorgeschriebenen Insolvenzantrag stellen.

BGH, Beschluss vom 21.08.2013, Az. 1 StR 665/12

39 Insolvenzverschleppung (3)

Zur Haftung eines GmbH-Geschäftsführers für Zahlungen nach Eintritt der Insolvenzreife

Der Fall:

Der Kläger macht als Insolvenzverwalter über das Vermögen der X-GmbH Ansprüche gegen den Beklagten als früheren Geschäftsführer der Insolvenzschuldnerin geltend. Das Insolvenzverfahren wurde am 1.9.2011 eröffnet. Der Kläger behauptet, die Insolvenzschuldnerin sei seit 2010 zahlungsunfähig und spätestens seit 31.12.2010 überschuldet gewesen. Der Beklagte habe als Geschäftsführer der Insolvenzschuldnerin in 2011 noch Zahlungen an verschiedene Personen in Höhe von über 310.000 € geleistet. Des Weiteren habe der Beklagte in 2011 Zahlungseingänge mit dem Sollsaldo des Geschäftskontos der Insolvenzschuldnerin in Höhe von über 122.000 € verrechnet. Im Umfang der geleisteten bzw. verrechneten Zahlungen bestehe ein Anspruch gegen den Beklagten aus § 64 GmbHG. Zudem habe der Beklagte für die Insolvenzschuldnerin in 2011 neue Verbindlichkeiten in Höhe von über 44.000 € begründet. In dieser Höhe hafte der Beklagte nach § 43 Abs. 2 GmbHG wegen Vertiefung der Insolvenz.

Das Urteil:

Das Landgericht hat den Beklagten zur Zahlung in vollem Umfang nebst Zinsen verurteilt. Dieser Auffassung ist das Oberlandesgericht (OLG) in weiten Teilen gefolgt. Seiner Auffassung nach haftet der Beklagte (nur) nicht für den Schaden, der daraus resultiert, dass sich die Überschuldung infolge einer verspäteten Stellung des Insolvenzantrags vertieft hat. Es bleibt abzuwarten, wie der BGH (Az. II ZR 180/19) entscheiden wird.

Konsequenzen:

Nach Auffassung des OLG hat der Kläger dargetan, dass die Insolvenzschuldnerin seit 2010 zahlungsunfähig war. Er hat substanziiert dargestellt, welche konkreten Zahlungen der Beklagte als Geschäftsführer der Insolvenzschuldnerin nach Eintritt der Zahlungsunfähigkeit veranlasst hat. Das OLG weist ausdrücklich darauf hin, dass eine Zahlung im Sinne des § 64 Satz 1 GmbHG auch dann vorliegt, wenn der Geschäftsführer nicht verhindert, dass ein Dritter auf ein debitorisches Konto der Gesellschaft einzahlt. Infolge der Verrechnung des Zahlungseingangs und der damit einhergehenden vorrangigen Befriedigung der Bank mindert sich die den übrigen Gläubigern zur Verfügung stehende Vollstreckungsmasse.

Ein Schadenersatzanspruch gegen den Geschäftsführer einer GmbH aus § 43 Abs. 2 GmbHG umfasst nach Auffassung des OLG nicht den Schaden, der dadurch entstanden ist, dass sich die Überschuldung in Folge einer verspäteten Insolvenzantragsstellung vertieft hat. Es fehlt bereits an einem vom Insolvenzverwalter geltend zu machenden Schaden der Insolvenzschuldnerin. Ein Insolvenzverschleppungsschaden bzw. eine Vertiefung der Überschuldung hat seine Ursache zumindest auch in der durch die Weiterführung der Gesellschaft bedingten Begründung von Neuverbindlichkeiten. Ein Anspruch der Gesellschaft wegen der Belastung ihres Vermögens mit neuen Verbindlichkeiten bzw. Neugläubigerforderungen würde im Ergebnis deren Gleichstellung mit „Zahlungen" im Sinne von § 64 GmbHG bedingen.

Damit stellt sich das OLG gegen die höchstrichterliche Rechtsprechung des IX. Zivilsenats (BGH, Urteil vom 6.6.2013, Az. IX ZR 204/12 und Urteil vom 26.1.2017, Az. IX ZR 285/14). Beide Entscheidungen, die einen vom Insolvenzverwalter geltend gemachten Schadenersatzanspruch wegen Insolvenzverschleppung bzw. -vertiefung bejaht haben, betrafen jeweils die Haftung eines Steuerberaters, nicht eines Geschäftsführers aus § 43 Abs. 2 GmbHG. Die pauschale Aussage im Urteil des IX. Zivilsenats vom 6.6.2013 (Tz. 27), wenn ein überschuldetes Unternehmen pflichtwidrig fortgeführt werde, könne es von dem verantwortlichen Organ Schadenersatz in Höhe der Steigerung seiner Überschuldung beanspruchen, beschäftigt sich nicht mit der abweichenden Ansicht des – für die Geschäftsführerhaftung zuständigen – II. Zivilsenats (BGH, Urteil vom 30.3.1998, Az. II ZR 146/96).

OLG München, Urteil vom 25.7.2019, Az. 23 U 2916/17

40 Insolvenzverschleppung (4)

Lohnzahlungen im Wege eines Bargeschäfts unterliegen nicht der Insolvenzanfechtung

Der Fall:

Über das Vermögen der E-GmbH ist am 21.4.2011 das Insolvenzverfahren eröffnet worden. B war am Stammkapital der E-GmbH (25.000 €) mit einem Geschäftsanteil von 8.250 € beteiligt und dort als kaufmännischer Leiter tätig. Nach dem Dienstvertrag stand ihm ein Monatsgehalt in Höhe von 5.500 € spätestens am 10. Tag des Folgemonats zu. Nachdem das Arbeitsentgelt für die Monate November und Dezember 2010 nicht vollständig entrichtet worden war, überwies die E-GmbH am 5.1.2011 2.000 € an B.

Der Insolvenzverwalter hat ihn auf Erstattung verklagt.

Das AG hat der Klage stattgegeben, das LG sie abgewiesen.

Das Urteil:

Auch der BGH hat die Klage für unbegründet gehalten.

Insbesondere könne die Klageforderung nicht auf § 130 Abs. 1 Satz 1 Nr. 1 InsO gestützt werden. Auf eine etwaige Zahlungsunfähigkeit der GmbH im Zeitpunkt der Gehaltsüberweisung komme es nicht an, weil in jedem Fall das **Bargeschäftsprivileg des § 142 InsO** durchgreife.

Als sogenanntes Bargeschäft unterliegen solche Leistungen der GmbH **nicht der insolvenzrechtlichen Anfechtung**, für welche unmittelbar eine gleichwertige Gegenleistung in das Vermögen der insolventen GmbH gelangt ist. Würden auch solche Geschäfte, in denen sich unmittelbar Leistung und Gegenleistung gegenüberstehen, einer späteren insolvenzrechtlichen Anfechtung unterliegen, wäre eine in der Krise befindliche GmbH praktisch von jedem Geschäftsverkehr ausgeschlossen. Die erforderliche Bardeckung setzt eine Leistung des Schuldners voraus, für die aufgrund einer Parteivereinbarung unmittelbar eine gleichwertige Gegenleistung in sein Vermögen gelangt.

Im vorliegenden Fall ist die Gehaltszahlung aufgrund des Anstellungsvertrags, also einer Parteiabrede, für bereits erbrachte Arbeitsleistungen erfolgt. Insoweit **liegt** auch die **erforderliche Gleichwertigkeit** vor, zumal vorliegend nur ein Teilbetrag zur Auszahlung gelangt ist. Der **erforderliche** enge **zeitliche Zusammenhang** von Leistung und Gegenleistung **lag ebenfalls vor**, weil die monatlich geschuldete Lohnzahlung hinsichtlich beider Gehaltsansprüche innerhalb von 30 Tagen nach der vereinbarten Fälligkeit erfolgte. Der zeitliche Zusammenhang berechnet sich insoweit nicht ab der Erbringung der Leistung, sondern ab der vereinbarten Fälligkeit der Gegenleistung.

In diesem Zusammenhang hat der BGH einer vom BAG vertretenen Auffassung, wonach immer dann ein Bargeschäft vorliege, wenn der Arbeitgeber in der Krise Arbeitsentgelt für in den vorhergehenden drei Monaten erbrachte Arbeitsleistungen zahle, eine deutliche und genau begründete Absage erteilt.

Der BGH hat wegen eines nicht vorliegenden Benachteiligungsvorsatzes auch eine **Vorsatzanfechtung** gem. § 133 Satz 1 InsO **verneint** sowie eine Anfechtung gem. § 133 Abs. 2 Satz 1 InsO. Zwar sei der Arbeitnehmer als Gesellschafter gem. § 138 Abs. 2 Nr. 1 InsO als nahestehende Person der GmbH anzusehen. Doch fehle es an der weiteren Voraussetzung einer unmittelbaren Gläubigerbenachteiligung. Eine solche scheide bei einem Baraustausch aus.

Konsequenzen:

Wenn die von Ihnen vertretene GmbH in wirtschaftliche Probleme gerät, müssen Sie einer Insolvenzverschleppung vorbeugen. Sogenannte **Bargeschäfte**, bei denen einer sofortigen Leistung eine zeitnahe Gegenleistung gegenübersteht und die für die weitere Existenz der GmbH wichtig sind, können aber noch erfüllt werden.

Insbesondere dürfen Arbeitnehmer, die ihre Arbeitsleistung korrekt erbracht haben, noch dafür entlohnt werden. Dies muss aber **innerhalb von 30 Tagen seit Fälligwerden des Vergütungsanspruchs** erfolgen. Als betroffener Arbeitnehmer müssen Sie daher auch nicht mit einer Insolvenzanfechtung und Rückzahlungspflicht rechnen, wenn Ihnen der Lohn noch innerhalb dieser Frist ausgezahlt worden ist.

BGH, Urteil vom 10.7.2014, Az. IX ZR 192/13

41 Kapitalerhöhung – Geschäftsführer-Versicherung

Zum Umfang der Geschäftsführer-Versicherung beim Erstarken einer UG zur Voll-GmbH

Der Fall und das Urteil:

Eine Unternehmergesellschaft mit beschränkter Haftung (UG) wurde 2013 mit einem Stammkapital von 2.000 € gegründet. 2017 beschloss der Alleingesellschafter, der zugleich alleiniger Geschäftsführer ist, die Erhöhung des Stammkapitals um 23.000 € und damit das Erstarken zur GmbH. Er versicherte eine Einzahlung von 10.500 €.

Das Registergericht (RegG) lehnte die Eintragung ab. Es fehle eine Versicherung des Geschäftsführers, nach der die gesetzliche GmbH-Mindestgesamteinlage (12.500 €) endgültig zur freien Verfügung stehe. Dieser Auffassung ist das OLG nicht gefolgt.

Konsequenzen:

Das OLG befasst sich als erstes Gericht überhaupt mit der Frage des Umfangs der Geschäftsführerversicherung (§ 7 Abs. 2 GmbHG) beim UG-Upgrade zur Voll-GmbH. Bisher liegen nur gerichtliche Entscheidungen zur grundsätzlichen Zulässigkeit einer Teilanzahlung vor, ohne den Versicherungsumfang zu problematisieren. Während Geschäftsführer bei GmbH-Gründungen gemäß

§§ 78, 57 Abs. 2 GmbHG zumindest versichern müssen, dass ihnen 12.500 € (Hälfte des gesetzlich geforderten Mindeststammkapitals) zur freien Verfügung stehen, ist dies für UG-Geschäftsführer nicht zwingend. Sie müssen nach Auffassung des OLG beim Upgrade nur versichern, dass der Erhöhungsbetrag vom derzeitigen UG-Stammkapital bis zur Mindestgesamteinlage zu ihrer freien Verfügung steht und das auf jeden neuen Geschäftsanteil ein Viertel des Nennbetrags eingezahlt ist (§ 7 Abs. 2 GmbHG). Das Gericht hält (auch) eine Versicherung über das ursprüngliche UG-Stammkapital für „überzogen", weil ein RegG nicht von Amts wegen überprüfen soll, ob bei der UG zum Zeitpunkt des Kapitalerhöhungsbeschlusses Insolvenzgründe vorgelegen haben könnten.

Zu beachten ist: Die Entscheidung des OLG kann vor dem Hintergrund des Zwecks der Kapitalaufbringungsvorschriften kritisch gesehen werden. Zwar ist sichergestellt, dass dem Geschäftsführer der GmbH überhaupt einmal 50% des Mindeststammkapitals zur Verfügung stand. Nicht gewährleistet ist aber, dass dies auch im Zeitpunkt der Erstarkung zur GmbH noch der Fall ist. **Das ursprüngliche UG-Stammkapital** braucht **nicht mehr (vollständig) zur Verfügung zu stehen.** Es reicht bereits aus, dass nur die Summe ihres ursprünglichen, der Volleinzahlungspflicht unterliegenden Stammkapitals und des auf den neuen Gesellschaftsanteil eingezahlten Anteils zusammen dem Halbaufteilungsgrundsatz genügt. Dieses Risiko muss den Gläubigern einer zur Voll-GmbH erstarkten UG bewusst sein.

OLG Celle, Urteil vom 17.7.2017, Az. 9 W 70/17

42 Kapitalerhöhungs-Schwindel

Strafbarkeit des GmbH-Geschäftsführers wegen Kapitalerhöhungsschwindels

Der Fall:

X war Gesellschafter und Geschäftsführer verschiedener Unternehmen der T-Gruppe. Er war unter anderem Gesellschafter und Geschäftsführer zweier Gesellschaften mbH.

Aufgrund eines notariellen Vertrags gewährte die TO-Kreditbank-GmbH X ein Darlehen in Höhe von 2.030.000 €. Damit sollten Liquiditätsschwierigkeiten in der Unternehmensgruppe behoben werden. Die Darlehenssumme sollte vertragsgemäß insgesamt ausschließlich dazu verwendet werden, zu Unrecht vereinnahmte Bonus-Vorauszahlungen zurückzuzahlen. Im Wege der Kapitalerhöhung brachte X einen Teilbetrag von 1.480.000 € in die eine GmbH und die restlichen 550.000 € in die andere GmbH ein.

Mit zwei Schreiben vom 19.5.2004 erklärte X als Geschäftsführer gegenüber dem Registergericht, dass die zur Kapitalerhöhung übernommenen Stammeinlagen in voller Höhe für Zwecke der jeweiligen Gesellschaft geleistet und nicht an den Einleger zurückgezahlt worden seien, der Geschäftsführung zur freien Verfügung stünden und mit Ausnahme der Kosten nicht durch Verbindlichkeiten vorbelastet seien. Der jeweilige Kapitalerhöhungsbetrag wurde aber erst am 27.5.2004 auf den beiden Firmenkonten gutgeschrieben.

X ist wegen Kapitalerhöhungsschwindels gemäß § 82 Abs. 1 Nr. 3 GmbHG verurteilt worden.

Das Urteil:

Der BGH hat die Verurteilung des X bestätigt. X hat sich eines Kapitalerhöhungsschwindels gemäß § 82 Abs. 1 Nr. 3 GmbHG schuldig gemacht.

Die Erklärungen des X gegenüber dem Registergericht waren falsch. Zum einen waren die Beträge zum Zeitpunkt der vom Geschäftsführer abgegebenen Versicherungen noch gar nicht auf den Konten der Gesellschaft eingegangen. Er hätte daher zu diesem Zeitpunkt überhaupt keinen Kapitaleingang bestätigen dürfen.

Darüber hinaus war der Verwendungszweck der Kapitalerhöhungsbeträge von vornherein ausschließlich auf die Rückzahlung zu Unrecht vereinnahmter Bonus-Vorauszahlungen beschränkt. Nur unter dieser Treuhandauflage, vereinbart in einem notariellen Darlehensvertrag, hatte die Kreditbank den Gesamtbetrag zur Verfügung gestellt. Aus diesem Grund hätte X niemals versichern dürfen, dass ihm die jeweiligen Beträge als Geschäftsführer **zur freien Verfügung** stünden und nicht mit Verbindlichkeiten vorbelastet seien. X konnte nur die konkreten Rückzahlungen vornehmen, eine andere Verwendung der Kapitalerhöhungsmittel war ihm nicht gestattet. Die Gesellschaften waren praktisch nur eine Durchgangsstation einer schon auf rechtlicher Verpflichtung beruhenden Vorbestimmung der konkreten Mittelverwendung. Die kreditgebende Bank hätte eine anderweitige Verfügung der Gelder nicht zugelassen.

Konsequenzen:

Im Rahmen der Gründung einer GmbH oder einer späteren Kapitalerhöhung müssen die Gesellschafter die geschuldeten Einlagen auf ein Konto der Gesellschaft einzahlen. Als Geschäftsführer müssen Sie versichern, dass die Einlagen auf dem Gesellschaftskonto eingegangen, nicht an die Gesellschafter zurückbezahlt worden sind, die Beträge zu Ihrer freien Verfügung stehen und nicht durch Verbindlichkeiten vorbelastet sind. Eine solche Erklärung dürfen Sie erst dann abgeben, wenn die Gelder auch tatsächlich eingegangen sind und zur Verfügung stehen. Sonst ist Ihre Erklärung falsch.

Insbesondere ist die Erklärung dann falsch, wenn aufgrund einer rechtlichen Verpflichtung der einzahlenden Gesellschafter feststeht, dass die Verwendung der Mittel nur zu einem ganz bestimmten Zweck möglich sein wird. Hiervon zu unterscheiden ist eine bloße **Verwendungsabrede**, die im Rahmen einer Kapitalerhöhung mit den einzahlenden Gesellschaftern getroffen wird, wenn also die eingezahlten Beträge später für die Durchführung bestimmter Investitionen Verwendung finden sollen. Solche Entscheidungen werden innerhalb der Gesellschaft getroffen und schränken die Verwendbarkeit der Mittel rechtlich nicht ein.

BGH, Urteil vom 29.6.2016, Az. 2 StR 520/15

43 Kommissarischer Geschäftsführer

Zur Verantwortlichkeit eines „kommissarischen" Geschäftsführers für Zahlungen nach Insolvenzreife

Der Fall und das Urteil:

Der Kläger ist Insolvenzverwalter über das Vermögen einer GmbH und nimmt den Beklagten als deren Geschäftsführer auf Ersatz von Zahlungen nach Insolvenzreife in Anspruch. Der Beklagte war ursprünglich nur Geschäftsführer der Muttergesellschaft der Schuldnerin und ist dann auch zum Geschäftsführer der Tochtergesellschaft bestellt worden, um die vom Vorgeschäftsführer dort hinterlassenen chaotischen Zustände zu sichten und zu ordnen. Diese Bestellung erfolgte, weil es keinem neuen und fremden Geschäftsführer zumutbar gewesen wäre, „ins kalte Wasser zu springen".

Die streitgegenständlichen Zahlungen wurden zu einem ganz überwiegenden Teil eine knappe Woche nach der Bestellung des Beklagten zum Geschäftsführer noch vor dessen Eintragung im Handelsregister von Personen vorgenommen, die über Kontovollmachten der Schuldnerin verfügten. Der Beklagte machte geltend, er sei nur „kommissarisch" zum Geschäftsführer bestellt worden. Zudem behauptete er, die Schuldnerin sei im Hinblick auf das Bestehen einer Cash-Pool-Vereinbarung mit der Muttergesellschaft nicht insolvenzreif gewesen.

Beide Instanzen bejahten die Haftung des Beklagten. Die Haftung des Geschäftsführers besteht bereits mit der Bestellung zum Geschäftsführer, unabhängig von deren Eintragung im Handelsregister und dem Umstand, dass der Beklagte als Geschäftsführer der Muttergesellschaft nur „kommissarisch" zum Geschäftsführer der Schuldnerin bestellt ist.

Eine **Cash-Pool-Vereinbarung** kann eine Insolvenzreife nur beseitigen, wenn sie eine **Patronatserklärung** zugunsten der Tochtergesellschaft enthält und die Muttergesellschaft ihrer Ausstattungsverpflichtung auch tatsächlich nachkommt. Beides lag im entschiedenen Fall nicht vor.

Konsequenzen:

Es ist unstreitig, dass das Pflichtenprogramm eines GmbH-Geschäftsführers **schon mit der Amtsannahme** und nicht erst mit der Eintragung in das Handelsregister beginnt. Aus welchen Motiven der Geschäftsführer sein Amt bekleidet, ist unerheblich. Dies gilt z.B. auch für „Strohmänner".

Da eine Haftung (§ 64 GmbHG) Verschulden voraussetzt, muss dem Geschäftsführer hinsichtlich des Vorliegens einer Insolvenzreife fahrlässiges Verhalten vorgeworfen werden können. Bei einem Geschäftsführer, unter dessen Leitung die Gesellschaft in die Krise geraten ist, stellt dies regelmäßig kein Problem dar, da ihn die Pflicht zur beständigen Überwachung der wirtschaftlichen Situation trifft. Einem **neubestellten Geschäftsführer** wird man aber einen gewissen Zeitraum zur Prüfung der wirtschaftlichen Lage der Gesellschaft einräumen müssen. Dies kann nach Auffassung des OLG jedoch nicht für einen Geschäftsführer gelten, der bereits in seiner Eigenschaft als Geschäftsführer der Muttergesellschaft mit den wirtschaftlichen Verhältnissen der insolvenzreifen Gesellschaft betraut war. Ihn trifft vielmehr die Massesicherungspflicht sofort. Deshalb war der Beklagte verpflichtet, sämtliche Kontovollmachten unmittelbar nach seinem Amtsantritt zu widerrufen, um Masseschmälerungen zu verhindern.

OLG München, Urteil vom 5.10.2016, Az. 7 U 1996/16

44 Kompetenzüberschreitung

Persönliche Haftung eines Geschäftsführers wegen Verstoßes gegen Zuständigkeitsregelung

Der Fall und das Urteil:

Ein GmbH-Geschäftsführer, der von den Beschränkungen des § 181 BGB befreit war, d.h. die Befugnis hatte, die A-Gesellschaft bei Rechtsgeschäften mit sich selbst zu vertreten, schloss im Namen der Gesellschaft einen Vertrag mit der B-Gesellschaft ab, deren alleiniger Gesellschafter-Geschäftsführer er selbst war. Der Vertrag betraf die Beratung der A-GmbH in Fragen der Unternehmensorganisation, insbesondere die Analyse der bestehenden Betriebsabläufe und deren Optimierung. Als Gegenleistung war eine pauschale monatliche Vergütung vorgesehen. Die Mindestlaufzeit des Beratungsvertrags betrug fünf Jahre.

Noch kurz vor seiner Abberufung durch den Mehrheitsgesellschafter der A-GmbH überwies der Geschäftsführer 3.500 € als Vergütung an die B-GmbH. Die A-GmbH forderte deshalb Schadenersatz wegen der Verletzung von Geschäftsführerpflichten.

Das OLG gab der Klage wegen Kompetenzüberschreitung des Geschäftsführers statt.

Konsequenzen:

Nach § 46 Nr. 5 GmbHG ist für die Bestellung und Abberufung eines Geschäftsführers **ausschließlich die Gesellschafterversammlung zuständig**. Als Annexkompetenz gilt dies **auch für Abschluss, Änderung oder Beendigung des Anstellungsvertrags**.

Diese Zuständigkeit erweitert das OLG auf andere Verträge über Dienstleistungen, die typischerweise in einem Geschäftsführer-Anstellungsvertrag geregelt werden oder zumindest in unmittelbarem Zusammenhang mit der Geschäftsführung stehen. Nach Auffassung des Gerichts **betraf der Beratungsvertrag Leistungen der Geschäftsführung**. Durch die Vertragsdauer von mindestens fünf Jahren wird die **Kompetenz der Gesellschafterversammlung beeinträchtigt**, originär über die Beendigung des Anstellungsverhältnisses zu entscheiden. Deshalb haftet der Geschäftsführer auf Freistellung der A-GmbH von den begründeten Verbindlichkeiten sowie auf **Erstattung der bereits erfolgten Zahlungen**.

Das OLG hat ausdrücklich offengelassen, ob im entschiedenen Fall die Gesellschafterversammlung auch dann für den Abschluss des Beratungsvertrags zuständig gewesen wäre, wenn der Geschäftsführer nicht Alleingesellschafter der B-GmbH gewesen wäre.

Da die der (Annex-)Kompetenz der Gesellschafterversammlung zugrunde liegende Vorschrift des § 46 Nr. 5 GmbHG **dispositiv** ist, steht Gesellschaften, in denen eine andere Kompetenzverteilung gewünscht ist, der Weg einer abweichenden Satzungsregelung offen.

☞ So kann z.B. über alle Angelegenheiten rund um den Anstellungsvertrag auch ein Beirat oder der Mehrheitsgesellschafter allein entscheiden

– im Anschluss an eine vorangegangene Satzungsregelung mit entsprechendem Inhalt.

OLG Naumburg, Urteil vom 23.1.2014, Az. 2 U 57/13

45 Kontrollpflicht des Mitgeschäftsführers

Zur Kontrollpflicht des nicht für Steuern zuständigen Mitgeschäftsführers

Der Fall:

A, B und C waren Geschäftsführer der X-GmbH. A war auch einziger Gesellschafter der X-GmbH. Laut Geschäftsführervertrag oblagen die kaufmännischen Pflichten allein dem geschäftsführenden Gesellschafter A.

Da sich die X-GmbH in einer finanziellen Krise befand, wurden Lohnsteuerbeträge zwar angemeldet, aber nicht an das Finanzamt abgeführt. Deshalb nahm das Finanzamt den C für geschuldete Lohnsteuern per Haftungsbescheid in Anspruch.

C vertrat die Auffassung, der Haftungsbescheid sei rechtswidrig, da allein A für die steuerlichen Angelegenheiten der X-GmbH zuständig gewesen sei. Außerdem habe A den Posteingang so organisiert, dass ihm die gesamte Eingangspost vorgelegt werden musste, sodass er, C, keine Kenntnis von der finanziellen Krise der X-GmbH haben konnte.

Das Urteil:

Das FG wies die Klage des C gegen den Haftungsbescheid zurück: Auch ein nicht mit steuerlichen Angelegenheiten betrauter Geschäftsführer muss stets prüfen, ob der Mitgeschäftsführer, dem die Erledigung dieser Aufgaben obliegt, sich pflichtgemäß verhält.

Einer Haftung des C steht nach Auffassung des FG auch nicht entgegen, wenn die fehlende Information durch A über die finanzielle Lage der X-GmbH zur Folge hatte, dass C keine Kenntnis von der Nichtzahlung der angemeldeten Lohnsteuerbeträge hatte.

Die Verantwortung des C für die Erfüllung der steuerlichen Pflichten der X-GmbH beruht allein auf seiner Bestellung zum Geschäftsführer. Nach dem bei mehreren Geschäftsführern geltenden Grundsatz der Gesamtvertretung eines jeden Geschäftsführers treffen grundsätzlich **jeden Geschäftsführer sämtliche Pflichten**. Eine interne Aufgabenverteilung wirkt nur dann haftungsbegrenzend, wenn die nähere Ausgestaltung der Aufgabenzuweisungen vor Aufnahme der Geschäftsführertätigkeit **klar und eindeutig schriftlich festgelegt** worden ist (vgl. BFH, Beschluss vom 12.5.2009, Az. VII B 266/08, GmbH-Stpr 2010, S. 16). Dies kann durch Gesellschaftsvertrag, Gesellschafterbeschluss oder Vereinbarungen zwischen Gesellschaftern und Geschäftsführern geschehen.

Zwar sollte C nach seinem Geschäftsführervertrag **kaufmännische Aufgaben** erfüllen. Zu den mit der Geschäftsführung zusammenhängenden steuerlichen Pflichten wird jedoch keine Aussage getroffen. Somit wird **durch den Geschäftsführervertrag keine Haftungsbegrenzung** erreicht.

Konsequenzen:

Wenn der Posteingang so geregelt ist, dass nur ein Mitgeschäftsführer die Post sieht (und somit die übrigen Mitgeschäftsführer von jeder Information ausschließen kann), besteht für die übrigen Geschäftsführer umso mehr Anlass, den Zahlungsverkehr regelmäßig zu überprüfen. Wenn ein Geschäftsführer dies organisatorisch nicht durchsetzen kann, so muss er nach Auffassung des Gerichts **sein Amt niederlegen**, wenn er haftungsrechtliche Konsequenzen vermeiden will (so bereits der BFH, Urteil vom 5.6.2007, Az. VII R 65/05).

Hätte eine klare vorherige schriftliche Vereinbarung vorgelegen, wonach die steuerlichen Pflichten allein dem A obliegen, so hätte unabhängig davon die Begrenzung der Gesamtverantwortung des C als Geschäftsführer dann geendet, als die laufende Erfüllung der Verbindlichkeiten der X-GmbH nicht mehr gewährleistet war und es nahe lag, an der Erfüllung der steuerlichen Verpflichtungen durch A zu zweifeln.

Die **uneingeschränkte Gesamtverantwortung** eines jeden Geschäftsführers lebt wieder auf, wenn erkennbar wird, dass das Unternehmen in eine **finanzielle Krise** gerät. Da C für die Bereiche Betriebswirtschaft, Organisation und EDV verantwortlich war, konnte ihm die finanzielle Krise der X-GmbH nicht verborgen geblieben sein.

FG Bremen, Urteil vom 26.11.2015, Az. 1 K 20/15 (5)

46 Kündigungsschutz

Anspruch auf Kündigungsschutz?

Der Fall:

A war bei der X-GmbH seit April 1986 beschäftigt, zuletzt als Executive Director. Seit Januar 2011 war er zum Geschäftsführer der X-GmbH bestellt.

Diese kündigte mit Schreiben vom 25.2.2014 das Vertragsverhältnis zum 31.8.2014.

A hat Ende September 2014 sein Amt als Geschäftsführer der X-GmbH niedergelegt und hat gegen die ausgesprochene Kündigung vor dem Arbeitsgericht eine Kündigungsschutzklage wegen fehlender sozialer Rechtfertigung erhoben.

Die Arbeitsgerichte haben die Klage als unbegründet abgewiesen.

Das Urteil:

Auch das BAG hat die Klage für unbegründet gehalten.

Aufgrund der Niederlegung des Geschäftsführeramts war der Rechtsweg zu den Arbeitsgerichten eröffnet. Gleichwohl hat das BAG die Kündigung nicht nach § 1 Abs. 1 KSchG für unwirksam gehalten und in ihr auch keinen Verstoß gegen den Grundsatz von Treu und Glauben gemäß § 242 BGB gesehen.

Nach § 14 Abs. 1 Nr. 1 KSchG gelten die Regelungen des Kündigungsschutzgesetzes nicht für die zur Vertretung der GmbH befugten Organmitglieder, sondern nur für Arbeitnehmer.

Im Zeitpunkt des Zugangs der Kündigung war A Geschäftsführer der X-GmbH und daher zur Vertretung der Gesellschaft berufen. Insoweit war er gerade kein Arbeitnehmer. Die Tatsache, dass er später sein Geschäftsführeramt niedergelegt hat, ändert daran nichts. An der sogenannten negativen Fiktion des § 14 Abs. 1 Nr. 1 KSchG ändert auch die Tatsache nichts, dass das der Organstellung zugrunde liegende Anstellungsverhältnis materiell-rechtlich als ein Arbeitsverhältnis zu qualifizieren ist. Die Regelung knüpft allein an die formelle innergesellschaftliche Organstellung des Geschäftsführers an.

Das BAG hat geurteilt, dass von dieser grundsätzlichen Rechtsfolge im Einzelfall dann abgewichen werden kann, wenn die Bestellung des Mitarbeiters zum Geschäftsführer der GmbH allein mit dem Ziel erfolgt ist, dadurch den allgemeinen Kündigungsschutz auszuschließen und den nunmehr zum Geschäftsführer beförderten Mitarbeiter alsbald entlassen zu können. In einem solchen Ausnahmefall bejaht das BAG einen institutionellen Rechtsmissbrauch, also einen Verstoß gegen den Grundsatz von Treu und Glauben gemäß § 242 BGB. Für ein solches Vorgehen ergab sich im Urteilsfall aber kein konkreter Anhaltspunkt.

Konsequenzen:

Wenn Sie in Ihrem Unternehmen schon lange angestellt sind und dann zum Geschäftsführer bestellt werden, ist dies nicht nur mit Vorteilen verbunden. Der Kündigungsschutz nach dem Kündigungsschutzgesetz gilt nämlich nicht für die zur Vertretung einer Gesellschaft berechtigten Organmitglieder. Sie können daher gegen eine Kündigung des Geschäftsführeranstellungsvertrags **keine Kündigungsschutzklage vor dem Arbeitsgericht** führen. Auch die Niederlegung des Geschäftsführeramts nach Zugang der Kündigung hilft insoweit nicht weiter. Selbst wenn Sie vor Ausspruch der Kündigung als Geschäftsführer abberufen worden sind, wird dies nicht zur Anwendbarkeit des Kündigungsschutzgesetzes führen.

Etwas anderes kann nur dann gelten, **wenn das frühere Anstellungsverhältnis** noch besteht und **ruhend gestellt** worden ist oder wenn die Bestellung zum Geschäftsführer nur aus dem Grund erfolgt ist, um das Kündigungsschutzrecht auszuhebeln und alsbald Ihre Kündigung auszusprechen.

BAG, Urteil vom 21.9.2017, Az. 2 AZR 865/16

47 Künstlersozialabgabe

Künstlersozialabgabe auf Geschäftsführervergütungen

Der Fall und das Urteil:

Die Klägerin betreibt in der Rechtsform der GmbH eine Agentur, welche im Handelsregister ab dem 27.9.2002 mit dem Unternehmensgegenstand „Konzeption und Beratung auf dem Gebiet des Corporate-Identity-Designs, der Werbung, der Mediengestaltung und Medientechnik" eingetragen war. Am 6.12.2013 wurde der Unternehmensgegenstand ergänzt durch den Zusatz „sowie ausführungsjournalistische Tätigkeiten (u.a. Pressearbeit, Mediaproduktion)". Am 20.9.2017 wurde der gesamte bisherige Unternehmensgegenstand ersetzt durch den Begriff „Holistische Unternehmens- und Markenberatung und Markenführung". Die Klägerin beschäftigt regelmäßig zwischen 20 und 25 Mitarbeiter in insgesamt sieben Abteilungen (Beratung, Projektmanagement, Kreation Digital, Kreation Text sowie drei Abteilungen für kreatives Design). A, dessen Ausbildung Studiengänge der Kunst- und Medienwissenschaften sowie des Kommunikationsdesigns umfasste, war im streitigen Zeitraum einer von zwei einzelvertretungsberechtigten Geschäftsführern. Sein Gesellschaftsanteil beträgt 60%. Entscheidungen der Gesellschaft werden mit einfacher Mehrheit getroffen. Laut dem Organigramm der Klägerin hat A als CEO die disziplinarische Führung bezüglich aller Mitglieder einschließlich der weiteren Führungskräfte sowie die fachliche Führung über die Mehrzahl der kreativen Abteilungen (ausgenommen: „Kreation Text").

Die beklagte Künstlersozialkasse hat für das in der Zeit vom 1.1.2011 bis 31.12.2013 an A gezahlte Gehalt Abgaben (rund 105.000 €) nach dem Künstlersozialversicherungsgesetz (KSVG) nachgefordert. Dies wird mit der geistigen Oberleitung als selbstständiger GmbH-Geschäftsführer über die künstlerischen/publizistischen Leistungen der Klägerin in Form von – dem Bereich der Öffentlichkeitsarbeit zuzuordnender – strategischer Kommunikationsberatung begründet. In erster Instanz wurde die Klage abgewiesen. Dieser Auffassung ist auch das Landessozialgericht (LSG) gefolgt.

Konsequenzen:

Zur Künstlersozialabgabe sind u.a. Unternehmen verpflichtet, die **Werbung oder Öffentlichkeitsarbeit für Dritte** betreiben (§ 24 Abs. 1 Satz 1 Nr. 7 KSVG). Bemessungsgrundlage der Künstlersozialabgabe sind die Entgelte für künstlerische oder publizistische Werke oder Leistungen, die ein zur Abgabe verpflichtetes Unternehmen im Rahmen der dort aufgeführten Tätigkeiten im Laufe eines Kalenderjahres an selbstständige Künstler oder Publizisten zahlt, auch wenn diese selbst nach diesem Gesetz nicht versicherungspflichtig sind.

Der Begriff der Werbung und Öffentlichkeitsarbeit ist weit zu fassen. Darunter fällt jede positive Darstellung eines Unternehmens in der Öffentlichkeit im Sinne eines methodischen Bemühens um absatzförderndes Verständnis und Vertrauen in der Öffentlichkeit durch Aufbau und Pflege von Kommunikationsbeziehungen. Hierunter fallen nicht nur klassische Werbeagenturen, sondern alle Berater, PR-Agenturen, Multimediaagenturen und sogar Unternehmen mit einer anderen Haupttätigkeit, bei welchen die einer Werbeagentur entsprechende Geschäftstätigkeit gleichwohl eine – wenn auch untergeordnete – Nebenrolle spielt. Hierbei muss es sich ein Unternehmen zurechnen lassen, wenn es im Geschäftsleben als Werbeunternehmen auftritt. Liegt eine entsprechende Eintragung im Handelsregister vor, so kann die Verpflichtung zur Künstlersozialabgabe sogar ohne Rücksicht auf eine in tatsächlicher Hinsicht abweichend ausgeübte Geschäftstätigkeit bestehen.

Das LSG kommt in Würdigung der Gesamtumstände zu der Überzeugung, dass die Tätigkeit des A als künstlerische/publizistische Tätigkeit im weitesten Sinne zu qualifizieren ist. A nimmt im Leistungsportfolio der Klägerin nicht nur eine beherrschende Führungs- und Leitungsfunktion hinsichtlich der von den Mitarbeitern erbrachten Kreativleistungen ein, sondern ist in einem weit verstandenen Sinne auch selbst maßgeblich am kreativen Wertschöpfungsprozess beteiligt. Deshalb ist das an A gezahlte **Gehalt als Bemessungsgrundlage der Künstlersozialabgabe** heranzuziehen. Das an einen aufgrund seiner maßgeblichen gesellschaftsrechtlichen Stellung als selbstständig zu qualifizierenden Geschäftsführer/Gesellschafter einer juristischen Person gezahlte Entgelt unterliegt der Abgabepflicht, wenn dadurch künstlerische/publizistische Leistungen abgegolten werden. Eine Aufteilung in KSVG-spezifische und sonstige Anteile erfolgt nicht.

Das Urteil ist **nicht rechtskräftig.** Die Revision zum Bundessozialgericht (BSG) wurde zugelassen.

☞ Das Urteil dürfte für zahlreiche PR- und Werbeagenturen, die in der Rechtsform der GmbH auftreten, von Bedeutung sein – jedenfalls dann, wenn die kreativen Köpfe (Gesellschafter) mehrheitlich beteiligt und zugleich Geschäftsführer sind. In diesen Fällen empfiehlt es sich, im Dienstvertrag die künstlerischen und publizistischen Aufgaben des Geschäftsführers nicht in den Vordergrund zu stellen, sondern die **gesamtunternehmerische Verantwortung** (BSG, Urteil vom 16.4.1998, Az. B 3 KR 7/97 R).

LSG Bayern, Urteil vom 21.11.2018, Az. L 6 R 5129/17

48 Liebhaberei

Liebhaberei zugunsten einer GmbH

Der Fall:

Der Kläger ist Versicherungsmakler und betreibt sein Gewerbe in der Rechtsform einer GmbH, deren Alleingesellschafter und Alleingeschäftsführer er ist. Er betreibt gleichzeitig als Einzelunternehmer einen Weinhandel. Den Wein erwirbt er von einem Freund und veräußert ihn an Bekannte. Er veranstaltet Weinproben mit den Kunden der GmbH und knüpft dabei weitere geschäftliche Kontakte zugunsten der GmbH.

In den Klagejahren 2011 bis 2013 erzielte er aus dem Weinhandel wie in den sechs Jahren zuvor lediglich Verluste. Deren Berücksichtigung lehnte das Finanzamt unter Berufung auf eine Liebhaberei ab.

Das Urteil:

Das FG Hamburg wies die Klage zurück. Das Gericht teilte die Auffassung des Finanzamts, dass im Streitfall **keine Gewinnerzielungsabsicht** vorliege. Die

Gewinnerzielungsabsicht lässt sich nur anhand äußerer Umstände feststellen. In objektiver Hinsicht ist eine Prognose darüber anzustellen, ob der Betrieb nach der Art seiner Bewirtschaftung auf Dauer geeignet ist, einen Gewinn zu erwirtschaften. Dass der Steuerpflichtige subjektiv einen Totalgewinn nicht beabsichtigt, kann aus einer objektiv negativen Gewinnprognose nicht ohne Weiteres gefolgert werden. Ein solcher – widerlegbarer – Schluss ist nur dann gerechtfertigt, wenn die verlustbringende Tätigkeit **typischerweise** dazu bestimmt und geeignet ist, der **Befriedigung persönlicher Neigungen** außerhalb steuerrechtlich relevanter Einkunftsarten zu dienen. Bei anderen Tätigkeiten müssen zusätzliche Anhaltspunkte dafür vorliegen, dass die Verluste aus persönlichen Gründen hingenommen werden.

Nach Einschätzung des FG ist die **Tätigkeit eines Weinhändlers dem Bereich des Hobbys** und der persönlichen Neigungen **zuzuordnen**, sodass dies den Schluss auf eine fehlende Gewinnerzielungsabsicht rechtfertigt.

Im Streitfall kam hinzu, dass der Weinhandel als Akquisitionsmittel der Maklertätigkeit der GmbH diente. Verschiedene Aktivitäten des Steuerpflichtigen sind je nach besonderen Umständen einheitlich oder getrennt zu beurteilen. Dies richtet sich danach, ob ein selbstständiger Tätigkeitsbereich oder bloß eine Hilfs- oder Nebentätigkeit zur Haupttätigkeit vorliegt. Im Urteilsfall lehnte das FG eine Einheitsbeurteilung ab. Nach der BFH-Rechtsprechung wäre es erforderlich, dass sich die Tätigkeiten gegenseitig bedingen und untrennbare Bestandteile einer einheitlichen geschäftlichen Betätigung sind. Dies war im vorliegenden Fall wegen Branchenverschiedenheit nicht gegeben.

Schließlich stellte das FG darauf ab, dass in der Vergangenheit erzielte Gewinne ohne Bedeutung sind, wenn der Steuerpflichtige dauerhafte Verluste ohne Gegenmaßnahmen – wie im Streitfall – in Kauf nimmt.

Konsequenzen:

Im Streitfall versuchte der Kläger, der Liebhaberei dadurch zu entgehen, dass er die Verluste aus dem Weinhandel mit Gewinnen aus dem Versicherungshandel kompensieren wollte. Dies ist möglich bei einer **Bewertungseinheit.** Deren Voraussetzungen sind aber eng, sie setzen voraus, dass sich die Tätigkeiten gegenseitig bedingen. Dies ist bei branchenfremden Tätigkeiten, die sich lediglich gegenseitig unterstützen, nicht der Fall.

Hätte der Kläger den Weinhandel in der Rechtsform einer UG (haftungsbeschränkt) betrieben, wäre das Risiko der Liebhaberei geringer gewesen. Nach der Erfahrung sind die Finanzämter mit dem Vorwurf der Liebhaberei zurückhaltender, wenn die Tätigkeit im Rechtskleid einer juristischen Person betrieben wird.

FG Hamburg, Urteil vom 2.3.2017, Az. 1 K 141/16

49 Lohnsteuerhaftung – Erkrankung

Geschäftsführer haftet auch bei schwerer Erkrankung für Steuerschulden der GmbH

Der Fall:

A war alleiniger Gesellschafter und Geschäftsführer der X-GmbH. Seit dem 28.4.2010 war er infolge einer Erkrankung arbeitsunfähig und bevollmächtigte seinen Bruder C mit der Wahrnehmung der Geschäftsführung.

Ab Mitte 2011 hatte sich die wirtschaftliche Lage der X-GmbH dadurch verschärft, dass aufgrund eines schweren Unwetters wesentliche Teile des Anlagevermögens zerstört wurden und notwendige Ersatzbeschaffungen wegen der finanziell angespannten Situation der X-GmbH nicht vorgenommen werden konnten. Ende 2011 beendete die X-GmbH ihre operative Tätigkeit.

Zu diesem Zeitpunkt schuldete die X-GmbH Lohnsteuern für den Zeitraum März bis Juli 2011 nebst Solidaritätszuschlag in Höhe von 3.486,31 €. Mit Haftungsbescheid vom 16.11.2012 nahm das Finanzamt den A neben seinem Bruder C in Anspruch. A ist der Auffassung, er brauche für die rückständige Lohnsteuer nicht zu haften, da er wegen seiner Erkrankung die Geschäftsführung nicht habe ausüben können. Außerdem sei das Unternehmen aufgrund umfassender Vollmachten von seinem Bruder C allein geführt worden.

Den hiergegen gerichteten Einspruch wies das Finanzamt als unbegründet zurück.

Das Urteil:

Das FG wies die Klage des A mit folgender Begründung als unbegründet zurück.

Als Geschäftsführer hatte A die Stellung eines gesetzlichen Vertreters der X-GmbH inne. Er hatte als solcher deren steuerliche Pflichten zu erfüllen. Die Nichtabführung einzubehaltender und anzumeldender Steuern zu den gesetzlichen Fälligkeitszeitpunkten stellt regelmäßig eine zumindest grob fahrlässige Verletzung der Pflichten eines GmbH-Geschäftsführers dar (BFH, Urteil vom 11.3.2004, Az. VII R 52/02). Die **Haftung** ergibt sich schon **aus der nominellen Bestellung zum Geschäftsführer** und ohne Rücksicht darauf, ob die Geschäftsführung auch tatsächlich ausgeübt werden kann.

Außerdem war A aufgrund seiner Stellung als eingetragener Geschäftsführer auch verpflichtet, den von ihm beauftragten C laufend und sorgfältig bei der Durchführung der ihm übertragenen Aufgaben zu überwachen. So hat sich im Fall der Einsetzung eines Bevollmächtigten der Geschäftsführer ständig so eingehend über den Geschäftsgang zu unterrichten, dass er unter normalen Umständen mit der ordnungsgemäßen Erledigung der Geschäfte rechnen kann bzw. dass er ein Fehlverhalten des Bevollmächtigten rechtzeitig erkennt (BFH, Beschluss vom 18.8.1999, Az. VII B 106/99). Eine mangelhafte Überwachung stellt regelmäßig eine grobe Pflichtverletzung (**Überwachungsverschulden**) dar.

Für eine Überwachung der pünktlichen Abführung der Steuerschulden bestand für A schon allein aufgrund der sich im Haftungszeitraum verschärfenden, krisenhaften Entwicklung der X-GmbH besonderer Anlass.

A kann sich nicht darauf berufen, dass ihm infolge seiner Erkrankung die Überwachung seines Bruders nicht möglich gewesen sei. Wer die Stellung eines Geschäftsführers übernommen hat, haftet bei grob fahrlässigem Verschulden. Das gilt selbst dann, wenn er nicht befähigt oder aus anderen Gründen nicht in der Lage ist, seinen Überwachungsaufgaben nachzukommen.

Konsequenzen:

☞ Wer den Anforderungen, die an einen gewissenhaften Geschäftsführer gestellt sind, nicht oder nicht mehr entsprechen kann, muss von der Übernahme des **Geschäftsführeramts** absehen bzw. es **sofort niederlegen** und darf nicht im Rechtsverkehr den Eindruck erwecken, als sorge er für die ordnungsgemäße Abwicklung der Geschäfte (BFH, Urteil vom 11.3.2004, Az. VII R 52/02).

FG Sachsen-Anhalt, Urteil vom 24.11.2016, Az. 6 K 822/13

50 Lohnsteuerhaftung – Fremdverschulden

Keine Haftung für Lohnsteuer, die nach anwaltlichem Rat auf Treuhandkonto überwiesen wurde

Der Fall:

Wegen der wirtschaftlich schlechten Lage der X-GmbH wurden A und B als sogenannter „Turnaround-Manager“ in das Unternehmen geholt, um die Restrukturierung und Sanierung zu begleiten. Ihrem Antrag auf Insolvenz in Eigenverwaltung gab das Insolvenzgericht statt und setzte den vorläufigen Sachverwalter S ein.

Lohnsteuerbeträge, welche nach Stellung des Insolvenzantrags fällig geworden sind, zahlten sie auf anwaltlichen Rat auf ein von der Rechtsanwaltskanzlei eingerichtetes Treuhandkonto ein.

Infolge dieser Überweisung wies das Geschäftskonto der X-GmbH am Tag der Fälligkeit der Lohnsteuerzahlung kein Guthaben aus, weshalb der Lastschrifteinzug durch das Finanzamt ins Leere ging. Die später von S angewiesene Zahlung der Lohnsteuerverbindlichkeiten musste das Finanzamt wegen einer nach Eröffnung des Insolvenzverfahrens erfolgreichen Insolvenzanfechtung durch den Insolvenzverwalter wieder zurückzahlen.

Daraufhin nahm das Finanzamt A und B für die rückständigen Lohnsteuerverbindlichkeiten in Haftung.

Das Urteil:

Das FG gab den hiergegen gerichteten Klagen des A und B in vollem Umfang mit folgender Begründung statt:

Indem A und B die für die Lohnsteuerverbindlichkeiten erforderlichen Mittel nicht am Fälligkeitstag auf dem Geschäftskonto der X-GmbH für das Finanzamt bereitgehalten haben, haben sie gegen die ihnen obliegende **Mittelvorsorgepflicht** verstoßen.

Dabei entfällt der kausale Zusammenhang zwischen der Verletzung der Zahlungspflicht und dem dadurch eingetretenen Schaden in Form des Ausfalls des Lohnsteueranspruchs des Finanzamts nicht deshalb, weil die Zahlung in gemäß § 130 Abs. 1 Nr. 2 InsO anfechtbarer Weise geleistet worden ist. Denn hypothetische Kausalverläufe haben auf die Haftung nach § 69 AO keinen Einfluss (BFH, Urteil vom 5.6.2007, Az. VII R 30/06, BFH/NV 2008, S. 1).

Jedoch kann A und B **kein Verschulden in Form einer grob fahrlässigen Pflichtverletzung** vorgeworfen werden, weil sie mit der Überweisung auf das Treuhandkonto anwaltlichem Rat gefolgt sind und keinen Anlass hatten, diesen Rat in Zweifel zu ziehen.

Im Zuge ihres Rechtsrats vertraten die Rechtsanwälte die Auffassung, die Lohnsteuer dürfe nach Stellung des Insolvenzantrags nicht mehr entrichtet werden. Denn die insolvenzrechtlichen Pflichten der Geschäftsführer gingen ihren steuerlichen Pflichten vor. Auf diesen Rat durften sich A und B verlassen.

Konsequenzen:

Der Geschäftsführer haftet grundsätzlich **nur für eigenes Verschulden**. Bei mangelnder Sachkunde ist der Geschäftsführer verpflichtet, fremde Hilfe durch einen Angehörigen eines rechts- oder steuerberatenden Berufs in Anspruch zu nehmen und diesen zu überwachen. Trifft den Geschäftsführer kein

Auswahl- und Überwachungsverschulden und hat er keinen Anlass, den ihm erteilten Rechtsrat in Zweifel zu ziehen, treten die haftungsrechtlichen Folgen des § 69 AO nicht ein.

FG Münster, Urteil vom 23.6.2017, Az. 3 K 1537/14 L

51 Lohnsteuerhaftung – Insolvenz (1)

Wurde gegen Steuerfestsetzungen weder Einspruch eingelegt noch Änderung beantragt, sind Einwendungen bei Haftungsinanspruchnahme hieraus ausgeschlossen

Der Fall:

K (Kläger) und seine Frau F hielten jeweils die Hälfte des Stammkapitals der im August 2000 gegründeten B-GmbH; K war außerdem der alleinige Geschäftsführer der B-GmbH. Im August 2004 wurde der Geschäftsbetrieb eingestellt. Zu diesem Zeitpunkt beschäftigte die B-GmbH noch fünf Arbeitnehmer.

Die Lohnsteueranmeldungen wurden von Frau F erstellt; sie wiesen Zahllasten bis zu rund 2.500 € monatlich aus. Da die B-GmbH ihre Abgabeverbindlichkeiten nicht erfüllte, erließ das Amtsgericht in C im Mai 2004 einen Sicherungsbeschluss, aufgrund dessen Verfügungen der Gesellschaft über Gegenstände ihres Vermögens nur noch mit Zustimmung des vorläufigen Insolvenzverwalters wirksam waren (§ 21 Abs. 2 Nr. 2 InsO). Im Februar 2005 eröffnete das Amtsgericht dann das eigentliche Insolvenzverfahren. Die Abgabeverbindlichkeiten wurden vom Insolvenzgericht zur Tabelle festgestellt.

Nachdem die Quote für die Insolvenzgläubiger mit 0% festgestellt worden war, nahm das Finanzamt im Februar 2006 den K durch Haftungsbescheid (§§ 69, 34 AO) über 58.348 € für rückständige Lohnsteuer in Anspruch.

K legte Einspruch ein mit der Begründung, dass für die B-GmbH für den fraglichen Zeitraum zu hohe Lohnsteuerbeträge angemeldet worden seien. So seien ab Januar 2004 keine Löhne mehr ausgezahlt worden.

Das Urteil:

Das FG sah die Klage nur zu einem kleinen Teil als begründet an.

Nach Auffassung des FG Baden-Württemberg hat der Kläger (ausgenommen lediglich der Anmeldezeitraum Mai 2004) in mehrfacher Hinsicht sowohl den objektiven als auch den subjektiven Tatbestand einer Haftung nach § 69 in Verbindung mit § 34 AO dadurch erfüllt, dass er als gesetzlicher Vertreter der

B-GmbH zumindest grob fahrlässig nicht für eine fristgerechte Tilgung der von der GmbH für die Monate März 2003 bis einschließlich April 2004 angemeldeten Steuerverbindlichkeiten gesorgt hat.

Die Haftung des K entfällt auch nicht infolge einer im Falle der Entrichtung der Lohnsteuer zum Fälligkeitstermin möglichen Anfechtung der Zahlung durch den Insolvenzverwalter nach §§ 129 ff. InsO. Die bloße Möglichkeit der Insolvenzanfechtung hindert nach ständiger höchstrichterlicher Rechtsprechung nicht, den durch die pflichtwidrige Nichtabführung eingetretenen Steuerausfall dem Geschäftsführer zuzurechnen. Der BFH hat eine Haftung auch ausdrücklich dann bejaht, wenn die Nichtzahlung der fälligen Steuern in die dreiwöchige Schonfrist fällt, die dem Geschäftsführer zur Massesicherung ab Feststellung der Zahlungsunfähigkeit gemäß § 15a Abs. 1 InsO eingeräumt ist.

Konsequenzen:

Der GmbH-Geschäftsführer muss Lohnsteueranmeldungen, die in den Zeitraum seiner Amtsführung fallen, gegen sich gelten lassen. Nach ständiger BFH-Rechtsprechung muss der GmbH-Geschäftsführer ggf. die von der GmbH geschuldeten Lohnzahlungen so kürzen, dass auf jeden Fall die anteilige Lohn- und Kirchensteuer fristgerecht zum 10. des Folgemonats an das Finanzamt entrichtet werden können.

Lohnsteueranmeldungen gelten gemäß § 168 Satz 1 AO als Steuerfestsetzungen unter dem Vorbehalt der Nachprüfung (§ 164 Abs. 1 AO). Sie sind im Urteilsfall zu einer Zeit unanfechtbar geworden, als K noch Geschäftsführer der GmbH war. Das FG stellte dabei auf die **Unanfechtbarkeit** der Steuerfestsetzung, nicht auf deren Unabänderbarkeit ab. Voraussetzung ist damit, dass die Steuerfestsetzung nicht mehr mit einem förmlichen Rechtsbehelf (Einspruch, Klage etc.) angefochten werden kann. Nicht entscheidend ist dagegen, ob die Steuerfestsetzung nach Maßgabe der Korrekturvorschriften der AO (§§ 172 ff. AO) noch geändert werden kann. Abzustellen ist damit auf die „formelle Bestandskraft“, nicht auf die „materielle Bestandskraft“ der Steuerfestesetzung.

FG Berlin-Brandenburg, Urteil vom 3.9.2015, Az. 9 K 9271/10

52 Lohnsteuerhaftung – Insolvenz (2)

Keine Einwendungen im Haftungsverfahren gegen bestandskräftigen Steuerbescheid, wenn im Prüfungstermin kein Einspruch erfolgte

Der Fall:

A war alleiniger Gesellschafter und Geschäftsführer der X-GmbH. Auf Antrag vom 22.10.2009 ordnete das Amtsgericht das vorläufige Insolvenzverfahren mit Zustimmungsvorbehalt an. Am 2.1.2010 eröffnete das Amtsgericht das Insolvenzverfahren über das Vermögen der X-GmbH.

Wegen rückständiger Lohnsteuern erließ das Finanzamt gegenüber A einen Haftungsbescheid. Der dagegen gerichtete Einspruch und die Anträge auf Aussetzung der Vollziehung hatten keinen Erfolg.

Die Klage des A wies das Finanzgericht als unbegründet zurück. Als Begründung führte es aus, es bestehe ein Vorrang des Insolvenzrechts vor dem Steuerverfahrensrecht. Da A im Insolvenzverfahren keinen Widerspruch gegen die Lohnsteuerfestsetzungen nach § 176 InsO erhoben habe, seien Einwendungen gegen die bestandskräftig festgesetzte Lohnsteuer ausgeschlossen.

Das Urteil:

Der BFH wies die Revision mit folgender Begründung zurück.

Die Lohnsteueranmeldungen für die Monate August und September 2009 wurden zwar abgegeben, die Lohnsteuer aber nicht abgeführt. Damit hat A zum Fälligkeitszeitpunkt seine steuerlichen Pflichten zumindest grob fahrlässig verletzt und daher den Tatbestand des § 69 AO (persönliche Haftung für nicht abgeführte Steuern) verwirklicht.

Entgegen der Auffassung des A war er an der Erfüllung dieser Pflichten nicht durch die Bestellung eines vorläufigen Insolvenzverwalters mit Zustimmungsvorbehalt gehindert. Die Bestellung eines vorläufigen Insolvenzverwalters steht einer haftungsrechtlichen Inanspruchnahme nicht entgegen (BFH, Beschluss vom 30.12.2004, Az. VII B 145/04, BFH/NV 2005, S. 665). Denn im Fall der Bestellung eines vorläufigen Insolvenzverwalters ohne Anordnung eines allgemeinen Verfügungsverbots verbleibt die Verwaltungs- und Verfügungsbefugnis wie auch die Prozessführungsbefugnis beim Schuldner. Daher war A an der Abführung der einbehaltenen Lohnsteuern auch nach Bestellung des vorläufigen Insolvenzverwalters nicht gehindert.

A kann sich im vorliegenden Haftungsverfahren nicht darauf berufen, dass die betreffenden Löhne tatsächlich nicht gezahlt wurden. Denn nach § 166 AO hat eine gegenüber dem Steuerpflichtigen unanfechtbar festgesetzte

Steuer derjenige gegen sich gelten zu lassen, der in der Lage gewesen wäre, den erlassenen Steuerbescheid anzufechten.

Konsequenzen:

Im insolvenzrechtlichen Prüfungstermin hatte das Finanzamt die gegenüber der X-GmbH bestehenden Steuerforderungen zur Tabelle angemeldet. A hatte die Möglichkeit, durch einen im Prüfungstermin erhobenen Widerspruch den Grund und die Höhe der Primärschuld nach Aufhebung des Insolvenzverfahrens einer gerichtlichen Prüfung zu unterziehen. Da A im Prüfungstermin fehlte, hatte er **keinen Widerspruch** eingelegt, sodass er die **Unanfechtbarkeit** der Lohnsteuerfestsetzungen gegen sich gelten lassen muss.

Ein wirksamer Widerspruch nach § 178 Abs. 1 InsO kann nicht durch eine schriftliche Erklärung außerhalb des Prüfungstermins erhoben werden. Vielmehr ist die **persönliche Anwesenheit** des jeweils Widersprechenden erforderlich. Ein nur schriftlich erhobener Widerspruch ist unbeachtlich. Daher kann ein wirksamer Widerspruch nur im Prüfungstermin erhoben werden.

BFH, Urteil vom 16.5.2017, Az. VII R 25/16

53 Lohnsteuerhaftung – Insolvenz (3)

Haftung des Geschäftsführers für Lohnsteuerschulden auch nach Ernennung eines vorläufigen schwachen Insolvenzverwalters

Der Fall:

Der Kläger K ist Geschäftsführer der Komplementär-GmbH einer KG, die auch die Geschäfte der KG führt. Für diese beantragte er die Eröffnung des Insolvenzverfahrens Anfang Februar 2010. Noch am selben Tag wurde ein vorläufiger Insolvenzverwalter mit Zustimmungsvorbehalt nach § 21 Abs. 2 Nr. 2 zweite Alternative InsO (sog. schwacher Insolvenzverwalter) bestellt.

Wegen nicht abgeführter Lohnsteuer nahm das Finanzamt den Geschäftsführer gem. §§ 34, 69 AO für den Zeitraum von der Bestellung des vorläufigen Insolvenzverwalters bis zur Eröffnung des Insolvenzverfahrens in Haftung.

Dagegen wandte sich K mit dem Argument, dass die KG bei Fälligkeit der Lohnsteuer vermögenslos gewesen sei und die Erwartung auf den Eingang ausstehender Geldzahlungen sich nachträglich zerschlagen habe. Im Übrigen sei die Zustimmung des vorläufigen Insolvenzverwalters zur Abführung der Lohnsteuer unklar gewesen.

Das Urteil:

Das Finanzgericht wies die Klage des Geschäftsführers als unbegründet ab.

Gemäß §§ 69 i.V. § 34 AO haften die gesetzlichen Vertreter einer KG, soweit die Ansprüche aus dem Steuerschuldverhältnis in Folge vorsätzlicher oder grob fahrlässiger Verletzung der ihnen auferlegten Pflichten nicht oder nicht rechtzeitig erfüllt wurden. K hatte als Geschäftsführer der Komplementär-GmbH die Pflicht, für eine fristgerechte Anmeldung und Abführung der von der KG geschuldeten Lohnsteuer zu sorgen. Auch durch die Eröffnung des Insolvenzverfahrens Anfang Februar 2010 und durch die Bestellung eines vorläufigen Insolvenzverwalters mit Zustimmungsvorbehalt war K nicht daran gehindert, die Lohnsteuer der Folgemonate abzuführen. Der Insolvenzantrag allein schränkt den Geschäftsführer in seiner Verfügungsbefugnis nicht ein.

Nach ständiger Rechtsprechung des BFH stellt die **Nichtabführung** einzubehaltener und anzumeldender **Lohnsteuer** zu den gesetzlichen Fälligkeitszeitpunkten im Regelfall eine **zumindest grob fahrlässige Verletzung** der Geschäftsführerpflichten dar. Daran ändern auch Zahlungsschwierigkeiten nichts. Sind im Zeitpunkt der Lohnsteuerfälligkeit noch liquide Mittel zur Zahlung der Lohnsteuer vorhanden, besteht die Verpflichtung des Geschäftsführers, diese abzuführen, solange, bis ihm durch die Bestellung eines starken Insolvenzverwalters oder durch die Eröffnung des Insolvenzverfahrens die Verfügungsbefugnis entzogen wird. Diese beiden Alternativen lagen aber im Streitfall nicht vor.

Dem Einwand des Klägers, ihm ständen nicht genügend liquide Mittel zur Verfügung, konnte das Finanzgericht nicht folgen. Allein die ungekürzte Auszahlung der Nettolöhne war nach Ansicht des FG Anzeichen dafür, dass ausreichende Zahlungsmittel zur Verfügung standen. Doch selbst wenn dies nicht der Fall gewesen wäre, hätte der Geschäftsführer den **Lohn nur anteilsmäßig auszahlen** dürfen, um insoweit die anfallende Lohnsteuer an das Finanzamt abführen zu können.

Auch nach Eröffnung des Insolvenzverfahrens bestand diese Verpflichtung fort. Denn die Verpflichtung des Geschäftsführers zur Lohnsteuerabführung besteht solange, wie er die Verfügungsbefugnis über die liquiden Mittel der KG hat. Diese Befugnis wird durch die Bestellung eines vorläufigen Insolvenzverwalters nicht entzogen, da das Gericht kein allgemeines Verfügungsverbot, sondern nur einen Zustimmungsvorbehalt beschlossen hat.

Die Haftung entfällt auch nicht innerhalb des Drei-Wochenzeitraums gem. § 64 Abs. 2 Satz 1 GmbHG a.F. Dies hatte der BFH zwar in früheren Urteilen erwogen; inzwischen bejaht der BFH eine Haftung allerdings ausdrücklich auch schon dann, wenn die Nichtzahlung der fälligen Steuern in die dreiwöchige Schonfrist fällt, die dem Geschäftsführer zur Massesicherung ab Feststellung der Zahlungsunfähigkeit eingeräumt wird. Denn in diesem Zeitraum besteht keine Pflichtenkollision zwischen Massesicherung und Steuerzahlung.

Konsequenzen:

Zwei Kernaussagen lassen sich diesem Urteil entnehmen:

Die Ernennung eines vorläufigen Insolvenzverwalters mit Zustimmungsvorbehalt (sogenannter schwacher Insolvenzverwalter) lässt die Pflicht zur Abführung der Lohnsteuer unberührt. Gibt der Insolvenzverwalter seine Zustimmung nicht oder ist diese zweifelhaft, muss die Auszahlung der Löhne an die Mitarbeiter unterbleiben.

Die Pflicht besteht auch innerhalb der Drei-Wochenfrist des § 64 GmbHG, da der BGH die Abführung der Lohnsteuer nicht als Tatbestand i.S.d. § 64 GmbHG ansieht.

FG Köln, Urteil vom 25.2.2014, Az. 10 K 2954/10

54 Lohnsteuerhaftung – Ex-Geschäftsführer

Haftung des ausgeschiedenen Geschäftsführers für während seiner Tätigkeit begangene Pflichtverletzungen

Der Fall:

Die X-GmbH war persönlich haftende Gesellschafterin der X-GmbH & Co. KG. Neben G und H war A in den Zeiträumen 14.10.2005 bis 25.5.2007 und 9.6.2009 bis 23.3.2011 alleinvertretungsberechtigter Geschäftsführer. Kommanditisten waren J und K. Beide Kommanditisten hielten jeweils die Hälfte des Stammkapitals der X-GmbH.

Mit Beschluss vom 4.3.2011 schieden beide Kommanditisten aus der Kommanditgesellschaft (KG) aus.

Die Firma der KG erlosch.

Mit notariellem Vertrag vom 17.3.2011 übertrugen die Gesellschafter (und vormaligen Kommanditisten der KG) ihre GmbH-Geschäftsanteile an Y. Zugleich wurde A mit sofortiger Wirkung als Geschäftsführer der X-GmbH abberufen und Y zu deren Geschäftsführer bestellt. Im Kaufvertrag bestätigte Y, dass er das gegenwärtige Barguthaben der X-GmbH in Höhe von 57.509 € erhalten habe.

Am 13.6.2012 wurde die X-GmbH wegen Vermögenslosigkeit im Handelsregister von Amts wegen gelöscht. Ausweislich einer Auskunft der B-Bank war alleiniger Kontoverfügungsberechtigter des für die (ehemalige) X-GmbH & Co. KG durch A errichteten Geschäftskontos A. Die Löschung der Kontoverbindung erfolgte auf Veranlassung des A am 3.8.2012.

Bis zur Löschung des Kontos wurden durch A noch nach dessen Abberufung als Geschäftsführer sowie teils noch nach Löschung der GmbH Abbuchungen von knapp 98.200 € veranlasst. Weiterhin wurden von A am 19.6.2012 und 1.8.2012 Barabhebungen von dem besagten Konto in Höhe von 70.000 € sowie 26.653 € vorgenommen.

Nach dem Jahresabschluss der X-GmbH & Co. KG für 2010 betrug der Jahresüberschuss 469.000 €, wobei für die Gewerbesteuer 2010 eine Rückstellung von 74.300 € ausgewiesen wurde.

Da für den Veranlagungszeitraum 2010 für die X-GmbH & Co. KG keine Steuererklärungen mehr abgegeben wurden, schätzte das Finanzamt (FA) die Besteuerungsgrundlagen und setzte die Gewerbesteuer 2010 auf 25.000 € fest.

Da weder für die X-GmbH & Co. KG noch für deren Rechtsnachfolgerin (X-GmbH) Gewerbesteuerfestsetzungen erlassen werden konnten, nahm das FA den A im Wege der Haftung für die Gewerbesteuer 2010 in Anspruch.

Der hiergegen gerichtete Einspruch hatte keinen Erfolg.

Das Urteil:

Das Finanzgericht (FG) gab dem FA Recht.

A sei in dem maßgebenden Zeitraum 9.6.2009 bis 23.3.2011 formell Geschäftsführer der X-GmbH gewesen. Er sei somit nach § 35 Abs. 1 GmbHG deren gesetzlicher Vertreter gewesen und habe damit nach § 69 Abgabenordnung (AO) in Verbindung mit § 34 Abs. 1 AO zu dem Personenkreis der potenziell Haftenden gehört.

In dieser Eigenschaft habe A dafür zu sorgen gehabt, dass die Steuern aus den Mitteln, die Geschäftsführer „verwalteten", entrichtet werden. Diese Pflicht bestehe nicht erst bei Fälligkeit der Steuerschuld. Vielmehr verletze der Geschäftsführer die dem FA gegenüber bestehenden Pflichten schon dann, wenn er sich durch Vorabbefriedigung anderer Gläubiger oder in sonstiger Weise vorsätzlich oder fahrlässig außerstande setzt, eine bereits entstandene, aber erst künftig fällig werdende Steuerforderung im Zeitpunkt der Fälligkeit zu tilgen (BFH, Urteil vom 26.4.1984, Az. V R 128/79; BStBl. 1984 II, S. 776). Demzufolge handelt der Geschäftsführer **pflichtwidrig**, wenn er ungeachtet der erkennbar entstehenden Steueransprüche für deren spätere Tilgung im Zeitpunkt der Fälligkeit **keine Vorsorge** treffe. Grundsätzlich kommt als Haftender im Sinne von § 69 AO auch ein zwischenzeitlich ausgeschiedener Geschäftsführer in Betracht, wenn er die ihm während seiner Tätigkeit obliegende Erfüllung steuerlicher Pflichten der Gesellschaft schuldhaft nicht erfüllt hat (BFH, Beschluss vom 25.4.2013, Az. VII B 245/12; BFH/NV 2013, S. 1063).

Ein solcher Fall sei hier gegeben. Denn A habe das Bankkonto der X-GmbH auf dem bis zu dessen Löschung noch erhebliche Geldeingänge zu verzeichnen gewesen seien, dem Vollstreckungszugriff des FA entzogen. A habe gegenüber der Bank das Ausscheiden der beiden Kommanditisten verschwiegen und unter der nicht mehr existierenden Firmenbezeichnung der KG zahlreiche Forderungen eingezogen sowie Abbuchungen und Barabhebungen getätigt. Hierdurch habe A das der Vollstreckung unterliegende Vermögen in Höhe der jeweiligen Guthabenbestände vermindert und etwaige Pfändungs- und Einziehungsverfügungen in das benannte Konto zur Beitreibung der Gewerbesteuer verhindert.

Konsequenzen:

Wer als Geschäftsführer ausscheidet, muss sicherstellen, dass auch im Zeitpunkt der (späteren) Fälligkeit der Steuerschuld das FA bedient werden kann. Bestehen bereits bei Austritt des Geschäftsführers Zweifel daran – z.B. weil sämtliches Vermögen belastet ist – sollte der Geschäftsführer gewährleisten, dass ausreichend Mittel für die Zahlung der (künftigen) Steuerlast, geschützt vor dem Zugriff anderer, für die Finanzverwaltung bereitgehalten werden.

☞ Das kann u.a. erreicht werden durch Einrichtung eines neuen Kontos bei einer anderen als der Hausbank.

FG Berlin-Brandenburg, Urteil vom 24.1.2019, Az. 4 K 4233/16

55 Lohnsteuerpflichtiger Beteiligungserwerb

Verbilligter Erwerb einer Beteiligung anlässlich späterer Beschäftigung als Geschäftsführer unterliegt Lohnsteuer

Der Fall:

A war bis zum Frühjahr 2008 als Kommunikations- und Motivationstrainer selbstständig tätig. In 2008 erwarb A von N 50% der Anteile an der X-GmbH zu einem verbilligten Kaufpreis. Zugleich wurde A zum Geschäftsführer der X-GmbH bestellt.

Die X-GmbH wurde 2006 neu gegründet. In diesem Zusammenhang brachte N sein Einzelunternehmen gegen Gewährung von Gesellschaftsrechten zu Buchwerten ein. Sowohl für das Einzelunternehmen des N als auch für die nachfolgende GmbH war A selbstständig tätig.

In 2010/2011 fand bei der X-GmbH eine Betriebsprüfung für die Jahre 2006 bis 2008 statt. Dabei stellte der Prüfer fest, dass der zwischen A und N vereinbarte Kaufpreis für die GmbH-Anteile unter dem tatsächlichen Wert der Geschäftsanteile lag.

Das Finanzamt qualifizierte den dem A zugeflossenen Vorteil – die Differenz zwischen gezahltem Kaufpreis und dem tatsächlichen Wert der Geschäftsanteile – als nachträgliche Einkünfte des A aus Gewerbebetrieb.

Einspruch und Klage hatten keinen Erfolg. Das FG qualifizierte den dem A zugeflossenen Vorteil lediglich als Einkünfte aus nichtselbstständiger Arbeit um.

Der Beschluss:

Der BFH bestätigte die Auffassung des Finanzgerichts. Der Vorteil des A aus dem verbilligten Erwerb der GmbH-Anteile ist bei den **Einkünften des A aus nichtselbstständiger Arbeit** zu berücksichtigen.

Denn zu den Einkünften aus nichtselbstständiger Arbeit gehören nach § 19 Abs. 1 Nr. 1 EStG auch andere Bezüge und Vorteile, die „für" eine Beschäftigung im öffentlichen oder privaten Dienst gewährt werden. Damit kann auch der verbilligte Erwerb einer Beteiligung, etwa von GmbH-Anteilen, zu Einnahmen aus nichtselbstständiger Arbeit führen, wenn der Vorteil hieraus dem Arbeitnehmer „für" seine Arbeitsleistung gewährt wird (BFH, Urteil vom 28.2.2013, Az. VI R 58/11, BStBl II 2013, S. 642).

Nach diesen Grundsätzen handelt es sich bei dem Vorteil, den A aus dem verbilligten Erwerb der GmbH-Anteile erzielte, um Arbeitslohn. Denn nach Aussage des A wurden ihm von N die GmbH-Anteile verbilligt zugewendet, damit er weiterhin für die X-GmbH tätig bleibe. Somit wurde der Unterschiedsbetrag zwischen Kaufpreis und gemeinem Wert der Anteile dem A als Vorabvergütung für zukünftige der X-GmbH zu leistende Dienste gewährt.

Konsequenzen:

Nach § 8 Abs. 2 Satz 1 EStG sind Einnahmen, die – wie im Streitfall – nicht in Geld bestehen, mit dem um übliche Preisnachlässe geminderten Endpreis am Abgabeort und damit mit dem gemeinen Wert anzusetzen. Dieser ist nach § 11 Abs. 2 Satz 2 Bewertungsgesetz unter Berücksichtigung des Vermögens und der Ertragsaussichten der Kapitalgesellschaft zu schätzen, sofern sich dieser nicht – wie im Streitfall – aus Vorverkäufen unter fremden Dritten, die weniger als ein Jahr zurückliegen, ableiten lässt. Im entschiedenen Fall war der gemeine Wert der GmbH-Anteile zwischen den Beteiligten nicht streitig.

BFH, Beschluss vom 26.6.2014, Az. VI R 94/13

56 Nachvertragliches Wettbewerbsverbot (1)

Nichtigkeit eines nachvertraglichen Wettbewerbsverbots wegen Untersagens von Tätigkeiten ohne Bezug zum Unternehmen

Der Fall und das Urteil:

Eine GmbH verlangt von ihrem ehemaligen Geschäftsführer die Rückzahlung einer zur Abgeltung eines nachvertraglichen Wettbewerbsverbots gezahlten Karenzentschädigung. Der Geschäftsführerdienstvertrag sieht vor, dass es dem Geschäftsführer untersagt ist, für die Dauer von einem Jahr nach Beendigung des Dienstvertrags, gleich aus welchem Grund in selbstständiger oder unselbstständiger oder sonstiger Weise für ein Unternehmen tätig zu werden, das mit der Gesellschaft im direkten oder indirekten Wettbewerb steht oder mit einem Wettbewerbsunternehmen verbunden ist. Ihm ist ferner untersagt, für die Dauer von einem Jahr nach Beendigung des Dienstvertrags ein solches Unternehmen zu errichten, zu erwerben oder sich hieran unmittelbar zu beteiligen oder vergleichbare Aktivitäten zu entfalten. Er ist verpflichtet, für die Dauer des Wettbewerbsverbots weder für sich selbst noch für Dritte, Arbeitnehmer der GmbH abzuwerben und an entsprechenden Versuchen Dritter nicht teilzunehmen. Für die Dauer des nachvertraglichen Wettbewerbsverbots erhält er nach seinem Ausscheiden eine monatliche Zahlung.

Mit Beschluss der Gesellschafterversammlung wurde der Geschäftsführer abberufen. Er erhielt lediglich einen Teil der vertraglich geregelten Karenzentschädigung.

Nachdem der ehemalige Geschäftsführer nach einem Jahr Gesellschafter und Geschäftsführer einer Wettbewerberin der GmbH wurde, forderte die GmbH die gezahlte Karenzentschädigung insgesamt zurück. Dies begründete sie damit, dass das Wettbewerbsverbot insgesamt nichtig sei.

Das OLG gab der Klage auf Rückzahlung der Karenzentschädigung statt.

Konsequenzen:

Ein nachvertragliches **Wettbewerbsverbot** ist **nur dann wirksam**, wenn es in zeitlicher, örtlicher und inhaltlicher Hinsicht auf ein **notwendiges Maß beschränkt** bleibt. Deshalb ist es nur gerechtfertigt, soweit es erforderlich ist, um die Partner des aus einer Gesellschaft Ausgeschiedenen vor einer illoyalen Verwertung der Erfolge der gemeinsamen Arbeit zu schützen.

Nach Auffassung des OLG überschreitet das vereinbarte Wettbewerbsverbot das zulässige Maß, weil der ausscheidende Geschäftsführer auch in solchen Tätigkeitsbereichen nicht hätte arbeiten dürfen, die gar keinen Bezug zum Geschäftsfeld der GmbH aufweisen. Selbst eine Beteiligung an einem Wettbewerbsunternehmen durch den bloßen Erwerb von Anteilen, ohne jede Absicht der unternehmerischen Einflussnahme, war verboten gewesen.

Weil das Wettbewerbsverbot nichtig war, musste der Geschäftsführer die – ohne Rechtsgrund erhaltenen – Zahlungen zurückerstatten. Er hätte das Geld nur dann behalten dürfen, wenn der GmbH bekannt gewesen wäre, dass das Wettbewerbsverbot unwirksam ist. Allein die Tatsache, dass die Parteien unterschiedliche Rechtsauffassungen über die Wirksamkeit vertreten, reicht hierfür nach Auffassung des OLG nicht aus. Solange die Partei, die eine Entschädigung zahlt, das Wettbewerbsverbot für wirksam hält und im Vertrauen darauf zahlt, besteht eine **Rückzahlungspflicht** fort.

Wettbewerbsverbote gehören bei einer Vertragsgestaltung zu den komplexesten Sachverhalten. Dies liegt daran, dass eine Beschränkung der beruflichen Tätigkeit schnell mit dem Grundrecht der Berufsfreiheit (Art. 12 GG) kollidiert.

OLG Hamm, Urteil vom 8.8.2016, Az. 8 U 23/16

57 Nachvertragliches Wettbewerbsverbot (2)

Geltendmachung der Unwirksamkeit eines nachvertraglichen Wettbewerbsverbots im Wege einer einstweiligen Verfügung

Der Fall und die Entscheidung:

Die Beklagte produziert und vertreibt Brillenfassungen sowie Brillengläser. Der Kläger war vor seiner Bestellung zum Geschäftsführer jahrelang Fertigungsleiter und Geschäftsführer bei einer Tochtergesellschaft der Beklagten. Als Geschäftsführer der Beklagten bezog er neben dem Grundgehalt von 300.000 € brutto eine variable Vergütung in jährlicher Höhe von mindestens 102.000 € brutto.

Der Geschäftsführerdienstvertrag statuierte ein nachvertragliches Wettbewerbsverbot, das wie folgt formuliert war: Der Geschäftsführer verpflichtet sich, für die Dauer von einem Jahr nach Beendigung des Anstellungsvertrags weder in selbstständiger noch unselbstständiger Stellung oder in sonstiger Weise für ein Konkurrenzunternehmen der Gesellschaft tätig zu werden (einschließlich Übernahme einer Organstellung o.ä.). Konkurrenzunternehmen meint jedes Unternehmen, welches sich in den gleichen Geschäftsfeldern wie die Gesellschaft oder eine Tochtergesellschaft der Gesellschaft betätigt. Dies sind insbesondere die Produktion und der Vertrieb von Brillengläsern an Unternehmen (d.h. der Vertrieb an Endkunden ist nicht erfasst).

Die vertraglich vereinbarte Karenzentschädigung betrug 50% des Grundgehalts des Geschäftsführers. Ferner enthielt der Geschäftsführerdienstvertrag eine Klausel, wonach das Wettbewerbsverbot auf das rechtlich zulässige Maß reduziert werden sollte, wenn sich die Unwirksamkeit des Wettbewerbsverbots aus dessen Umfang oder zeitlicher Geltung ergeben sollte.

Die Beklagte sprach am 28.7.2017 eine ordentliche Kündigung des Dienstverhältnisses zum 31.7.2018 aus und stellte den Kläger sofort frei. Dieser beabsichtigte, unmittelbar im Anschluss an das Ende seines Dienstverhältnisses mit der Beklagten (ab dem 1.8.2018) als Geschäftsführer bei einem anderen Unternehmen tätig zu werden, dessen Geschäftsfeld auf den Vertrieb von Brillengläsern und -fassungen ausgerichtet war. Der Kläger beantragte im Wege einer einstweiligen Verfügung, die Unwirksamkeit des zwischen den Parteien vereinbarten Wettbewerbsverbots festzustellen und ihm die Aufnahme der Tätigkeit zu gestatten.

Landgericht (LG) und Oberlandesgericht (OLG) stellten beide fest, dass das im Geschäftsführerdienstvertrag enthaltene unternehmensbezogene Wettbewerbsverbot nicht vom berechtigten Interesse der Beklagten gedeckt und damit (unrettbar) nichtig ist. Außerdem kann der Kläger die Unwirksamkeit des nachvertraglichen Wettbewerbsverbots im Wege einer einstweiligen Verfügung feststellen lassen.

Konsequenzen:

Nach der ständigen Rechtsprechung des BGH finden die für Arbeitnehmer geltenden §§ 74 ff. HGB keine Anwendung auf nachvertragliche Wettbewerbsverbote von GmbH-Geschäftsführern. Ihre Wirksamkeit ist an § 138 BGB zu messen. Deshalb können bei Geschäftsführern (anders als bei Arbeitnehmern, § 74 Abs. 2 HGB) **nachvertragliche Wettbewerbsverbote auch ohne eine Karenzentschädigung wirksam** sein.

Sie sind **dann nichtig**, wenn sie nicht den berechtigten Interessen der Gesellschaft dienen und sie nach Ort, Zeit und Gegenstand die Berufsausübung und wirtschaftliche Tätigkeit des Ex-Geschäftsführers unbillig erschweren. Wenn sie zu weit gefasst werden, sind sie nichtig. Deshalb ist ein nachvertragliches Wettbewerbsverbot, mit dem einem Fremdgeschäftsführer die Tätigkeit für potenzielle Konkurrenzunternehmen – wie im vorliegenden Rechtstreit – „in jeglicher Weise" untersagt werden soll, mangels schutzwürdiger Interessen der Gesellschaft unwirksam.

Nach Auffassung des OLG kann der Geschäftsführer die Unwirksamkeit des Wettbewerbsverbots vor Aufnahme der beabsichtigten Konkurrenztätigkeit **im Wege einer einstweiligen Verfügung geltend machen**. Zwar wird vor dem Hintergrund der nur einjährigen Dauer des Wettbewerbsverbots durch die einstweilige Verfügung de facto die Entscheidung in der Hauptsache vorweggenommen, die bis dahin wohl nicht abgeschlossen sein wird. Da der Kläger im Hauptsacheverfahren höchstwahrscheinlich obsiegen wird, kann ihm der vorläufige Rechtsschutz nicht versagt werden.

OLG München, Hinweisbeschluss vom 2.8.2018, Az. 7 U 2107/18

58 Notargebühren – Beurkundung von Gesellschafterbeschlüssen

Keine Haftung des Geschäftsführers wegen Notargebühren für Beurkundung von Gesellschafterbeschlüssen

Der Fall und der Beschluss:

Ein Notar beurkundete den Beschluss einer Gesellschafterversammlung einer GmbH über Satzungsänderungen und meldete diesen Beschluss zur Eintragung in das Handelsregister an. Für die Kosten seiner Tätigkeit nahm er erfolglos die GmbH in Anspruch, über deren Vermögen inzwischen das Insolvenzverfahren eröffnet worden war.

Der Notar berechnete die Kosten und Auslagen gegenüber dem Geschäftsführer und alleinigen Gesellschafter der GmbH, der daraufhin gegen die Kostenberechnung einen Antrag auf gerichtliche Entscheidung stellte.

Das LG hob die Kostenrechnung des Notars auf. Dieser Auffassung ist auch das OLG gefolgt, weil der Alleingesellschafter-Geschäftsführer nicht Schuldner der ihm berechneten Gebühren und Auslagen sei. Er hafte für die Notarkosten (§ 29 Nr. 1 Gerichts- und Notarkostengesetz (GNotKG)) deshalb nicht, weil er ausschließlich als gesetzlicher Vertreter der Gesellschaft gehandelt habe und damit nicht Auftraggeber sei.

Konsequenzen:

Ein Notar ist befugt (§ 89 GNotKG), die Kosten für seine Tätigkeit im Falle der Nichtzahlung durch den Schuldner selbst zu titulieren und seine Kostenforderung im Wege der Zwangsvollstreckung beizutreiben, ohne dass es zuvor einer Klage bedarf. Kostenschuldnerin für die Notargebühren, die aufgrund der Beurkundung von Beschlüssen der Gesellschafterversammlung einer GmbH und deren Eintragung entstehen, ist grundsätzlich die Gesellschaft. Bislang ist höchstrichterlich die Frage nicht entschieden, ob der Notar den Alleingesellschafter-Geschäftsführer der GmbH für solche Notargebühren gemäß §§ 29, 30 GNotKG unmittelbar als Kostenschuldner in Anspruch nehmen kann. Das OLG trägt dem in § 13 Abs. 1 GmbHG verankerten Prinzip der Trennung zwischen der GmbH als Rechtssubjekt und ihren Gesellschaftern Rechnung. Auch ein Alleingesellschafter-Geschäftsführer handelt im Rahmen der Beurkundung von Satzungsänderungen lediglich als gesetzlicher Vertreter der Gesellschaft.

☞ Ein (angeblicher) Kostenschuldner, der sich gegen eine Kostenberechnung eines Notars verteidigen will, sollte proaktiv gegen diese Kostenberechnung vorgehen, um zu vermeiden, dass der Notar seine Kostenberechnung (ohne Klage) selbst tituliert und vollstreckt. Einwendungen gegen die Kostenberechnung sind im Wege eines Antrags auf gerichtliche Entscheidung gemäß § 127 Abs. 1 GNotKG geltend zu machen.

OLG Köln, Beschluss vom 18.9.2017, Az. 2 Wx 204/17

59 Ordnungshaft

Vollstreckung von Ordnungshaft gegen Geschäftsführer einer insolventen GmbH

Der Fall:

X war der Vorstand einer AG. Durch eine einstweilige Verfügung des Landgerichts (LG) ist gegen diese ein wettbewerbsrechtliches, strafbewehrtes Unterlassungsgebot erlassen worden. Nachfolgend hat die AG in erheblicher Weise gegen die Untersagungsverfügung verstoßen. Demnach hat das LG gegen die AG, vertreten durch X, ein Ordnungsgeld in Höhe von 50.000 € und ersatzweise für den Fall, dass dieses nicht beigetrieben werden kann, für je 250 € einen Tag Ordnungshaft festgesetzt.

Die Beschwerde dagegen blieb erfolglos. Gegen die mittlerweile insolvente AG konnte das Ordnungsgeld nicht beigetrieben werden. Daher hat das LG die Vollstreckung der ersatzweise festgesetzten Ordnungshaft von 200 Tagen gegen X, der mittlerweile ebenfalls insolvent ist, angeordnet.

Das OLG hat die Ordnungshaft auf 100 Tage herabgesetzt und im Übrigen sämtliche Beschwerden gegen die Festsetzung der Ordnungshaft und den Termin des Eintritts zurückgewiesen.

X hat mit einer Verfassungsbeschwerde die Verletzung verschiedener Grundrechtsartikel gerügt.

Die Entscheidung:

Soweit die Verfassungsbeschwerde zulässig war, hat das Bundesverfassungsgericht sie wegen fehlender grundsätzlicher Bedeutung nicht zur Entscheidung angenommen. Sie ist nach Auffassung des Gerichts aber auch unbegründet.

Nach § 890 Abs. 1 Satz 1 ZPO ist der Schuldner wegen einer jeden Zuwiderhandlung gegen eine gerichtliche Unterlassungsverfügung auf Antrag des Gläubigers von dem Prozessgericht zu einem Ordnungsgeld und für den Fall, dass dieses nicht beigetrieben werden kann, zur Ordnungshaft bis zu sechs Monaten zu verurteilen. Schuldner des Unterlassungsanspruchs war vorliegend die AG. Gegen diese war daher das Ordnungsgeld festzusetzen. Die ersatzweise Anordnung von Ordnungshaft erfolgt gegen den Vorstand, der schuldhaft gegen das Verbot verstoßen hat.

Die Ordnungsmittel des § 890 Abs. 1 Satz 1 ZPO verfolgen nach einhelliger Auffassung einen doppelten Zweck. Zum einen sollen sie künftige Zuwiderhandlungen verhindern, zum anderen sollen sie eine strafähnliche Sanktion für den Fall der Verletzung des gerichtlichen Verbots darstellen (vgl. z.B. BGH, Beschluss vom 23.10.2003, Az. I ZB 45/02, BGHZ 156, S. 335, 345 f.).

Die Festsetzung eines Ordnungsmittels setzt ein Verschulden des Schuldners voraus. Wenn Schuldner eine AG oder GmbH ist, kann es nur auf die Schuld des Vorstands bzw. des Geschäftsführers ankommen (vgl. BVerfG E 20, S. 323, 336).

Vorliegend lag ein erheblicher Pflichtenverstoß des X als das Vertretungsorgan der AG vor.

Es stand auch von Anfang an fest, dass, wenn das Ordnungsgeld gegen die AG nicht vollstreckt werden konnte, die Ordnungshaft nur an dem Vertretungsorgan der AG, also dem X, vollstreckt werden konnte.

Da vorliegend aufgrund der Insolvenz sowohl der juristischen Person als auch des X als Vertretungsorgan künftige Verstöße praktisch nicht mehr in Betracht kamen, verblieb vorliegend nur noch die Sanktion der bereits erfolgten Verletzungshandlung. Insoweit ist die Festsetzung des Ordnungsgeldes im Rahmen der Ermessensausübung vom OLG auch zutreffend halbiert worden.

Die Verletzung von Grundrechten war nicht ersichtlich. Der X wusste von vornherein, dass entweder Geld bezahlt werden musste und wenn dies wirtschaftlich oder sonst wie nicht möglich sein sollte, gegen ihn Ordnungshaft vollstreckt werden würde.

Konsequenzen:

Die vorliegende Entscheidung des Bundesverfassungsgerichts betrifft eine Aktiengesellschaft, gilt aber genauso für eine GmbH. Ergeht gegen die GmbH eine strafbewehrte Unterlassungsverfügung, muss der Geschäftsführer dafür sorgen, dass es nicht zu Verstößen gegen die Unterlassungsverfügung kommt. Verletzt er diese Verpflichtung, wird vom Gericht ein Ordnungsgeld festgesetzt, und zwar gegen die GmbH. Kann dieses nicht vollstreckt werden, wird vom Gericht ersatzweise Ordnungshaft gegen den Geschäftsführer als Vertretungsorgan der GmbH festgesetzt. Wenn er dann ebenfalls nicht in der Lage ist, die Ordnungshaft durch Zahlung des Geldbetrags abzuwenden, muss er die Ordnungshaft in der Tat antreten. Diese Rechtsfolge ist gesetzlich geregelt und verstößt nicht gegen Verfassungsrecht.

BVerfG, 3. Kammer des Zweiten Senats, Beschluss vom 9.5.2017, Az. 2 BvR 335/17

60 Pensionszusage – Lohnsteuer (1)

Überträgt eine GmbH eine Pensionszusage auf einen Pensionsfonds, so kann dies zum Zufluss von Arbeitslohn führen

Der Fall:

GmbH-Geschäftsführer G war von 1993 bis 2010 für die A-GmbH tätig und hatte eine Pensionszusage erworben. Im Jahr 2010 wurde die A-GmbH an die B-GmbH veräußert. Die A-GmbH übertrug die dem G gegenüber eingegangene Verpflichtung auf einen Pensionsfonds und trat ihre Ansprüche an die Rückdeckungsversicherung an den Pensionsfonds ab (257.000 €). G zahlte aus eigenen Mitteln einen Einmalbetrag von 167.000 €, um die Versorgungsanwartschaft bis zum Eintritt seiner Pensionierung beitragsfrei zu stellen.

Die A-GmbH löste die gebildete Pensionsrückstellung (233.000 €) sowie die Ansprüche aus der Rückdeckungsversicherung gewinnwirksam auf. Einen

Antrag auf Verteilung dieses Aufwandes gemäß § 4e Abs. 3 EStG auf zehn Jahre stellte die A-GmbH nicht.

Das Finanzamt (FA) änderte 2016 den ESt-Bescheid 2010 des G und rechnete seinem steuerpflichtigen Arbeitslohn 233.000 € (in Höhe der aufgelösten Rückstellung) hinzu. Nach erfolglosem Einspruch legte G Klage ein mit der Begründung, er habe durch die Überführung der Pensionsverpflichtung keine Verfügungsmacht über finanzielle Mittel erlangt. Sofern gleichwohl Arbeitslohn anzunehmen sei, sei dieser gemäß § 3 Nr. 66 EStG steuerfrei.

Das Urteil:

Das Finanzgericht Köln bestätigte die Auffassung des FA und sah in der Übertragung der Versorgungszusage steuerpflichtigen Arbeitslohn (§ 19 EStG) des Klägers. Die bloße Einräumung von Ansprüchen durch den Arbeitgeber an den Arbeitnehmer führt bei diesem regelmäßig noch nicht zum Zufluss von Einnahmen. Erst der Eintritt des Leistungserfolgs durch die Erfüllung der Ansprüche bewirkt den Zufluss beim Arbeitnehmer.

Nach diesen Grundsätzen stellt die von der A-GmbH dem Kläger erteilte Direktzusage mangels **Zufluss** noch keinen Arbeitslohn dar. Dieser ist erst **durch die Übertragung der Zusage auf den Pensionsfonds erfolgt**. Der Kläger hat zwar lediglich eine Anwartschaft auf eine Altersversorgung. Gleichwohl ist aber Arbeitslohn gegeben, denn bei wirtschaftlicher Betrachtung stellt sich der Vorgang so dar, als hätte ihm die A-GmbH Mittel zur Verfügung gestellt, um von einem fremden Dritten (dem Pensionsfonds) eine Pensionszusage zu erhalten, mit der er einen eigenen Anspruch auf die Leistungen hat.

Konsequenzen:

Eine andere Beurteilung ergibt sich auch nicht aus den Entscheidungen des BFH vom 18.8.2016 (Az. VI R 18/13 und Az. VI R 46/13). Der BFH hatte nämlich in beiden Fällen über die Übertragung einer Pensionszusage von einer GmbH auf eine andere GmbH zu befinden. Eine solche Schuldübernahme nach § 415 Abs. 1 BGB führt nach Ansicht des BFH lediglich zu einem **Schuldnerwechsel** und bewirkt gerade noch **keinen Zufluss** beim jeweiligen Pensionsberechtigten (vgl. ausführlich Ott, GmbH-Stpr 2017, S. 129 ff.).

Die Voraussetzungen für eine Steuerfreiheit nach § 3 Nr. 66 EStG sind nicht gegeben. Nach dieser Vorschrift sind Leistungen eines Arbeitgebers an einen Pensionsfonds zur Übernahme bestehender Versorgungsverpflichtungen steuerfrei, wenn ein Antrag nach § 4e Abs. 3 EStG gestellt worden ist. Nach § 4e Abs. 3 Satz 1 EStG kann der Arbeitgeber auf Antrag die insgesamt erforderlichen Leistungen an einen Pensionsfonds erst in den dem Wirtschaftsjahr der Übertragung folgenden zehn Jahren gleichmäßig verteilt als Betriebsausgaben abziehen. Ein solcher Antrag war hier aber nicht gestellt worden.

Die Revision wurde wegen grundsätzlicher Bedeutung zugelassen (BFH-Az. VI R 45/18).

FG Köln, Urteil vom 27.9.2018, Az. 6 K 814/16

61 Pensionszusage – Lohnsteuer (2)

Kein Zufluss von Arbeitslohn bei Übernahme einer Pensionszusage gegen Ablösungszahlung

Der Fall:

Der Kläger war Mehrheitsgesellschafter und alleiniger Geschäftsführer der A-GmbH, die ihm in der Vergangenheit eine Pensionszusage erteilt hatte. Im Vorgriff auf die geplante Veräußerung seiner Geschäftsanteile gründete der Kläger eine weitere GmbH (B-GmbH) mit ihm als alleinigen Gesellschafter und Geschäftsführer. Da der Erwerber der Geschäftsanteile die Pensionszusage des Klägers nicht übernehmen wollte, vereinbarte die B-GmbH mit der A-GmbH, alle Rechte und Pflichten aus der dem Kläger gewährten Pensionszusage gegen Zahlung einer Vergütung zu übernehmen. Der Kläger stimmte der Übertragung zu.

Sowohl das Finanzamt als auch das Finanzgericht waren der Ansicht, dem Kläger sei mit der Zahlung des Ablösungsbetrags von der A-GmbH an die B-GmbH Arbeitslohn zugeflossen.

Das Urteil:

Der BFH sah dies anders, da die bloße Erteilung einer Pensionszusage nach ständiger Rechtsprechung noch nicht zum Zufluss von Arbeitslohn führe und sich im Streitfall durch die im Rahmen der Schuldübernahme gezahlte Ablöse hieran aus Sicht des Arbeitnehmers nichts geändert habe. Durch die Zahlung der Ablöse habe die A-GmbH keinen Anspruch des Klägers erfüllt, sondern einen solchen der B-GmbH. Lediglich der Schuldner der Verpflichtung aus der Pensionszusage habe gewechselt. Mit der Zahlung des Ablösungsbetrags an den die Pensionsverpflichtung übernehmenden Dritten werde der Anspruch des Arbeitnehmers auf die künftigen Pensionszahlungen wirtschaftlich **nicht erfüllt, sodass es nicht zu einem Zufluss von Arbeitslohn** komme.

Konsequenzen:

Mit dieser Entscheidung grenzt sich der BFH von seinem Urteil vom 12.4.2007,

Az. VI R 6/02 (GmbH-Stpr 2007, S. 228), ab. Dort hatte er entschieden, die Ablösung einer vom Arbeitgeber erteilten Pensionszusage führe beim Arbeitnehmer zum Zufluss von Arbeitslohn, wenn der Ablösungsbetrag aufgrund eines dem **Arbeitnehmer eingeräumten Wahlrechts auf dessen Verlangen** zur Übernahme der Pensionsverpflichtung an einen Dritten gezahlt werde, da hierin eine vorzeitige Erfüllung des Anspruchs aus einer in der Vergangenheit erteilten Pensionszusage liege.

☞ Bei der Übertragung der Pensionsverpflichtung gegenüber einem Gesellschafter-Geschäftsführer auf eine von diesem Gesellschafter neu gegründete „Rentner-GmbH" kann bei ihm ein Zufluss von Arbeitslohn vermieden werden, wenn ihm **kein Wahlrecht** bezüglich der Übertragung eingeräumt worden ist. Der Umstand, dass er als alleiniger (Gesellschafter-) Geschäftsführer beide GmbHs vertritt und in dieser Position die Übernahme gegen Ablöse vereinbart wird, führt jedenfalls nicht zu einem Zufluss von Arbeitslohn bei ihm.

BFH, Urteil vom 18.8.2016, Az. VI R 18/13

62 Pensionszusage – Lohnsteuer (3)

Ausübung eines vereinbarten Widerrufsvorbehalt zur Pensionszusage im Folgejahr, führt nicht zum Zufluss von Arbeitslohn im Widerrufsjahr

---

Der Fall:

A (Kläger) war alleiniger Gesellschafter-Geschäftsführer der A-GmbH. Zu seinen Gunsten bestand seit 1980 eine Pensionszusage. Diese wurde im Dezember 2008 neu gefasst, indem ein Widerrufsvorbehalt mit folgendem Wortlaut vereinbart wurde: „Wir behalten uns vor, die zugesagten Leistungen zu kürzen oder einzustellen, wenn sich die wirtschaftliche Lage der GmbH so wesentlich verschlechtert, dass uns eine Aufrechterhaltung der zugesagten Leistungen nicht mehr zugemutet werden kann, oder ...".

Zur Abwendung der bilanziellen Überschuldung traf die A-GmbH in der Folgezeit eine Reihe von Maßnahmen. Da diese nicht ausreichten, um die drohende insolvenzrechtliche Überschuldung zu vermeiden, widerrief die GmbH im Dezember 2009 die Pensionszusage mit Wirkung zum 31.12.2009. Im Jahresabschluss 2009 löste die A-GmbH die Pensionsrückstellung erfolgswirksam auf.

In seiner ESt-Erklärung 2009 machte A keine Angaben zum Widerruf der Pensionszusage und wurde erklärungsgemäß veranlagt. Nach einer Lohnsteuerprüfung bei der A-GmbH in 2012 vertrat das Finanzamt die Auffassung, der Widerruf der Pensionszusage durch die GmbH stelle einen rechtlichen Gestaltungsmissbrauch (§ 42 AO) dar und sei wie bei einem Verzicht des Klägers als Zufluss von Arbeitslohn bei A zu behandeln. Der bei der GmbH ausgewiesene Ertrag sei durch die Berücksichtigung einer Einlage außerbilanziell wieder zu korrigieren.

Die Zeitspanne zwischen Aufnahme des Widerrufsvorbehalts und der Erklärung des Widerrufs betrage – so das Finanzamt – nahezu ein Jahr. Dies spreche zunächst gegen einen steuerschädlichen Gesamtplan. Jedoch sei zu berücksichtigen, dass der Kläger bereits unmittelbar nach Vereinbarung des Widerrufsvorbehalts den Widerruf hätte aussprechen müssen, da die wirtschaftliche Notlage der A-GmbH bereits zu diesem Zeitpunkt eingetreten war. Der Einspruch blieb erfolglos.

Das Urteil:

Das Finanzgericht Köln hielt die Klage für begründet. Das Finanzamt habe zu Unrecht den Widerruf der Pensionszusage in 2009 als Arbeitslohn des Klägers versteuert. Zu den Einkünften aus § 19 EStG kann auch der fiktive Zufluss von Arbeitslohn infolge des Verzichts auf eine Pensionszusage gehören. Ein solcher liegt im Streitjahr 2009 jedoch nicht vor. Die Vereinbarung des Widerrufsvorbehalts 2008 und der tatsächliche Ausspruch des Widerrufs führen zumindest im Streitjahr 2009 **nicht zu einem Zufluss von Arbeitslohn**.

Es kann daher dahinstehen, ob die gewählte Vorgehensweise als Gestaltungsmissbrauch nach § 42 AO zu betrachten ist.

Konsequenzen:

Hätte A sofort nach der Vereinbarung 2008 auf die Pensionszusage verzichtet, wäre der fiktive Zufluss von Arbeitslohn im Jahr 2008 zu versteuern gewesen. Im Ergebnis befindet sich das Finanzamt – selbst wenn ein Gestaltungsmissbrauch zu bejahen wäre – im falschen Veranlagungszeitraum.

Ein Lohnzufluss im Jahr 2009 kann auch nicht aufgrund eines etwaigen schädlichen Gesamtplans angenommen werden. Es gibt keinen allgemeinen Rechtsgrundsatz, dass eine aufgrund einheitlicher Planung in engem zeitlichem und sachlichem Zusammenhang stehende Mehrzahl von Rechtsgeschäften zu einem einheitlichen Vorgang zusammengefasst und unter einem Steuertatbestand subsumiert werden kann.

Selbst in dem Falle, dass der Widerruf als Gestaltungsmissbrauch anzusehen wäre, hätte dies allenfalls zur Folge, dass ein fiktiver Zufluss von Arbeitslohn im VAZ 2008 anzunehmen wäre, in dem der Widerrufsvorbehalt vereinbart wurde.

FG Köln, Urteil vom 11.10.2017, Az. 9 K 3518/14

63 Registeranmeldung – Falsche Angabe

Erstattung einer fehlenden Einlage wegen falscher Angabe bei Registeranmeldung

Der Fall:

Der Kläger ist Insolvenzverwalter einer GmbH. Er nimmt die Beklagte, die vormalige Geschäftsführerin der GmbH, auf Schadenersatz wegen falscher Angaben bei der Registeranmeldung von Kapitalerhöhungen in Anspruch. Durch Gesellschafterbeschluss vom 11.5.2009 wurde das Stammkapital der GmbH um 75.000 € erhöht. Am 16.6.2009 überwies die Gesellschafterin den Einlagebetrag von 75.000 € an die GmbH und am 17.6.2009 erfolgte eine Rücküberweisung in Höhe von 10.000 € an die Gesellschafterin.

Durch Gesellschafterbeschluss vom 8.2.2010 wurde das Stammkapital um weitere 400.000 € erhöht. Am 12.2.2010 überwies die Gesellschafterin 400.000 € an die GmbH. Kurz zuvor waren weitere Überweisungen erfolgt: 400.000 € am 22.1.2010 durch die Gesellschafterin an die GmbH und wiederum 400.000 € am 11.2.2010 durch die GmbH an die Gesellschafterin. Bereits davor hatte die Gesellschaft am 19.1.2010 450.000 € an die Gesellschafterin überwiesen.

Die Geschäftsführerin hat in den Registeranmeldungen der beiden Kapitalerhöhungen versichert, dass der jeweilige Einlagebetrag in voller Höhe eingezahlt worden sei und zur freien Verfügung der Geschäftsführung stehe.

Das Urteil:

Das LG hat die Zahlungsvorgänge als **Einlagenrückgewähr durch Hin- und Herzahlen** gewertet und die Beklagte daher zum Schadenersatz wegen falscher Angaben bei den Registeranmeldungen verurteilt. Dieser Auffassung ist auch das OLG gefolgt.

Konsequenzen:

Bei einem Hin- und Herzahlen zwischen Gesellschafter und GmbH ist die

Einlage des Gesellschafters regelmäßig nicht bewirkt, weil vermutet wird, dass die Leistung nicht zur endgültig freien Verfügung der Geschäftsführung bestand. Eine Einlagenrückgewähr durch Hin- und Herzahlen liegt dann vor, wenn die Einlage in einem engen zeitlichen Zusammenhang zurückgezahlt wurde und die dadurch bewirkte Umgehung vorher so vereinbart war, was bei einem engen zeitlichen Zusammenhang der Zahlungen vermutet wird. Für diesen engen zeitlichen Zusammenhang gelten **keine festen Fristen**, in der Regel wird er aber – wie bei der Parallelproblematik einer verdeckten Sacheinlage – bei einem Zeitraum von bis zu sechs Monaten bejaht.

Ein zeitlicher Zusammenhang der Zahlungen begründet bereits die Vermutung, dass eine (objektive) Umgehung der Sachkapitalaufbringungsregeln vorher so abgesprochen war. Eine **Umgehung der Kapitalaufbringung** durch Hin- und Herzahlen liegt auch dann vor, wenn Rückzahlungen an den leistenden Gesellschafter ratenweise erbracht werden oder wenn zuerst ein Betrag von der Gesellschaft an den Gesellschafter gezahlt und dieser dann zurücküberwiesen wird. Beide Gerichte haben die Beklagte deshalb zur Zahlung von 410.000 € verurteilt, weil die Rückzahlung von 10.000 € am nächsten Tag und von 400.000 € innerhalb eines Monats erfolgte.

☞ Die Vermutung eines unzulässigen Hin- und Herzahlen kann widerlegt werden, etwa durch die Vorlage von Kontoauszügen, nicht jedoch durch die Verbuchung bei der betroffenen Gesellschaft. Deshalb sollten Überweisungen nur mit eindeutigem Betreff erfolgen (z.B. „Einlage Kapitalerhöhung") oder den Grund der Rückzahlung konkret benennen. Die Vermutung eines unzulässigen Hin- und Herzahlens wird nicht dadurch widerlegt, dass die Beklagte bei Vornahme der Rückzahlung auf Anweisung der Gesellschafterin gehandelt hat. Denn trotz der Anweisung durfte die Beklagte die Erklärung („zur freien Verfügung") nicht gegenüber dem Gericht (Handelsregister) abgeben. Außerdem empfiehlt es sich, Rückzahlungen frühestens nach sechs Monaten, besser noch später zu tätigen.

OLG Brandenburg, Urteil vom 28.12.2017, Az. 6 U 87/15

64 Rückgewähr von Gesellschafter-Darlehen

Rückgewähr als strafbare Handlung

Der Fall:

X war faktischer Geschäftsführer der jeweils von ihm kontrollierten H-Musik-

GmbH und der H-Gastro-GmbH. Aufgrund eines fingierten und rückdatierten Sicherungsübereignungsvertrags hatte die H-Musik-GmbH ihr gehörendes Inventar einer Diskothek auf die H-Gastro-GmbH übertragen. Dieses Inventar ist bei einem Brand vollständig zerstört worden. Die H-Gastro-GmbH hat aus einer auch für fremde Rechnung abgeschlossenen Inventarversicherung eine Zahlung erhalten.

Die H-Gastro-GmbH hatte von der H-Musik-GmbH Darlehen zur Anschaffung von Inventar erhalten, für die keine dingliche Sicherung bestand.

X ist vom Landgericht vom Vorwurf des Bankrotts freigesprochen worden.

Das Urteil:

Der BGH hat der Revision wegen einer Verfahrensbeanstandung stattgegeben und für die neue Verhandlung rechtliche Hinweise erteilt.

Nach Auffassung des BGH kann in dem Verhalten des X ein Beiseiteschaffen von Vermögensgegenständen im Sinne von § 283 Abs. 1 Nr. 1 StGB liegen. Dieser wäre dann wegen Bankrotts zu verurteilen.

Zunächst einmal sind genaue Ermittlungen zum Tilgungsstand, zur Laufzeit und zur Fälligkeit der Darlehen im Zeitpunkt des Versicherungsfalls vorzunehmen. Da die Sachversicherung auch auf fremde Rechnung abgeschlossen worden war, könnte ein gesetzliches Treuhandverhältnis zwischen den Gesellschaften bestanden haben, woraus die H-Gastro-GmbH verpflichtet war, die Versicherungsleistung einzufordern und an die H-Musik-GmbH als Versicherte herauszugeben. Hierfür würde ein grundsätzliches Aufrechnungsverbot wegen eigener Ansprüche bestehen.

Selbst wenn der H-Gastro-GmbH wegen der gewährten Darlehen Ansprüche zugestanden haben sollten, die dann durch die Vereinnahmung der Versicherungsleistung befriedigt wurden, hätte geprüft werden müssen, ob nicht in der darin liegenden Darlehensrückgewähr gleichwohl ein Beiseiteschaffen von Vermögensgegenständen zu sehen war.

Gemäß der zur Tatzeit geltenden Regelungen des § 32a Abs. 1 GmbHG a.F. mussten die der H-Gastro-GmbH gewährten Darlehen als eigenkapitalersetzende Darlehen bewertet werden, sodass sie gemäß § 30 Abs. 1 GmbHG a.F. nicht hätten zurückgezahlt werden dürfen. Indem X als faktischer Geschäftsführer beider Gesellschaften gleichwohl die Rückzahlung vornahm, hätte er in diesem Fall den Tatbestand des Beiseiteschaffens im Sinne vom § 283 Abs. 1 Nr. 1 StGB erfüllt. Dies gilt im Übrigen auch dann, wenn der Geschäftsführer mit dem Beiseiteschaffen nicht im Interesse der GmbH handelt (so bereits BGH, Urteil vom 15.5.2012, Az. 3 StR 118/11, GmbH-Stpr 2012, S. 301).

Konsequenzen:

Das noch zum alten GmbH-Recht ergangene Urteil trifft auch für das geltende Recht bedeutsame Aussagen. Die unzulässige Rückgewähr von Darlehen durch eine GmbH an eine von den Gesellschaftern beherrschte Schwestergesellschaft kann nicht nur den Tatbestand der Gläubigerbegünstigung gemäß § 283c Abs. 1 StGB erfüllen, sondern auch den Tatbestand des Bankrotts nach § 283 Abs. 1 Nr. 1 StGB. Wenn nämlich der Schuldner nicht nur irgendeinen Gläubiger begünstigen will, sondern aufgrund gegebener Personenidentität von Gesellschaftern und Geschäftsführern sich selbst oder einem von ihm kontrollierten Unternehmen auf Kosten der Masse einen Vorteil verschaffen will, wird nicht nur die Verteilungsgerechtigkeit bezüglich der vorhandenen Insolvenzmasse beeinträchtigt, sondern die Masse selbst. Die Rückzahlung eines Gesellschafterdarlehens durch den Täter an sich selbst oder eine von ihm kontrollierte andere Gesellschaft kann daher den Tatbestand des Bankrotts erfüllen.

BGH, Urteil vom 9.3.2017, Az. 3 StR 424/16

65 Sittenwidrige Schädigung

Haftung gegenüber den Gläubigern der GmbH nach Griff in die Kasse?

Der Fall:

X war Geschäftsführer der A-GmbH, über deren Vermögen das Insolvenzverfahren eröffnet worden ist.

Die B-GmbH hat die A-GmbH, welche eine Mühle betrieben hat, mit Weizen beliefert und umgekehrt landwirtschaftliche Produkte von ihr bezogen. Aufgrund einer zwischen den Gesellschaften bestehenden Kontokorrentabrede hat die B-GmbH eine Forderung gegen die A-GmbH in Höhe von rund 75.000 € gehabt, deren Zahlung sie wegen Eröffnung des Insolvenzverfahrens nicht erlangt hat. Die A-GmbH ist in die Insolvenz geraten, weil der Geschäftsführer X mehrere 100.000 € aus dem Vermögen der A-GmbH für eigene Zwecke entnommen hatte.

Die B-GmbH hat X auf Schadenersatz in Höhe ihres Forderungsausfalls verklagt.

Das Landgericht hat die Klage abgewiesen, das Oberlandesgericht (OLG) ihr weitgehend stattgegeben.

Das Urteil:

Der BGH hat die Klageabweisung bestätigt und das Urteil des OLG aufgehoben.

Nach Auffassung des BGH hat die B-GmbH keinen Schadenersatzanspruch gegen den X aus § 826 Bürgerliches Gesetzbuch (BGB). Der BGH hat in dem Verhalten des X keine sittenwidrige Schädigung der Gesellschaftsgläubigerin gesehen. **Sittenwidrig ist** nämlich nur ein solches Verhalten, welches nach seinem Gesamtcharakter unter Würdigung von Inhalt, Beweggrund und Zweck gegen das Anstandsgefühl aller billig und gerecht Denkenden verstößt. Eine **bloße Pflichtverletzung**, auch wenn sie den Vermögensschaden eines anderen hervorruft, reicht hierfür nicht aus. Vielmehr muss eine **besondere Verwerflichkeit** des Verhaltens hinzutreten (vgl. BGH, Urteil vom 28.6.2016, Az. VI ZR 536/15; ZIP 2016, S. 2023 ff.). Insbesondere muss sich das Verhalten gegenüber dem Geschädigten als sittenwidrig erweisen.

Im vorliegenden Fall konnte der BGH eine solche Zielrichtung gegen die geschädigte GmbH nicht erkennen. Etwas anderes hätte aus der Verletzung einer Treuepflicht gegenüber der B-GmbH gelten können. Aus der bloßen Bestellung des X als Geschäftsführer der A-GmbH und den sich daraus ergebenden Pflichten zur ordnungsgemäßen Geschäftsführung ergibt sich aber **keine Treuepflicht gegenüber den Gesellschaftsgläubigern**. Vielmehr ist der Geschäftsführer nur gegenüber der eigenen Gesellschaft verpflichtet, für ein rechtmäßiges Verhalten der GmbH und die Einhaltung der gesetzlichen Verpflichtungen zu sorgen (vgl. BGH, Urteil vom 10.7.2012, Az. VI ZR 341/10; BGHZ 194, S. 26 ff.). Der BGH hat die Ableitung einer solchen Treuepflicht gegenüber der B-GmbH aus dem zwischen den Gesellschaften stehenden Kontokorrentvertrag ebenfalls abgelehnt. Der Geschäftsführer werde nicht aus den für die GmbH geschlossenen Verträgen persönlich verpflichtet. Etwas anderes könne nur dann gelten, wenn er selbst **zusätzlich eine persönliche Verpflichtung** übernommen habe, z.B. durch Handeln im eigenen Namen oder durch die Abgabe von Garantieerklärungen etc.

Der BGH hat auch eine Haftung aus anderen Rechtsgründen, z.B. aus § 823 Abs. 1 und Abs. 2 BGB, abgelehnt.

Konsequenzen:

Als Geschäftsführer einer GmbH obliegt Ihnen gegenüber der GmbH die Verpflichtung zur ordnungsgemäßen Geschäftsführung (§ 43 Abs. 1 GmbHG). Sie haben insoweit insbesondere dafür zu sorgen, dass sich die Gesellschaft rechtmäßig verhält und ihren gesetzlichen Verpflichtungen nachkommt.

Aus Geschäften der GmbH mit Geschäftspartnern werden Sie nur dann persönlich verpflichtet, wenn Sie in Ihrer eigenen Person zusätzliche darauf gerichtete Erklärungen abgeben. Im Übrigen trifft Sie gegenüber Gesellschaftsgläubigern keine eigene Treuepflicht.

Wenn aufgrund eines von Ihnen zu vertretenden Fehlverhaltens Gläubiger der GmbH geschädigt werden, haben diese daher regelmäßig gegen Sie als Geschäftsführer **keine persönlichen Schadenersatzansprüche**. Etwas anderes würde nur dann gelten, wenn Sie den Dritten gezielt in sittenwidriger Weise geschädigt, rechtswidrig und schuldhaft sein Eigentum verletzt oder durch die Verletzung strafrechtlicher Regelungen das Vermögen eines Gesellschaftsgläubigers gemindert hätten, insbesondere durch Verletzung einer ihm gegenüber bestehenden Vermögensbetreuungspflicht.

Dies bedeutet, dass **in der Regel nur die GmbH** Sie aufgrund von Pflichtverletzungen, die zu einem Vermögensschaden führen, in Regress nehmen kann, nicht aber ein Gesellschaftsgläubiger.

BGH, Urteil vom 7.5.2019, Az. VI ZR 512/17

66 Sozialversicherungsbeiträge – Insolvenzreife

Haftung für nicht abgeführte Beiträge an Pensionskasse

Der Fall:

Die Kläger (sechs Personen) waren bei der A-Nahrungsmittel GmbH & Co. KG als Arbeitnehmer beschäftigt. Auf die Arbeitsverhältnisse der klagenden Parteien fand jeweils kraft arbeitsvertraglicher Bezugnahme der Manteltarifvertrag der Obst- und Co.- Industrie Anwendung. Ebenfalls zur Anwendung kam der Altersvorsorge-Tarifvertrag (AVT), der u.a. eine Altersversorgung bei einer von den Tarifvertragsparteien auszuwählenden Pensionskasse vorsah.

Ausweislich einer Protokollnotiz zum AVT wählten die Tarifvertragsparteien als Pensionskasse die Hamburger Pensionskasse (HPK). Nach den allgemeinen Versicherungsbedingungen musste der Arbeitgeber für die bei ihm beschäftigten Arbeitnehmer die laufenden Beiträge oder Einmalbeiträge zahlen. Fast alle klagenden Parteien hatten neben der Altersversorgung auch von der im AVT eingeräumten Möglichkeit zur Entgeltumwandlung (einschließlich Zuschuss durch den Arbeitgeber) Gebrauch gemacht. Wegen wirtschaftlicher Schwierigkeiten vereinbarte der Arbeitgeber im Februar 2014 auf Veranlassung der Beklagten für 2012, 2013 und 2014 mit der HPK einen Zahlungsplan für noch offene Forderungen.

Vor Stellung eines Insolvenzantrags am 24.2.2014 wurde der Geschäftsführervertrag der Beklagten mit Wirkung zum 28.2.2014 beendet. Eine Löschung ihrer Geschäftsführereigenschaft im Handelsregister erfolgte erst am 10.3.2014. Das Amtsgericht Düsseldorf eröffnete am 1.5.2014 das Insolvenzverfahren und ordnete Eigenverwaltung an. Die Arbeitgeberin hatte bis Mitte 2014 ihre wesentlichen Verbindlichkeiten beglichen und bis zur Insolvenzantragstellung pünktlich alle Nettolöhne, Lohnsteuern und Sozialversicherungsbeiträge - mit Ausnahme der Beiträge zur betrieblichen Altersversorgung - gezahlt.

Die Parteien streiten über die persönliche Verpflichtung der Beklagten zum Schadenersatz als ehemalige Geschäftsführerin der persönlich haftenden Gesellschafterin der Arbeitgeberin.

Das Urteil:

Während das Arbeitsgericht die Klage abgewiesen hat, gab das LAG ihr statt, soweit die klagenden Parteien die Zahlung des Altersvorsorgebeitrags, der Entgeltumwandlung und des Arbeitgeberzuschusses für das Beitragsjahr 2013 an die Hamburger Pensionskasse Zug um Zug gegen Abtretung der in gleicher Höhe gegen die Arbeitgeberin bestehenden Ansprüche verlangen.

Konsequenzen:

Führt der Arbeitgeber Beiträge an eine Pensionskasse nicht ab und unterrichtet der Geschäftsführer die Arbeitnehmer nicht spätestens bei Fälligkeit oder unverzüglich danach, kommt eine persönliche (deliktische) Haftung des Geschäftsführers aus § 823 Abs. 2 StGB in Verbindung mit § 266a Abs. 3 StGB in Betracht.

Dies gilt, wenn die Beiträge aus Entgeltbestandteilen der Arbeitnehmer bezahlt werden, sei es im Wege einer Entgeltumwandlung oder weil es sich um einen Zuschuss des Arbeitgebers zur Entgeltumwandlung handelt, der ebenfalls Entgeltbestandteil ist. Gleiches gilt für einen tariflichen Altersvorsorgebeitrag, wenn die Auslegung des Tarifvertrags ergibt, dass es sich dabei um einen Entgeltbestandteil handelt. Ob dieser an den Arbeitnehmer unmittelbar hätte ausgezahlt werden dürfen, ist unerheblich.

Für die Strafbarkeit des § 266a Abs. 3 StGB ist es nicht erforderlich, dass der Arbeitnehmer Versicherungsnehmer der Pensionskasse ist. Es reicht aus, wenn der Arbeitgeber als Versicherungsnehmer Beiträge zugunsten des Arbeitnehmers als versicherter Person aus dessen Entgelt an die Pensionskasse abzuführen hatte.

LAG Düsseldorf vom 2.9.2015, Az. 12 Sa 175/15

67 Sozialversicherungspflicht (1)

Voraussetzungen für die Sozialversicherungspflicht des Geschäftsführers

Der Fall:

A ist Geschäftsführer und Gesellschafter der X-GmbH, und zwar mit einer Beteiligung in Höhe von 45,6% des Stammkapitals. Nach dem Gesellschaftsvertrag werden Beschlüsse mit einfacher Mehrheit gefasst und bestimmte, ausdrücklich bezeichnete Beschlussgegenstände mit einer Mehrheit von 80% der abgegebenen Stimmen. In einer Stimmbindungsabrede hat sich der Bruder B gegenüber A verpflichtet, nur im „Sinne und nicht gegen den Willen" seines Bruders abzustimmen. Es ist ein „normaler" Geschäftsführeranstellungsvertrag abgeschlossen worden. B hat mit A zudem einen Vertrag über „Option und Angebot zum Erwerb von Geschäftsanteilen" abgeschlossen.

A wollte feststellen lassen, dass er nicht sozialversicherungspflichtig ist.

Das Sozialgericht hat der Klage stattgegeben, das Landessozialgericht hat sie abgewiesen.

Das Urteil:

Auch das BSG geht von einer sozialversicherungspflichtigen Tätigkeit des A als eines nicht selbstständig Tätigen aus und hat daher die Revision zurückgewiesen.

Sozialversicherungspflichtig sind gegen Arbeitsentgelt beschäftigte Personen. Erforderlich ist insoweit gemäß § 7 Abs. 1 SGB IV die nicht selbstständige Arbeit, insbesondere in einem Arbeitsverhältnis. Anhaltspunkte für eine solche Beschäftigung im gesetzlichen Sinn sind eine Tätigkeit nach Weisungen und eine Eingliederung in die Arbeitsorganisation des Weisungsgebers. Das BSG hat insoweit auf seine ständige Rechtsprechung verwiesen, wonach eine abhängige Beschäftigung voraussetzt, dass der Arbeitnehmer **vom Arbeitgeber persönlich abhängig** ist. Bei einer Beschäftigung in einem fremden Betrieb ist dies der Fall, wenn der Beschäftigte in den Betrieb eingegliedert ist und dabei bezüglich Zeit, Dauer, Ort und Art der Ausführung umfassend den Weisungen des Arbeitgebers unterliegt.

Ob jemand eine solche Beschäftigung ausübt oder selbstständig tätig ist, muss nach den konkreten Umständen des Einzelfalls untersucht werden und hängt davon ab, wie sich das Gesamtbild der Arbeitsleistung darstellt (BSG, Urteil vom 16.8.2017, Az. B 12 KR 14/16 R, SozR 4-2400 § 7 Nr. 31 Rn. 17).

Ein Fremdgeschäftsführer einer GmbH ist ausnahmslos abhängig beschäftigt.

Ein Gesellschafter-Geschäftsführer kann **nur dann als selbstständig tätig** eingestuft werden, wenn er entweder eine Mehrheitsbeteiligung innehat oder aber eine Mindestkapitalbeteiligung von genau 50% des Stammkapitals. Ist dies nicht der Fall, kann er nur dann als selbstständig Tätiger eingestuft werden, wenn er eine **„echte" Sperrminorität** inne hat, aufgrund derer er eine durchgängige Einflussmöglichkeit auf alle Gesellschafterbeschlüsse hat und damit ihm nicht genehme Weisungen der Gesellschafterversammlung verhindern kann. Eine bloße „unechte", nämlich auf bestimmte Beschlussgegenstände begrenzte Sperrminorität, ist dagegen nicht geeignet, dem Gesellschafter-Geschäftsführer die erforderliche Rechtsmacht zu vermitteln.

Das BSG hat deutlich herausgestellt, dass es bei der Beurteilung des Status des Gesellschafter-Geschäftsführers ausschließlich auf die gesellschaftsrechtlichen Regelungen ankommt. Außerhalb des Gesellschaftsvertrags bestehende wirtschaftliche Verflechtungen und Vereinbarungen sind – so das BSG – für die Beurteilung unmaßgeblich. Insoweit konnte weder auf den Stimmbindungsvertrag mit dem Bruder noch auf den mit ihm abgeschlossenen Vertrag über eine Kaufoption seiner Anteile abgestellt werden.

Im Ergebnis hat das BSG daher den A als abhängig Beschäftigten eingestuft.

Konsequenzen:

Wenn Sie **Fremdgeschäftsführer** einer GmbH sind, sind Sie abhängig beschäftigt und **sozialversicherungspflichtig**.

Wenn Sie Gesellschafter-Geschäftsführer einer GmbH sind, kommt es auf das Ausmaß Ihrer Einflussnahme auf Gesellschafterentscheidungen an. Als selbstständig Tätiger werden Sie dann eingestuft, wenn Sie mindestens in Höhe von 50% des Stammkapitals an der Gesellschaft beteiligt sind. Halten Sie einen darunterliegenden Kapitalanteil, können Sie nur dann als selbstständig Tätiger angesehen werden, wenn Ihnen aufgrund des Gesellschaftsvertrags eine **auf alle Beschlussgegenstände erstreckte Sperrminorität** zusteht, mit der Sie Ihnen nicht genehme Entscheidungen der Gesellschafterversammlung verhindern können.

Maßgeblich sind nur alle im Gesellschaftsverhältnis selbst liegenden Vereinbarungen. Außerhalb dessen getroffene Vereinbarungen mit Mitgesellschaftern, z.B. bezogen auf einen Stimmbindungsvertrag oder auf eine Kaufoption bezüglich weiterer Geschäftsanteile, sind bei der sozialversicherungsrechtlichen Beurteilung unmaßgeblich und können daher nicht zu einer Änderung des versicherungsrechtlichen Status dienen.

BSG, Urteil vom 14.3.2018, Az. B 12 KR 13/17 R

68 Sozialversicherungspflicht (2)

Versicherungspflicht eines Minderheitsgesellschafter-Geschäftsführers mit Tantieme-Anspruch und ohne Sperrminorität

Der Fall und das Urteil:

Der Kläger ist ein zu 40% an einer GmbH beteiligter Geschäftsführer einer GmbH ohne Sperrminorität. Nach seinem Geschäftsführeranstellungsvertrag steht ihm ein monatliches Festgehalt zu. Außerdem erhält er eine Gewinnbeteiligung in Höhe von 20% des steuerpflichtigen Jahresgewinns vor Körperschaft- und Gewerbesteuer. Ihm sind jegliche Nebentätigkeiten ohne vorherige und jederzeit widerrufliche Zustimmung der Gesellschaft verboten. Neben einem 30-tägigen bezahlten Jahresurlaub sieht sein Anstellungsvertrag eine Lohnfortzahlung im Krankheitsfall für sechs Wochen vor.

Der Kläger verbürgte sich selbstschuldnerisch für Verbindlichkeiten der GmbH in Höhe von bis zu 100.000 € gegenüber einer Bank und in unbegrenzter Höhe gegenüber einer weiteren Gesellschaft. Der Kläger und die GmbH vereinbarten einen Rangrücktritt seiner Versorgungsansprüche hinter die Ansprüche anderer Gläubiger.

Der Kläger begehrt festzustellen, dass er seine Tätigkeit als Gesellschafter-Geschäftsführer ab dem 1.1.2000 nicht im Rahmen einer abhängigen Beschäftigung ausübt und nicht der Sozialversicherungspflicht unterliegt.

Konsequenzen:

Nach der ständigen BSG-Rechtsprechung setzt eine Beschäftigung voraus, dass ein Arbeitnehmer von seinem Arbeitgeber persönlich abhängig ist. Bei einer Beschäftigung in einem fremden Betrieb ist dies der Fall, wenn der Beschäftigte in den Betrieb eingegliedert ist und dabei einem Zeit, Dauer, Ort und Art der Ausführung umfassenden Weisungsrecht des Arbeitgebers unterliegt.

Demgegenüber ist eine selbstständige Tätigkeit vornehmlich durch das eigene Unternehmensrisiko, das Vorhandensein einer eigenen Betriebsstätte, die Verfügungsmöglichkeit über die eigene Arbeitskraft und die im Wesentlichen frei gestaltete Tätigkeit und Arbeitszeit gekennzeichnet. Ob jemand abhängig beschäftigt oder selbstständig tätig ist, hängt davon ab, welche Merkmale überwiegen. Das Gesamtbild bestimmt sich nach den tatsächlichen Verhältnissen. Tatsächliche Verhältnisse in diesem Sinne sind die rechtlich relevanten Umstände, die im Einzelfall eine wertende Zuordnung zum Typus der abhängigen Beschäftigung erlauben. Ob eine Beschäftigung vorliegt, ergibt sich aus dem Vertragsverhältnis der Beteiligten, so wie es im Rahmen des rechtlich Zulässigen tatsächlich vollzogen worden ist.

Der Anspruch eines mitarbeitenden Gesellschafters, der über keine Sperrminorität verfügt, auf eine **Tantieme** von 20% des Jahresüberschusses der Gesellschaft begründet (dann) noch **kein unternehmerisches Risiko**, wenn der Gesellschafter daneben einen Anspruch auf ein festes Monatsgehalt hat. Nach Auffassung des LSG folgt auch aus einer vom Kläger behaupteten **Stimmbindungsvereinbarung** nichts anderes. Der Verstoß gegen eine Stimmbindungsvereinbarung lässt nämlich die Wirksamkeit eines Gesellschafterbeschlusses grundsätzlich unberührt und berechtigt regelmäßig nicht zur Anfechtung des Gesellschafterbeschlusses. Ein Stimmbindungsvertrag gewährt dem Kläger nicht die Rechtsmacht, sich – einer gesellschaftsvertraglich vereinbarten umfassenden Sperrminorität gleichwertig – jederzeit gegen unliebsame Einzelweisungen zur Wehr zu setzen, weil es sich hierbei um eine rein schuldrechtliche Vereinbarung handelt.

Nach Auffassung des LSG unterliegt der Kläger zwar durch die **Übernahme der Bürgschaften** „einem gewissen finanziellen Risiko", jedoch würden sich daraus keine weiteren Rechte, insbesondere kein maßgeblicher Einfluss auf die Geschicke der Gesellschaft ergeben.

Ist zum Beispiel zweifelhaft, ob ein GmbH-Geschäftsführer oder ein in einer GmbH angestellter Gesellschafter ein sozialversicherungspflichtiger Arbeitnehmer der Gesellschaft oder ein Selbstständiger ist, kann nach § 7a SGB IV ein sogenanntes **Statusfeststellungsverfahren** beantragt werden. Regelmäßig empfiehlt es sich, dieses durchzuführen, weil die Feststellung einer Versicherungspflicht bzw. -freiheit weitreichende finanzielle Folgen für die Gesellschaft und die betreffende Person hat (vgl. Marburger, GmbH-Stpr 2017, S. 233). Eine Betriebsprüfung nach § 28p SGB IV steht einem Statusverfahren nur dann entgegen, wenn das konkrete Beschäftigungsverhältnis Gegenstand der Betriebsprüfung ist (bzw. war).

LSG Baden-Württemberg, Urteil vom 28.3.2017, Az. L 11 R 1310/16

69 Sozialversicherungspflicht (3)

Minderheitsbeteiligung als Indiz für abhängige Beschäftigung

Der Fall und das Urteil:

Die Klägerin (GmbH) mit einem Stammkapital in Höhe von 25.000 € verfügt über vier Gesellschafter. Auf A entfallen 26%, auf B 15%, auf C 49% und auf

D 10%. Streitig ist, ob A als Gesellschafter-Geschäftsführer der Versicherungspflicht in der Renten- und Arbeitslosenversicherung unterliegt. Unstreitig besteht keine Versicherungspflicht in der (gesetzlichen) Krankenversicherung.

A ist gelernter Softwareentwickler und seit dem 1.1.2013 als Geschäftsführer der Klägerin tätig. Er leitet den Standort der Klägerin alleine und bestimmt, auch nach dem Willen der übrigen Gesellschafter, die dortige Arbeitsorganisation maßgeblich selbst und eigenständig. Ausweislich des Dienstvertrags erhält er ein festes Jahresgehalt, zahlbar in monatlichen Teilbeträgen, und eine Gehaltsfortzahlung im Krankheitsfall. Er hat Anspruch auf bezahlten Urlaub in Höhe von 30 Arbeitstagen, erhält Spesen und verfügt über ein dienstliches Mobiltelefon sowie einen Pkw mit ausdrücklich erlaubter privater Nutzung. Darüber hinaus ist er vom Selbstkontrahierungsverbot des § 181 BGB befreit, hat Alleinvertretungsbefugnis und bezieht eine Tantieme in Höhe von 25%, maximal ein Drittel des Jahresfestgehalts. Das SG bejaht eine abhängige Beschäftigung des A.

Konsequenzen:

Ob jemand abhängig beschäftigt oder selbstständig tätig ist, richtet sich nach dem Gesamtbild der Arbeitsleistung und hängt davon ab, welche Merkmale überwiegen. Prüfungsmaßstab sind zunächst die im Dienstvertrag getroffenen Regelungen. Diese sprechen für eine abhängige Beschäftigung des A.

Ist ein GmbH-Geschäftsführer zugleich als Gesellschafter am Kapital der GmbH beteiligt, sind der **Umfang der Kapitalbeteiligung** und das Ausmaß des sich daraus für ihn ergebenden Einflusses auf die Gesellschaft **ein wesentliches Merkmal** bei der Abgrenzung von abhängiger Beschäftigung und selbstständiger Tätigkeit. Hinzu kommen die **Stimmrechte** in der Gesellschafterversammlung. Entscheidend für die sozialversicherungsrechtliche Statusbeurteilung ist dabei, ob die rechtliche Möglichkeit besteht, als beherrschender oder zumindest mit einer Sperrminorität ausgestatteter Gesellschafter-Geschäftsführer nicht genehme Weisungen jederzeit abzuwenden.

Das SG weist zu Recht darauf hin, dass A mit seinem Anteil am Stammkapital (26%) nicht über die Stimmenmehrheit in der Gesellschafterversammlung verfügt. Da der Gesellschaftsvertrag keine Regelungen zur Abstimmung in der Gesellschafterversammlung enthält, reicht für eine Beschlussfassung in den Angelegenheiten der Gesellschaft die Mehrheit der abgegebenen Stimmen (§ 47 Abs. 1 GmbHG) aus. Eine Sperrminorität für A ist weder vorgesehen, noch gilt Einstimmigkeit für Gesellschafterbeschlüsse. Der Hinweis der Klägerin, dass es sich bei den Beteiligungen des C und D lediglich um eine Kapitalbeteiligung handelt, ist unbeachtlich, weil es für die Abgrenzungsfrage allein auf die zur Verfügung stehende Rechtsmacht ankommt.

Das Vorliegen einer **abhängigen Beschäftigung des A** folgt auch aus der Tatsache, dass er weder ein unternehmerisches Risiko übernommen noch eine tatsächliche wirtschaftliche Einflussmöglichkeit hatte. Als Gegenleistung für seine Tätigkeit stand ihm unabhängig vom wirtschaftlichen Ergebnis der Gesellschaft ein Anspruch auf Zahlung eines regelmäßigen Entgelts in Form eines monatlichen Gehalts zu, wie dies für Beschäftigte typisch ist. Er hatte lediglich – wie jeder andere Beschäftigte auch – allein das Risiko des Entgeltausfalls bei Insolvenz der Gesellschaft zu tragen. A konnte sein Gehalt unabhängig vom wirtschaftlichen Ergebnis der Klägerin beanspruchen. Deshalb hat er seine eigene Arbeitskraft auch nicht der Gefahr ausgesetzt, diese nicht vergütet zu bekommen.

Der Hinweis der Klägerin, A habe tatsächlich weisungsfrei gearbeitet, führt zu keinem anderen Ergebnis. Konkrete Handlungsanweisungen werden gerade bei Diensten höherer Art regelmäßig nicht, allenfalls in einem sehr eingeschränkten Umfang erteilt. Für die Fremdbestimmtheit von höheren Diensten reicht es aus, dass sie im Rahmen einer von einer anderen Seite vorgegebenen Organisation geleistet werden. A ist deshalb in einen fremden Betrieb eingegliedert und unterliegt damit der Versicherungspflicht in der Renten- und Arbeitslosenversicherung.

SG Stuttgart, Urteil vom 18.8.2016, Az. S 17 R 747/14

70 Sozialversicherungspflicht (4)

Zur abhängigen Beschäftigung eines Gesellschafter-Geschäftsführers, der weder Mehrheitsgesellschafter ist, noch über Sperrminorität verfügt

Der Fall und das Urteil:

Der Kläger ist Steuerberater und seit 1.1.2007 gemeinsam mit K alleinvertretungsberechtigter Geschäftsführer einer Steuerberatungs-GmbH, an der er und K je einen Anteil von 25% halten. Drei weitere Gesellschafter halten zusammen einen Anteil von 50%. Alle Gesellschafter übernahmen im Dezember 2006 gegenüber der D-Bank eine selbstschuldnerische Bürgschaft. Nach dem Gesellschaftsvertrag waren die Geschäftsführer zur Beachtung der Weisungen der Gesellschafterversammlung verpflichtet. Gesellschafterbeschlüsse wurden grundsätzlich mit einfacher Mehrheit gefasst. Dabei wurde nach Geschäftsanteilen abgestimmt. Vertraglich vereinbart waren ein jährliches festes Gehalt mit einer erfolgsabhängigen Tantiemezusage, Urlaubs- und Kündigungsregelungen sowie die Fortzahlung des Arbeitsentgelts im

Krankheitsfall. Die Beteiligten streiten über die Sozialversicherungspflicht des Klägers in der Sozialversicherung. Nach Auffassung beider Instanzen ist der Kläger als abhängig Beschäftigter sozialversicherungspflichtig.

Konsequenzen:

Gesellschafter-Geschäftsführer, die mehr als 50% der Stimmanteile oder eine Sperrminorität halten, können sozialversicherungsrechtlich keine Beschäftigte einer GmbH sein. Sie sind vielmehr selbstständig tätig, da sie aufgrund des Stimmenverhältnisses keinen Weisungen der Gesellschafter unterliegen können. Demgegenüber werden Minderheitsgesellschafter in der Regel als abhängig Beschäftigte eingestuft. Nur bei besonderen Umständen kommt trotz fehlender Mehrheitsverhältnisse eine selbstständige Tätigkeit in Betracht. Hierfür reicht allein weder eine Bürgschaft noch eine erfolgsabhängige Tantieme noch eine Ausnahme vom Verbot der Selbstkontrahierung aus.

Die **Zugehörigkeit zu den Freien Berufen** ist **kein Kriterium** für eine **selbstständige Tätigkeit.** Deshalb ist für die Beurteilung einer abhängigen Beschäftigung eines GmbH-Geschäftsführers einer Steuerberatungsgesellschaft nicht auf die mandatsbezogene Tätigkeit als Steuerberater abzustellen, sondern allein auf seine Geschäftsführertätigkeit.

LSG Hamburg, Urteil vom 29.5.2013, Az. L 1 KR 89/10

71 Sozialversicherungspflicht (5)

Versicherungspflicht eines (Minderheits-)Gesellschafter-Geschäftsführers

Der Fall:

Die Beteiligten streiten über die Sozialversicherungspflicht des A als Gesellschafter-Geschäftsführer einer GmbH (Klägerin) mit einer Minderheitsbeteiligung i.H.v. 25%. A war von 1974 bis 1990 Gewerkschaftssekretär und anschließend bis 31.3.2004 Geschäftsführer der IG Metall. Im August 2009 erreichte er das Regelalter der gesetzlichen Rentenversicherung. Der weitere Gesellschafter-Geschäftsführer B der GmbH, die Dienstleistungen und Unterstützungen für Mitbestimmungsgremien anbot, hielt 50% der Anteile. Inhaberin der restlichen Anteile (25%) war die GmbH (eigene Anteile).

Die GmbH schloss am 1.8.2009 mit A einen „normalen" Geschäftsführer-Anstellungsvertrag. Zuvor war bereits in 2007 ein Stimmbindungsvertrag mit dem Ziel notariell abgeschlossen worden, eine „Gleichgewichtung der

Interessen aller Gesellschafter zu erreichen". Aus diesem Grund sollen die Stimmen der GmbH ausschließlich durch A ausgeübt werden.

Das Urteil:

Nach Auffassung des SG besteht für den Gesellschafter-Geschäftsführer A wegen der Stimmbindungsvereinbarung **keine Versicherungspflicht** in der Kranken- und Pflegeversicherung, solange sich die Gesellschafterzusammensetzung nicht ändert. **Es liegt keine abhängige Beschäftigung vor.**

Es bleibt abzuwarten, wie das LSG Nordrhein-Westfalen (Az. L 8 R 535/14) entscheiden wird.

Konsequenzen:

Nach der ständigen BSG-Rechtsprechung setzt eine abhängige Beschäftigung voraus, dass eine **persönliche Abhängigkeit** des Arbeitnehmers vom Arbeitgeber besteht. Persönliche Abhängigkeit erfordert eine Eingliederung in den Betrieb und die Unterordnung unter einem Zeit, Ort und Art der Arbeitsausführung umfassenden Weisungsrecht des Arbeitgebers. Insbesondere bei Diensten höherer Art kann dieses Weisungsrecht des Arbeitgebers erheblich eingeschränkt und zur **dienenden Teilhabe am Arbeitsprozess** verfeinert sein. Auch bei Diensten höherer Art muss aber eine fremdbestimmte Dienstleistung verbleiben, d.h. die Dienstleistung muss zumindest in einer von anderer Seite vorgegebenen Ordnung des Betriebs aufgehen.

Demgegenüber ist die **selbstständige Tätigkeit** in erster Linie durch das eigene Unternehmerrisiko, durch das Vorhandensein einer eigenen Betriebsstätte, die Verfügungsmöglichkeit über die eigene Arbeitskraft und die im Wesentlichen frei gestaltete Tätigkeit und Arbeitszeit gekennzeichnet. Ob jemand abhängig beschäftigt oder selbstständig tätig ist, hängt davon ab, welche Merkmale überwiegen.

Nach Auffassung des SG treffen **beide Gesellschafter** tatsächlich **gleichberechtigt** die Entscheidungen der Klägerin. Aufgrund des Stimmbindungsvertrags konnte A auch ihm nicht genehme Weisungen der Gesellschafterversammlung verhindern, solange keine Veränderung der Gesellschafterzusammensetzung stattfand. Der Einwand der jederzeitigen Kündbarkeit des Stimmbindungsvertrags steht dem im entschiedenen Fall – ausnahmsweise – nicht entgegen, weil dieser von allen Gesellschaftern unterschrieben worden ist.

Die Berufung gegen das Urteil ist – immer noch – beim LSG Nordrhein-Westfalen anhängig (Az. L 8 R 535/14). Wegen der Rechtsprechung des BSG (vgl. Nr. 67) ist aber davon auszugehen, dass das LSG anders als das SG Duisburg entscheiden wird, also die Versicherungspflicht des A bejahen wird.

SG Duisburg, Urteil vom 25.3.2014, Az. S 3 R 904/11

72 Steuerhinterziehung (1)

Nichtabgabe einer Steuererklärung als Steuerhinterziehung

Der Fall:

X war in der Zeit vom 28.6.2006 bis zum 2.7.2008 Geschäftsführer der B-GmbH. Die GmbH hatte einem Steuerbüro unter anderem die laufende Finanz- und Lohnbuchhaltung übertragen. Dieses erstellte auch wunschgemäß in Papierform die erforderlichen Umsatzsteuervoranmeldungen, die aber wegen der hohen Zahllast nicht an das Finanzamt weitergegeben wurden. Für das Jahr 2007 waren weder eine Umsatzsteuerjahreserklärung noch eine Körperschaftsteuererklärung oder eine Gewerbesteuererklärung eingereicht worden. Dem Steuerbüro war die allgemeine Verlängerung der Abgabefrist bei Einschaltung steuerlicher Berater bewilligt worden. Mit Faxschreiben vom 27.6.2008 kündigte der X das Mandat mit dem Steuerbüro mit sofortiger Wirkung, ohne einen neuen steuerlichen Berater zu bestellen. Am 2.7.2008 beantragte er gemeinsam mit dem neuen Geschäftsführer die Eröffnung des Insolvenzverfahrens über das Vermögen der B-GmbH.

Das Landgericht verurteilte den X wegen Umsatzsteuerhinterziehung und versuchter Körperschaft- und Gewerbesteuerhinterziehung für das Jahr 2007.

Die Entscheidung:

Der BGH hat die diesbezüglichen Verurteilungen des X aufgehoben.

Der B-GmbH war nur wegen der Einschaltung des Steuerbüros eine verlängerte Abgabefrist für die Steuererklärungen, welche gemäß § 149 Abs. 2 AO bereits am 31.5.2008 endete, eingeräumt worden. Die Frist war bis zum 31.12.2008 verlängert. Es handelt sich hierbei um eine allgemeine Fristverlängerung aufgrund gleichlautender Erlasse (Verwaltungsvorschriften) der obersten Finanzbehörden der Länder für den Fall der Bearbeitung von Steuererklärungen durch einen Angehörigen der steuerberatenden Berufe.

Durch die vom X ausgesprochene sofortige Kündigung des Steuerberatermandats und der nicht erfolgten Neubeauftragung eines anderen Steuerberaters machte sich der X aber nicht der Steuerhinterziehung strafbar.

Hierfür war entscheidend, dass – so jedenfalls der BGH – die durch Verwaltungsakt gemäß § 118 AO gewährte Fristverlängerung nicht allein deshalb entfiel, weil der Grund ihrer Einräumung (nämlich die Einschaltung des Steuerberaters) nicht mehr gegeben war (vgl. auch § 131 Satz 2 AO).

Die Fristverlängerung hätte daher zunächst ausdrücklich vom Finanzamt zurückgenommen werden müssen. Insoweit hätte das Finanzamt dem X nach

Kündigung des Mandatsverhältnisses mit dem Steuerberater unter Abkürzung der gewährten Fristverlängerung eine neue und zwar angemessene Frist zur Einreichung der Steuererklärungen einräumen müssen. Da der X das Mandat selbst beendet hatte, hätte diese Frist auch relativ kurzfristig ausfallen können. Innerhalb der dem X aber tatsächlich verbleibenden fünf Tage zwischen Mandatskündigung und seiner Abberufung als Geschäftsführer hätte vom Finanzamt eine Abgabe der ausstehenden Steuererklärungen nicht verlangt werden dürfen. Aus diesem Grunde hat sich der X im Zeitpunkt seiner Abberufung als Geschäftsführer nicht im Sinne vom § 22 StGB in Verbindung mit § 370 Abs. 2 AO des Versuchs der Steuerhinterziehung durch Unterlassen strafbar gemacht. Er war insoweit freizusprechen.

Konsequenzen:

Dem Geschäftsführer einer GmbH obliegen auch die steuerlichen Pflichten zur Abgabe der Umsatzsteuervoranmeldungen und der Steuererklärungen (Umsatzsteuererklärung, Körperschaftsteuer- und Gewerbesteuererklärung). Die Erklärungen waren jeweils bis zum 31.5. des Folgejahrs abzugeben. Wenn die GmbH ein Steuerbüro mit der Erledigung der steuerlichen Angelegenheiten beauftragt, wird diesem Steuerbüro die allgemeine Fristverlängerung bis zum 31.12. des Folgejahrs gewährt. Dies gilt uneingeschränkt aber nur, **solange die Beauftragung des Steuerbüros andauert**. Wird das Mandat mit dem Steuerbüro gekündigt, muss unverzüglich für eine neue Beauftragung gesorgt werden.

Zwar entfällt nicht die Fristverlängerung automatisch, doch wird das Finanzamt unter Abkürzung der gewährten Fristverlängerung eine angemessene, aber erheblich kürzere Frist setzen, um die Steuererklärungen abzugeben. Bis dahin kann noch nicht der Versuch einer Steuerhinterziehung eintreten.

BGH, Beschluss vom 12.06.2013, Az. 1 StR 6/13

73 Steuerhinterziehung (2)

Wer durch Nichtabgabe einer Umsatzsteuererklärung Steuerhinterziehung begeht, genießt keinen Vertrauensschutz

Der Fall:

K war die alleinige Gesellschafter-Geschäftsführerin der B-GmbH, die am 1.8.2004 zusammen mit K eine Gesellschaft bürgerlichen Rechts (GbR) errichtete, die durch die B-GmbH nach außen vertreten wurde. Die GbR schloss in 2005 Werkverträge mit Bauherrengemeinschaften und erteilte Rechnungen über Abschlagszahlungen.

Im Jahr 2008 führte das Finanzamt (FA) bei der B-GmbH eine Außenprüfung betreffend das Jahr 2005 durch und setzte danach die Umsatzsteuer 2005 mit Bescheid vom 10.11.2008 fest.

Die B-GmbH stellte ihre Geschäftstätigkeit per 31.12.2008 ein. Da sie für 2006 keine Umsatzsteuererklärung eingereicht hatte, schätzte das FA die Besteuerungsgrundlagen. Auch die GbR hatte für 2005 keine Umsatzsteuererklärung abgegeben, auch hier wurde geschätzt. Im Laufe des Einspruchsverfahrens reichte die GbR die Umsatzsteuererklärung für 2005 nach, der das FA folgte (0 €). Die GbR legte im Oktober 2009 jedoch dagegen Einspruch ein und reichte eine geänderte Umsatzsteuererklärung 2005 mit einer negativen Umsatzsteuer ein. Das FA wies den Einspruch als unbegründet zurück. Mit Klage vor dem FG wandte sich die GbR gegen die Umsatzsteuerfestsetzung. Das FG wies die Klage als unbegründet zurück.

Mit Bescheid vom 21.7.2008 nahm das FA daraufhin für den Zeitraum 10.7.2005 bis 1.7.2008 K wegen rückständiger Abgabenverbindlichkeiten persönlich in Haftung. In der Folgezeit gab es Einsprüche und Teilwiderrufsbescheide, sodass das FA letztlich am 20.8.2015 die Haftungssumme wie folgt festsetzte: Umsatzsteuer 2005 mit 9.614 €, Verspätungszuschläge mit 795 € und Säumniszuschläge mit 3.528 €.

Das Urteil:

Das FG hielt die Klage der GbR gegen den Haftungsbescheid nur zum Teil für begründet. Der Haftungsbescheid vom 29.7.2008 betreffend Umsatzsteuer 2005 nebst steuerlichen Nebenleistungen ist ganz überwiegend rechtmäßig. Die Klägerin hat sowohl den objektiven als auch den subjektiven Tatbestand des § 69 in Verbindung mit § 34 Abgabenordnung (AO) dadurch erfüllt, dass sie als alleinige gesetzliche Vertreterin der geschäftsführenden B-GmbH für das Streitjahr 2005 folgende Pflichten der GbR zumindest mit bedingtem Vorsatz nicht erfüllt hat:

Einreichung einer Umsatzsteuerjahreserklärung für das Streitjahr 2005 während ihrer Amtszeit.

Tilgung der bestandskräftig festgesetzten Verspätungszuschläge.

Das FA hat die Klägerin außerdem zu Recht hinsichtlich rückständiger Verspätungszuschläge in Höhe von 795 € persönlich in Haftung genommen.

In Höhe von 50% der Säumniszuschläge ist die Klage hingegen begründet. Nach der BFH-Rechtsprechung haftet ein GmbH-Geschäftsführer ab dem

Zeitpunkt der Insolvenzreife der Steuerschuldnerin (§ 17 Abs. 2 Insolvenzordnung) nur für maximal 50% der ab diesem Zeitpunkt verwirkten Säumniszuschläge. Im Streitfall hatte die GbR bereits während des Jahres 2006 ihren Geschäftsbetrieb eingestellt und ist liquidiert worden.

Konsequenzen:

Eine Haftungsinanspruchnahme nach § 69 AO wegen vorsätzlicher Nichtabgabe von Jahressteuererklärungen ist unstreitig, wenn gleichzeitig eine Steuerhinterziehung im Sinne von § 370 AO vorliegt. Die Tatbestandsvoraussetzungen einer vollendeten Steuerhinterziehung betreffend Umsatzsteuer 2005 waren im Streitfall erfüllt.

Nach ständiger BFH-Rechtsprechung beschränkt sich die Haftung des GmbH-Geschäftsführers für Betriebssteuern sowie steuerliche Nebenleistungen hierzu (z.B. Verspätungs- und Säumniszuschläge) auf den Betrag, mit dem die Gesellschaft bei unzureichender Liquidität im Zeitpunkt der Fälligkeit das FA gegenüber anderen Gläubigern benachteiligt hat (**anteilige Tilgungsquote**). Das FA muss deshalb vom Geschäftsführer einer Kapitalgesellschaft, den es als Haftungsschuldner wegen nicht entrichteter Betriebssteuern in Haftung nehmen will, die zur Feststellung des Haftungsumfangs notwendigen Auskünfte über die anteilige Gläubigerbefriedigung im Haftungszeitraum verlangen, um die anteiligen Abgabenverbindlichkeiten, für die der Geschäftsführer in Haftung genommen werden soll, zu ermitteln. Dies war im Streitfall geschehen.

FG Berlin-Brandenburg, Urteil vom 5.9.2019, Az. 9 K 9159/15

74 Steuerschulden – Haftungsquote

Werden GmbH-Geschäftsführer für Steuerschulden der GmbH in Haftung genommen, ist die Haftungsquote einheitlich zu berechnen

Der Fall:

A und E waren je zur Hälfte an der X-GmbH beteiligt. Geschäftsführer bzw. Liquidatoren waren von 1994 bis August 2009 A und B (Ehemann der E), danach bis zur Löschung der X-GmbH im Handelsregister wegen Vermögenslosigkeit 2013 B allein.

Nachdem ab August 2009 einigen Banken Erlöse aus dem Verkauf von Eigentumswohnungen der X-GmbH zugeflossen waren, erließ das Finanzamt gegenüber A und B je zwei Haftungsbescheide. B wurde wegen von der X-GmbH nicht abgeführter Lohnsteuer für die Anmeldungszeiträume November 2008 bis Januar 2010 in Haftung genommen, außerdem wegen Umsatzsteuer. Für den letztgenannten Haftungsbescheid legte das Finanzamt als Haftungszeitraum die Zeit von November 2008 bis März 2010 und eine geschätzte Haftungsquote von 75% der ausstehenden Beträge zugrunde.

Das Finanzgericht begrenzte den Haftungsbetrag auf 65% der Steuerverbindlichkeiten. Mit seiner Revision bestreitet B eine Haftung in Höhe einer unter Berücksichtigung von Tilgungsleistungen zugunsten privater Gläubiger errechneten Quote.

Das Urteil:

Der BFH hat den Haftungsbetrag des B nochmals mit folgender Begründung herabgesetzt:

Zu den **steuerlichen Pflichten des Geschäftsführers** einer GmbH gehört es insbesondere, die fälligen Steueransprüche aus den von ihm verwalteten Mitteln zu begleichen oder zumindest für eine möglichst gleichmäßige Befriedigung sämtlicher Gläubiger zu sorgen (BFH, Beschluss vom 11.11.2015, Az. VII B 57/15, BFH/NV 2016, S. 372).

Soweit eine Verletzung der Pflicht zur anteiligen Befriedigung aller Gläubiger in Betracht kommt, ist dieser Steuerschaden anhand der **Tilgungsquote** zu berechnen, die sich aus dem Verhältnis der Tilgungsleistungen (mit Ausnahme der Lohnsteuer) und den Gesamtverbindlichkeiten (mit Ausnahme der Lohnsteuer) während des Haftungszeitraums ergibt. Dabei sind Tilgungsleistungen außerhalb des Haftungszeitraums bei der Bemessung der Quote nicht einzubeziehen, soweit keine sonstige Pflichtverletzung, wie z.B. ein Verstoß gegen die Mittelvorsorgepflicht, festgestellt wird (vgl. BFH, Beschluss vom 22.2.2005, Az. VII B 213/04, GmbH-Stpr 2005, S. 377).

Das hatte im entschiedenen Fall zur Folge, dass B nur in Höhe eines niedrigeren Betrags haftete, denn es waren Beträge erst nach dem Ende des Haftungszeitraums zugeflossen und somit bei der Ermittlung der Haftungsquote nicht zu berücksichtigen.

Konsequenzen:

Sind nicht genug Mittel vorhanden, müssen Finanzamt und übrige Gläubiger **gleichmäßig befriedigt** werden. Daraus leitet sich der Grundsatz ab, dass die Nichterfüllung der Ansprüche aus dem Steuerschuldverhältnis nur in dem Umfang zu einer Haftung für Unternehmenssteuern führt, in dem der Verpflichtete die Finanzbehörde gegenüber den anderen Gläubigern benachteiligt hat (BFH, Urteil vom 27.2.2007, Az. VII R 60/05, BStBl II 2008, S. 508; zum Urteil der Vorinstanz vom 12.9.2005 siehe GmbH-Stpr 2006, S. 216).

Demgegenüber ist die **Lohnsteuer** nicht in die Quotenberechnung mit einzubeziehen. Hier gilt der **Grundsatz der vorrangigen Tilgung**, d.h., die Lohnsteuer ist vor allen anderen Forderungen zu begleichen. Reicht das Geld für die Lohnsteuer nicht aus, muss der Geschäftsführer **notfalls die Nettolöhne kürzen**, um die darauf entfallende (geringere) Lohnsteuer abführen zu können (BFH, Beschluss vom 9.1.1990, Az. VII B 56/89, BFH/NV 1990, S. 412).

BFH, Urteil vom 14.6.2016, Az. VII R 20/14

75 Strohmann-Geschäftsführer (1)

Strafbarkeit wegen Nichtabführung von Sozialabgaben

Der Fall:

Die X war alleinige mit Gesellschafterbeschluss bestellte und im Handelsregister eingetragene Geschäftsführerin der A-GmbH. Tatsächlich wurde das Unternehmen von M geführt, der mit weitreichenden Handlungskompetenzen auftrat und als faktischer Geschäftsführer anzusehen war.

Beide sind wegen der Nichtabführung von Sozialversicherungsbeiträgen (Arbeitnehmerbeiträge) angeklagt und verurteilt worden.

Die Entscheidung:

Der BGH hat die strafrechtliche Verantwortlichkeit der X bestätigt.

Ein durch Gesellschafterbeschluss ordnungsgemäß bestellter und im Handelsregister eingetragener Geschäftsführer ist gemäß § 14 Abs. 1 Nr. 1 StGB das strafrechtlich verantwortliche Organ der GmbH. Allein die formelle Stellung begründet die Verantwortlichkeit des Geschäftsführers auch in Bezug auf die Erfüllung öffentlich-rechtlicher Pflichten wie die Abführung von Sozialversicherungsbeiträgen.

Das Vorhandensein eines die Geschäfte tatsächlich führenden faktischen Geschäftsführers führt nicht zur Aufhebung dieser gesetzlichen Pflichten des eingetragenen Geschäftsführers. Dieser hat, auch wenn er letztlich nur als **Strohmann** auftritt, von Gesetzes wegen stets alle rechtlichen und damit auch tatsächlichen Handlungsmöglichkeiten. **Entscheidend ist die Organstellung**, nicht die gesellschaftsinterne Ausgestaltung eines Anstellungsvertrags etc. Die Gesellschafter können den Geschäftsführer gar nicht an der Wahrnehmung seiner Pflichten hindern. Ist es ihm nicht möglich, die ihm zustehenden Rechte auszuüben, muss er entweder gerichtliche Hilfe in Anspruch nehmen oder notfalls sein Geschäftsführeramt niederlegen.

Konsequenzen:

Wenn Sie zum Geschäftsführer einer GmbH bestellt worden sind, haben Sie alle Rechte und Pflichten, die Ihnen nach dem GmbH-Gesetz und anderen gesetzlichen Regelungen obliegen, wahrzunehmen. Hiervon kann Sie niemand abhalten. Sollten die Gesellschafter Sie daran hindern wollen, müssen Sie sich dagegen gerichtlich zur Wehr setzen oder das Geschäftsführeramt niederlegen.

Die gilt auch für den sogenannten Strohmann. Das Vorhandensein eines bloß faktischen Geschäftsführers, der weitreichende Kompetenzen wahrnimmt, ohne zum Geschäftsführer bestellt worden zu sein, enthebt Sie insoweit nicht von Ihren Pflichten. Sie sollten sich daher schon überlegen, auf was Sie sich bei der Bestellung zum Geschäftsführer einlassen.

BGH, Beschluss vom 13.10.2016, Az. 3 StR 352/16

76 Strohmann-Geschäftsführer (2)

Verantwortlichkeit eines Strohmann-Geschäftsführers bei Vorenthaltung von Arbeitnehmeranteilen zur Sozialversicherung

Der Fall und das Urteil:

Als Sozialversicherungsträger verlangt die Klägerin von dem beklagten Geschäftsführer der A-GmbH Schadenersatz wegen nicht erfolgter Abführung von Arbeitnehmerbeiträgen zur Sozialversicherung durch die Gesellschaft. Der Beklagte wendet ein, er sei zwar formell als Geschäftsführer der A-GmbH bestellt, er habe hierbei aber nur als Strohmann für dritte Personen fungiert, sodass eine haftungsrechtliche Verantwortlichkeit für die Vorenthaltung der Arbeitnehmerbeiträge zur Sozialversicherung für ihn nicht bestehen könne.

Im Gegensatz zur ersten Instanz (LG) hat das OLG der Klage stattgegeben.

Konsequenzen:

Nach der herrschenden Meinung in Rechtsprechung und Literatur haftet der Geschäftsführer einer GmbH gegenüber dem Sozialversicherungsträger für vorenthaltene Arbeitnehmerbeiträge auf Schadenersatz. Diese Haftung trifft stets den vorsätzlich handelnden formell bestellten Geschäftsführer, unabhängig davon, ob er die Kompetenzen des Geschäftsführers selbst ausübt oder die Geschäftsführung auf nachgeordnete Mitarbeiter delegiert. **Gleiches gilt, wenn der Geschäftsführer** – wie im entschiedenen Fall – **nur als**

Strohmann fungiert und die Geschäftsführung faktisch von Hintermännern ausgeübt wird.

Im Falle der Delegierung von Geschäftsführer-Kompetenzen verbleibt bei dem Geschäftsführer stets eine **Pflicht zur Überwachung der Geschäftsführung** insgesamt. Die vollständige Aufgabe einer Überwachungstätigkeit bzgl. der Abführung der Arbeitnehmerbeiträge zur Sozialversicherung begründet regelmäßig einen bedingten Vorsatz, da der Geschäftsführer in diesem Fall das Vorenthalten der Beiträge billigend in Kauf nimmt.

Die Grundsätze zur strengen Haftung eines GmbH-Geschäftsführers bei Vorenthalten von Arbeitnehmerbeiträgen zur Sozialversicherung finden auch bei solchen Geschäftsführern Anwendung, die zwar nicht formell bestellt sind, aber – z.B. als sogenannter faktischer Geschäftsführer – tatsächlich die Geschäfte der GmbH führen.

OLG Celle, Urteil vom 10.5.2017, Az. 9 U 3/17

77 Subventionsbetrug

Wer Subventionsbetrug begeht, haftet nicht nach § 71 AO für zu Unrecht gewährte Investitionszulage

Der Fall:

K war alleiniger Gesellschafter und Geschäftsführer der M-GmbH. Für eine nicht existente XY-GmbH unterzeichnete er als Lieferant einen Vertrag mit einer AG als Abnehmer. Er eröffnete ein Konto in der Schweiz, auf welches die AG im Oktober 1991 6,5 Mio. DM als Anzahlung auf den genannten Vertrag überwies. Absprachegemäß überwies K den Betrag wieder an die AG zurück.

Gegenüber der W-GmbH, die an die Stelle der AG in den Vertrag eintrat, erklärte er, dass die XY-GmbH auf diesen Vertrag eine Anzahlung von 6,5 Mio. DM erhalten habe. Die W-GmbH erhielt daraufhin für 1994 eine Investitionszulage, in deren Bemessungsgrundlage die genannte Anzahlung einbezogen wurde. Im Mai 1996 meldete das Finanzamt den Anspruch auf Rückzahlung der Investitionszulage an, nachdem über das Vermögen der W-GmbH das Gesamtvollstreckungsverfahren eröffnet worden war, das jedoch eingestellt wurde.

Das Finanzamt nahm K nach § 71 AO wegen Beihilfe zum Subventionsbetrug in Höhe von 520.000 DM in Haftung. Einspruch und Klage blieben erfolglos.

Das Urteil:

Der BFH hob die Vorentscheidung, den **Haftungsbescheid** und die hierzu ergangene Einspruchsentscheidung auf. Das FG ist nach Auffassung des Senats zu Unrecht davon ausgegangen, dass K nach § 7 Abs. 1 InvZulG 1993 i.V.m. § 71 AO haftet. Auch kann der ggf. vorliegende deliktische **Schadenersatzanspruch** (§§ 823 Abs. 2, § 830 Abs. 1 BGB) nicht mittels eines Haftungsbescheids nach § 191 Abs. 1 AO geltend gemacht werden.

Während das FG von der Anwendbarkeit des § 71 AO ausging, hält der Senat an dieser Auffassung nicht mehr fest. Die in § 7 Abs. 1 Satz 1 InvZulG enthaltene Verweisung, nach der die für Steuervergütungen geltenden Vorschriften der AO entsprechend anzuwenden sind, erlaubt es nach Auffassung der Richter nicht, das auf die Erschleichung einer Investitionszulage gerichtete Verhalten als eine Steuerhinterziehung i.S.d. § 71 AO zu behandeln.

Die **Investitionszulage ist keine Steuer** im Sinne des § 3 Abs. 1 AO. Ferner liegt strafrechtlich keine Steuerhinterziehung, sondern ein Betrug (§ 263 StGB) bzw. ein Subventionsbetrug (§ 264 StGB) vor (vgl. BGH, Beschluss vom 7.2.1984, Az. StR 10/83, HFR 1984, S. 391). Die Voraussetzungen für eine analoge Anwendung des § 71 AO sah der Senat ebenfalls als nicht gegeben an.

Der zivilrechtliche Schadenersatzanspruch ist kein gesetzlicher Haftungsanspruch i.S.d. § 191 Abs. 1 AO. Als maßgeblich sah der Senat jedoch an, dass selbst die **abgabenrechtlichen Haftungsnormen**, denen nach der Rechtsprechung des BFH Schadenersatzcharakter zukommt, letztlich in ihrer vom Gesetz vorgegebenen abstrakt-generellen Struktur **keine Schadenersatznormen** sind.

Die Konsequenzen:

Das Urteil überrascht, denn bis dahin war die Rechtsprechung von der Anwendbarkeit des § 71 AO bei Subventionsbetrug ausgegangen (so der BFH, Urteil vom 27.4.1999, Az. III R 21/96, BStBl II 1999, S. 670). So hatte auch die Vorinstanz die Anwendbarkeit bejaht (vgl. EFG 2011, S. 691).

Auch die Finanzverwaltung hatte sich dieser Rechtsprechung angeschlossen (BMF, Schreiben vom 28.6.2001, BStBl I 2001, S. 379, Tz. 188).

BFH, Urteil vom 19.12.2013, Az. III R 25/10

78 Überwachungspflicht Mitgeschäftsführer (1)

Haftung wegen rechtsgrundloser Vereinnahmung einer Vergütung durch einen Mit-Geschäftsführer

Der Fall und das Urteil:

Die klagende GmbH verlangt von zwei ehemaligen Geschäftsführern A und B die Rückzahlung rechtsgrundlos vereinnahmter Vergütungen. A hatte Urlaubs- und Weihnachtsgeld, B ein höheres Gehalt erhalten, als die Gesellschaft schuldete. In zwei Gesellschafterversammlungen war nur B wirksam entlastet worden. Während das OLG die Klage gegen B abwies, gab es dieser gegen A statt.

Konsequenzen:

Wegen der **wirksamen Entlastung des B** waren (alle) Schadenersatzansprüche gegen ihn ausgeschlossen. Die Erteilung einer Entlastung bei einer GmbH hat weitreichende Wirkungen. Durch die Entlastung verzichtet die Gesellschaft auf Ersatzansprüche, welche für die Gesellschafterversammlung bei Anwendung der im Verkehr erforderlichen Sorgfalt erkennbar waren. Dies gilt auch mit Blick auf Bereicherungsansprüche, sofern die Bereicherung auf einer Geschäftsführungsmaßnahme beruht.

Da **A nicht wirksam entlastet** worden war, bejahte das OLG gegen ihn einen Schadenersatzanspruch aus § 43 Abs. 2 GmbHG hinsichtlich der von ihm vereinnahmten Zahlungen. Bei einem Streit, ob eine Zahlung eines Geschäftsführers an sich selbst pflichtgemäß war, muss die Gesellschaft nur darlegen, dass der Geschäftsführer auf einen möglicherweise nicht bestehenden Anspruch geleistet hat. Dieser muss ggf. darlegen und beweisen, dass er einen Zahlungsanspruch hatte.

Bei mehreren Geschäftsführern kann jeder von ihnen der Gesellschaft auf Schadenersatz haften, wenn er einen für ihn erkennbaren Pflichtenverstoß eines Mit-Geschäftsführers nicht verhindert. Dies folgt aus der **Allzuständigkeit der Geschäftsführung** und kann nicht durch eine Verteilung von Kompetenzen zwischen den Geschäftsführern abbedungen werden.

Diesen Vorwurf hat das OLG dem A gemacht, weil er die rechtsgrundlosen Überzahlungen an B nicht verhindert hat. Auch bei einer ressortmäßigen Aufteilung bestehen **Überwachungspflichten** der Geschäftsführer untereinander. Deshalb haftet ein Geschäftsführer selbst dann, wenn er gegen ein pflichtwidriges Handeln eines Mit-Geschäftsführers nicht einschreitet. Das

OLG bejahte die Verletzung einer Vermögensbetreuungspflicht des A gegenüber der GmbH, indem er die Auszahlung der überhöhten Vergütung an sich nicht verhindert hatte.

OLG München, Urteil vom 22.10.2015, Az. 23 U 4861/14

79 Überwachungspflicht Mitgeschäftsführer (2)

Haftung eines GmbH-Geschäftsführers bei Ressortaufteilung

Der Fall:

Über das Vermögen der W-GmbH ist das Insolvenzverfahren eröffnet worden. Gemäß einer mündlichen Vereinbarung war der Geschäftsführer K für die kaufmännische, organisatorische und finanzielle Seite des Geschäfts der GmbH zuständig und der Geschäftsführer X für künstlerische Belange im Rahmen des Unternehmensgegenstands, der Produktion von Fernsehsendungen. Der Insolvenzverwalter über das Vermögen der W-GmbH hat den X wegen nach Eintritt der Zahlungsunfähigkeit der GmbH vorgenommener Zahlungen der GmbH in einer Höhe von rund 95.000 € verklagt.

Das Landgericht hat die Klage abgewiesen, das Oberlandesgericht hat ihr in einer Höhe von rund 4.000 € stattgegeben und sie im Übrigen abgewiesen.

Das Urteil:

Der BGH hat das Urteil des Berufungsgerichts auf die Revision des Klägers hin aufgehoben und den Rechtsstreit zur erneuten Entscheidung an das Berufungsgericht zurückverwiesen. Nach § 64 Abs. 2 GmbHG in der bis zum 31.10.2008 geltenden Fassung wurde zu Lasten eines Geschäftsführers einer GmbH, welche nach Eintritt der Zahlungsunfähigkeit noch Zahlungen an Dritte geleistet hatte, vermutet, dass der Geschäftsführer schuldhaft gehandelt hat.

Schuldhaft ist jedes Handeln, welches nicht der Sorgfalt eines ordentlichen Geschäftsmanns entspricht. Eine solche Zahlung lag vor, doch hatte das Berufungsgericht nach Auffassung des BGH fehlerhaft angenommen, X habe den Entlastungsbeweis zu seinen Gunsten geführt. Vorliegend hatte X sich auf die zwischen den beiden Geschäftsführern vereinbarte **Ressortaufteilung** berufen. Grundsätzlich ist es aber so, dass auch bei einer Ressortaufteilung zwischen Geschäftsführern jeder für die Erfüllung aller gesetzlichen Pflichten verantwortlich bleibt. Entweder muss er sich selbst um die entsprechenden Aufgaben kümmern oder aber er muss für eine solche Organisation sorgen, welche ihm die zur Wahrnehmung seiner Pflichten erforderliche Übersicht über die wirtschaftliche und finanzielle Situation der Gesellschaft jederzeit ermöglicht (BGH, Urteil vom 20.2.1995, Az. II ZR 9/94, GmbH-Stpr 1995, S. 294). Es besteht dann insoweit eine **Kontrollpflicht des Geschäftsführers** bezüglich der einem anderen Geschäftsführer übertragenen Aufgaben. Eine Geschäftsverteilung zwischen Geschäftsführern setzt eine klare und eindeutige Abgrenzung der Geschäftsführungsaufgaben aufgrund einer Vereinbarung aller Geschäftsführer voraus. Der jeweilige Geschäftsführer muss in der Lage sein, die ihm übertragenen Aufgaben eigenverantwortlich wahrzunehmen.

Der BGH hat allerdings herausgestellt, dass eine solche Geschäftsverteilung **nicht notwendig** eine **schriftlich fixierte Aufgabenverteilung** voraussetzt. Die Aufteilung muss nicht einmal ausdrücklich vereinbart sein. Es reicht vielmehr aus, dass sich eine solche Aufgabenverteilung stillschweigend, aber einvernehmlich, herausgebildet hat.

Vorliegend hat X nach Auffassung des BGH nicht hinreichend dargelegt und unter Beweis gestellt, dass er den Mitgeschäftsführer bezüglich der konkreten wirtschaftlichen Lage der GmbH hinreichend kontrolliert hat, indem er sich entsprechende Berichte hat vorlegen lassen.

Konsequenzen:

Wenn eine GmbH mehrere Geschäftsführer hat, ist es üblich, dass diese intern verschiedene Geschäftsbereiche wahrnehmen. Jeder Geschäftsführer bleibt aber insgesamt für die Wahrnehmung aller gesetzlichen Pflichten verantwortlich.

Insoweit muss sich ein Geschäftsführer regelmäßig davon überzeugen, dass der Mitgeschäftsführer seinen Bereich verantwortungsvoll und zutreffend wahrnimmt, indem er sich regelmäßig Bericht erstatten lässt, und nicht nur einmal im Jahr vor der Aufstellung des Jahresabschlusses.

☞ Eine solche Ressortaufteilung muss von allen Geschäftsführern mitgetragen werden. Es empfiehlt sich abweichend von den vom BGH formulierten Mindestanforderungen unbedingt, **eine ausdrückliche und schriftliche Aufgabenverteilung** vorzunehmen, damit im Zweifel der entsprechende Nachweis über verschiedene Aufgabenbereiche geführt werden kann. Auch die regelmäßigen Kontrollmaßnahmen sollten unbedingt durch Protokolle oder Aktenvermerke niedergelegt werden.

Der BGH hat sich auch mit einer nicht schriftlich fixierten und nur konkludent getroffenen Vereinbarung zufriedengegeben, doch wird eine solche im Zweifel zumindest vom Umfang her nicht einfach beweisbar sein. Wichtig ist, dass sich jeder Geschäftsführer über die den anderen Geschäftsführern zugewiesenen Bereiche zuverlässig und rechtzeitig die Informationen geben lässt, die für eine eigene Einschätzung erforderlich sind.

BGH, Urteil vom 6.11.2018, Az. II ZR 11/17

80 Umsatzsteuerhaftung – Ermessensentscheidung

Zur fehlerhaften Ermessensausübung des Finanzamts bei Festsetzung des Haftungsbescheids für geschuldete Umsatzsteuer

Der Fall:

A ist alleiniger Gesellschafter und Geschäftsführer der X-GmbH. Am 3.7.2013 ging beim zuständigen Amtsgericht ein Antrag auf Eröffnung des Insolvenzverfahrens über das Vermögen der X-GmbH ein. Am 21.11.2013 stellte die X-GmbH einen Eigenantrag auf Eröffnung des Insolvenzverfahrens. Beide Anträge wurden mit Beschluss des Amtsgerichts vom 4.3.2014 mangels Masse abgewiesen.

Am 11.12.2014 erließ das Finanzamt gegenüber A einen Haftungsbescheid wegen rückständiger Umsatzsteuer für die Jahre 2009 und 2010.

A ist der Auffassung, seine Inanspruchnahme als Haftungsschuldner sei ermessensfehlerhaft, weil das Finanzamt der X-GmbH eine Umsatzsteuererstattung aufgrund der Umsatzsteuer-Voranmeldung für den Monat Juli 2013 vorenthalten habe. Hätte das Finanzamt das nicht getan, hätte die X-GmbH sämtliche steuerliche Pflichten erfüllen können.

Die X-GmbH habe in den Jahren 2004 bis 2011 Rechnungen an R und S mit zu hohem Steuerausweis gestellt. Im Juli 2013 seien diese Rechnungen auf den Steuersatz von 7% (statt vorher 19% USt) korrigiert worden. Die Rechnungskorrekturen seien im Juli 2013 in einer Umsatzsteuer-Voranmeldung der X-GmbH berücksichtigt worden.

Das Urteil:

Das FG gab A mit folgender Begründung Recht:

Das Finanzamt hätte in dem Haftungsbescheid zu der Frage Stellung nehmen sollen, ob es ermessensgerecht ist, A persönlich wegen rückständiger Umsatzsteuer für die Jahre 2009 und 2010 in Haftung zu nehmen, obwohl streitig ist, dass die X-GmbH für jene Besteuerungszeiträume objektiv zu hohe Umsatzsteuerbeträge erklärt hat. Zwischen den Beteiligten herrscht Einigkeit darüber, dass die damaligen Leistungen der X-GmbH sowohl gegenüber R als auch gegenüber S gemäß § 12 Abs. 2 Nr. 7c UStG dem ermäßigten Umsatzsteuersatz von 7% unterlagen. Die X-GmbH hat hingegen in ihren diesbezüglichen Rechnungen eine Umsatzsteuer in Höhe des vollen Steuersatzes (19%) ausgewiesen und in ihren Umsatzsteuer-Voranmeldungen bzw. in der Umsatzsteuer-Jahreserklärung 2009 erklärt.

Zum Zeitpunkt der Bekanntgabe des Haftungsbescheids war dieser „Fehler" von der X-GmbH bereits entdeckt und durch die Versendung berichtigter Rechnungen an R und S, die nur noch den ermäßigten Steuersatz auswiesen, korrigiert worden. Danach hat das Finanzamt einen ihm nach dem Umsatzsteuergesetz nicht zustehenden Mehrbetrag vereinnahmt.

Diese Fragen hätte das Finanzamt in seiner Ermessensentscheidung, den A als gesetzlichen Vertreter der X-GmbH wegen eines Umsatzsteuerschadens in Bezug auf die Besteuerungszeiträume 2009 bis 2010 persönlich in Haftung zu nehmen, einbeziehen und darlegen müssen, warum es gleichwohl dessen Haftungsinanspruchnahme für gerechtfertigt hält.

Konsequenzen:

Um eine fehlerfreie Ermessensentscheidung treffen zu können, ist es seitens des Finanzamts erforderlich, den **Sachverhalt umfassend und einwandfrei zu ermitteln**. Mangelt es an Sachverhaltsermittlungen, die den Beitrag eines Haftungsschuldners zu einer eingetretenen Steuerverkürzung betreffen und die deshalb bei der Ermessenswürdigung in tatsächlicher und rechtlicher Hinsicht fehlen, ist der Haftungsbescheid ermessensfehlerhaft (BFH, Urteil vom 23.9.2009, Az. XI R 56/07, BFH/NV 2010, S. 12).

FG Berlin-Brandenburg, Urteil vom 13.7.2017, Az. 9 K 9151/15

81 Umsatzsteuerhaftung – Ex-Geschäftsführer

Mittelvorsorgepflicht des Geschäftsführers im Rahmen einer „Firmenbestattung"

Der Fall:

X, Y und Z gründeten 2002 die A-GmbH. Am 2.2.2005 übertrugen sie ihre Geschäftsanteile an S. Dieser bestellte sich am selben Tag unter Abberufung des bisherigen Geschäftsführers X selbst zum Geschäftsführer. Zeitgleich verkaufte er den Warenbestand, die Ladeneinrichtung und den Lkw an Y. Dafür sollte Y diverse Verbindlichkeiten und Arbeitnehmer der A-GmbH, so auch den X, übernehmen. Einen Tag später meldete X das Gewerbe der A-GmbH wegen Geschäftsaufgabe ab. Auf Antrag des Finanzamts wurde später das Insolvenzverfahren wegen Zahlungsunfähigkeit und Überschuldung der A-GmbH eröffnet.

In einer Haftungsanfrage an X wegen rückständiger Steuern der A-GmbH teilte das Finanzamt mit, es gehe von einer sog. **Firmenbestattung** aus, bei der die damit verbundenen Beschlüsse sittenwidrig und nichtig seien, sodass X trotz Abberufung weiter als Geschäftsführer haftbar sei.

Mit Bescheid vom 31.5.2006 nahm das Finanzamt X und S für Körperschaftsteuer 2002 und 2003, für Umsatzsteuer 2003 und Umsatzsteuervorauszahlungen im 4. Quartal 2004 sowie im 1. Quartal 2005 in Haftung. Der Einspruch des X hatte keinen Erfolg. Das Finanzgericht gab der Klage des X statt, soweit das Finanzamt ihm für Umsatzsteuervorauszahlungen im 4. Quartal 2004 und im 1. Quartal 2005 als Haftungsschuldner in Anspruch genommen hat.

Das Urteil:

Auf die Revision des Finanzamts hob der BFH das erstinstanzliche Urteil auf und verwies die Sache an das Finanzgericht zurück. Danach ist das Urteil rechtsfehlerhaft, weil die Haftung des X für die nicht entrichteten Umsatzsteuervorauszahlungen im 4. Quartal 2004 und im 1. Quartal 2005 der A-GmbH nicht daran scheitert, dass er im Zeitpunkt der Abführungspflicht der Steuern nicht mehr Geschäftsführer war.

Denn als Haftungsschuldner nach §§ 69, 34 AO kommt grundsätzlich auch ein **zwischenzeitlich ausgeschiedener Geschäftsführer** in Betracht, wenn er die ihm während seiner Tätigkeit obliegenden steuerlichen Pflichten der Gesellschaft nicht erfüllt hat.

Somit hätte das Finanzgericht – auch wenn X nur bis zum 2.2.2005 Geschäftsführer war – feststellen müssen, ob und ggf. in welchem Umfang er bis zu seiner Abberufung als Geschäftsführer die erforderlichen Mittel für die Begleichung der zu diesem Zeitpunkt schon entstandenen Steuern für das 4. Quartal 2004 und das 1. Quartal 2005 hätte beiseitelegen können und müssen.

Zutreffend ist allerdings die Haftungsfreistellung des X hinsichtlich der möglicherweise nach dem 2.2.2005 entstandenen Umsatzsteuerschulden der A-GmbH. Denn X war zu diesem Zeitpunkt rechtswirksam als Geschäftsführer abberufen worden und hatte folglich keine steuerlichen Pflichten für die A-GmbH mehr zu erfüllen.

Konsequenzen:

Auch der ausgeschiedene Geschäftsführer haftet für **während seiner Amtszeit** begangene Pflichtverletzungen. Maßgeblich ist, ob die Verletzung der steuerlichen Pflicht während der Dauer seiner Geschäftsführerbestellung erfolgte. Das kann der Fall sein, wenn der Geschäftsführer ungeachtet der erkennbar entstehenden Steueransprüche für deren spätere Tilgung im Zeitpunkt der Fälligkeit keine Vorsorge trifft. Dabei kann je nach den Umständen des Einzelfalls ein bestimmtes pflichtgemäßes Verhalten auch schon vor der Entstehung der Steuerforderung geboten sein, wenn die Entstehung absehbar war (vgl. BFH, Beschluss vom 25.3.2013, Az. VII B 245/12, BFH/NV 2013, S. 1063 = GmbH-Stpr 2013, S. 277).

BFH, Urteil vom 20.5.2014, Az. VII R 12/12

82 Umsatzsteuerhaftung – Globalzession

Alleiniger Gesellschafter-Geschäftsführer haftet nicht schon für Umsatzsteuer, weil er mit Kreditinstitut Globalzession vereinbart hat

Der Fall:

A war von 2000 bis 2008 alleiniger Gesellschafter-Geschäftsführer der X-GmbH. Die Umsatzsteuervoranmeldungen für März und April 2008 wurden von der X-GmbH fristgerecht eingereicht. Wegen Dauerfristverlängerung war die Umsatzsteuer für März zum 13.5.2008, die für April zum 10.6.2008 anzumelden und zu entrichten.

Die X-GmbH hatte dem Finanzamt eine Einzugsermächtigung für ein Konto der X-GmbH bei der Y-Bank erteilt. Mit dieser hatte die X-GmbH am 18.8.2003 eine Globalzession vereinbart, also eine Abtretung sämtlicher gegenwärtiger und künftiger Forderungen der Schuldnerin (GmbH) an den Gläubiger (Bank) (**Sicherungsabtretung**).

Mit Schreiben vom 15.4.2008 teilte die Y-Bank der X-GmbH mit, dass ein Sicherungsgeber die Besicherung des Kontokorrentkredits gekündigt habe. Am 20.4.2008 reduzierte die Y-Bank das Kontokorrent auf ihre Restforderung und kündigte an, alle eingehenden Beträge mit ihrer Restforderung zu verrechnen, die bis zum Ende des Folgemonats auszugleichen sei. Die Einzugsermächtigung des Finanzamts ging daher ins Leere.

Am 1.8.2008 wurde auf Antrag der X-GmbH vom 12.6.2008 das Insolvenzverfahren über ihr Vermögen eröffnet. Daraufhin nahm das Finanzamt A mit Haftungsbescheid vom 7.11.2008 für Umsatzsteuer für März und April 2008 und Säumniszuschläge der X-GmbH in Anspruch. Dagegen wendet sich A mit seiner Klage und dem Antrag auf Aussetzung der Vollziehung.

Das Urteil:

Das FG des Saarlandes gab dem Antrag statt und setzte die Vollziehung des Haftungsbescheids aus.

Nach dem FG bestehen am Vorliegen der Voraussetzungen für eine **Haftungsinanspruchnahme** des A als Geschäftsführer der X-GmbH **nach §§ 69 i.V.m. 34 AO erhebliche Zweifel**.

Eine Haftung nach § 69 AO kommt danach nur in Betracht, wenn die Umsatzsteuer aufgrund vorsätzlicher oder grob fahrlässiger Pflichtverletzungen nicht entrichtet worden ist. Die Inanspruchnahme des A als Organ der X-GmbH ist nicht dadurch zu begründen, dass die X-GmbH mit der Y-Bank eine **Globalzession** vereinbart hatte. Denn hierin liegt kein schuldhaftes Verhalten des A. Der Abschluss einer solchen Vereinbarung zu einer Zeit, in der die Gesellschaft nicht in der Krise war, stellt **keine Pflichtverletzung** dar. Das gilt auch unter dem Gesichtspunkt, dass die Abtretung der künftigen Ansprüche gerade zur Absicherung des Gläubigers in einer etwaigen späteren Krise erfolgt.

A hat die Umsatzsteuervoranmeldungen für März und April 2008 fristgerecht eingereicht. Er durfte bis zur Kündigung des Kontokorrents durch die Y-Bank damit rechnen, dass die Umsatzsteuer im Fälligkeitszeitpunkt entrichtet würde, da der **Kontokorrentrahmen nicht ausgeschöpft** war.

Konsequenzen:

Etwas anderes gilt aber dann, wenn die **Globalzession in der Krise vereinbart** wird. Steht dann im Zeitpunkt der Fälligkeit kein Geld mehr zur Begleichung der Umsatzsteuer zur Verfügung, liegt eine schuldhafte Pflichtverletzung der Geschäftsführung vor (BFH, Urteil vom 14.7.1987, Az. VII R188/82, BStBl II 1988, S. 172).

Außerdem wurde die Globalzession **vor Inkrafttreten des § 13c UStG** vereinbart. Hat danach der leistende Unternehmer den Anspruch auf die Gegenleistung abgetreten und die festgesetzte Steuer nicht oder nicht vollständig entrichtet, haftet der Abtretungsempfänger ab dem Zeitpunkt, in dem die festgesetzte Steuer fällig wird.

FG des Saarlandes, Urteil vom 21.5.2014, Az. 2 V 1032/14

83 Umsatzsteuerhaftung - Insolvenz (1)

Zweifel an der Erhebung von Säumniszuschlägen

Der Fall:

G war seit Ende 2011 Geschäftsführerin der A-GmbH. Am 10.5.2016 übermittelte sie dem Finanzamt einige berichtigte Umsatzsteuer(USt)-Voranmeldungen für verschiedene Monate in 2014 und 2015, die zu erheblich höheren USt-Beträgen führten.

Am 31.7.2017 stellte G Antrag auf Insolvenzeröffnung. Am 2.8.2017 ordnete das Amtsgericht die vorläufige Insolvenzverwaltung an und eröffnete am 2.3.2018 das Insolvenzverfahren.

Am 21.11.2017 erließ das Finanzamt gegenüber G einen Haftungsbescheid über die noch rückständigen Beträge der berichtigten USt-Voranmeldungen (117.230 €). Darin machte das Amt auch Säumniszuschläge für die Zeit ab dem 10.5.2016 (21.820 €) und zur Hälfte für die Zeit nach Insolvenz-Antragstellung (1.800 €) geltend.

Hiergegen legte G Einspruch ein und beantragte Aussetzung der Vollziehung (AdV), die das Finanzamt ablehnte. Dagegen klagte sie am 15.3.2018 beim Finanzgericht (FG).

Der Beschluss:

Das FG hielt den Antrag für teilweise begründet und setzte den Haftungsbescheid hinsichtlich der Säumniszuschläge ab dem Antrag auf Insolvenzeröffnung von der Vollziehung aus.

Bei summarischer Prüfung hat die Antragstellerin eine Pflichtverletzung begangen, weil sie für die in Haftung genommenen Zeiträume jeweils eine zu niedrige Steuer erklärte und abführte. Diese Pflichtverletzung indiziert den Schuldvorwurf (vgl. BFH, Urteil vom 27.9.2017, Az. XI R 9/16). Die vom Finanzamt angenommene Haftungsquote von 100% ist nicht zu beanstanden.

Ernsthaft zweifelhaft ist aber, ob das Finanzamt sein Ermessen hinsichtlich der Haftung für die ab dem Antrag auf Insolvenzeröffnung entstandenen Säumniszuschläge zutreffend ausgeübt hat, da gegen die Höhe der für diesen Zeitraum bislang vom Finanzamt berücksichtigten Säumniszuschläge die gleichen schwerwiegenden **verfassungsrechtlichen Bedenken wie gegen die Höhe der Verzinsung nach § 233a AO** bestehen. Insoweit liegt deren vollständiger Erlass nahe. Daher ist der Haftungsbescheid in Höhe von ca. 1.800 € auszusetzen.

Die Anwendung des § 240 AO, der die Höhe der Säumniszuschläge regelt, begegnet dann schwerwiegenden verfassungsrechtlichen Zweifeln, wenn die Säumniszuschläge wegen Überschuldung oder Zahlungsunfähigkeit des Steuerpflichtigen teilweise zu erlassen sind. Denn dann sind sie sowohl ihrem verbleibenden Zweck nach als auch der Höhe nach **mit einer Verzinsung vergleichbar**.

Konsequenzen:

Stehen zur Begleichung der Steuerschulden insgesamt ausreichende Mittel nicht zur Verfügung, so bewirkt die durch die schuldhafte Pflichtverletzung verursachte Nichterfüllung der Ansprüche aus dem Steuerschuldverhältnis die Haftung nur in dem Umfang, in dem der Steuerpflichtige das Finanzamt gegenüber den anderen Gläubigern benachteiligt hat.

Rückständige Umsatzsteuer ist danach vom Geschäftsführer in **ungefähr dem gleichen Verhältnis zu tilgen wie die Verbindlichkeiten gegenüber anderen Gläubigern**. Ist dies nicht geschehen, so liegt in dem Umfang, in dem die Tilgungsquote gegenüber dem Finanzamt die Quote gegenüber anderen Gläubigern unterschreitet, eine schuldhafte Pflichtverletzung vor, für die der Geschäftsführer als Haftungsschuldner einzustehen hat.

FG München, Beschluss vom 13.8.2018, Az. 14 V 736/18

84 Umsatzsteuerhaftung – Insolvenz (2)

Nicht-Bestreiten der zur Insolvenztabelle angemeldeten Forderungen trotz überzeugter Unbegründetheit

Der Fall:

K (Kläger) war seit 2005 Mehrheitsgesellschafter und alleiniger Geschäftsführer der A-GmbH. Bei einer Betriebsprüfung in 2009/2010 wurde festgestellt, dass in der Bilanz zum 31.12.2007 der A-GmbH Lieferantenschulden von über 1,6 Mio. € gegenüber Gesellschaften ausgewiesen waren, mit denen seit 2004 keine Vertragsbeziehungen mehr bestanden. Es waren auch keine Aktivitäten der Lieferanten auf Erfüllung der Zahlungsverpflichtungen feststellbar. Das Finanzamt buchte Verbindlichkeiten von über 600.000 € gewinnerhöhend aus.

Das Finanzamt erließ gegenüber der A-GmbH entsprechende KSt- und Verlustfeststellungsbescheide. Erst in 2010 wurde von der A-GmbH wieder ein Gewinn erklärt, dem aufgrund der Betriebsprüfung kein Verlustabzug mehr gegenüberstand. Der Einspruch gegen die Steuerfestsetzung wurde zurückgewiesen; die KSt-Festsetzung für 2010 wurde fristgemäß mit Klage zum FG Köln angefochten.

Während des Klageverfahrens wurde das Insolvenzverfahren über das Vermögen der A-GmbH eröffnet. Der Insolvenzverwalter widersprach zunächst den zur Insolvenztabelle angemeldeten Umsatz- und KSt-Forderungen, nahm den Widerspruch dann jedoch wieder zurück, worauf die Steuerforderungen des Finanzamts am 3.6.2014 zur Insolvenztabelle festgestellt wurden. Das FG-Verfahren wurde daraufhin von den Beteiligten für erledigt erklärt. Ein eigener Widerspruch des K als Geschäftsführer der GmbH gegen die zur Insolvenztabelle angemeldeten Steuerforderungen wurde nicht erhoben.

Das Finanzamt erließ nach § 69 AO in Verbindung mit §§ 34, 35 AO einen **Haftungsbescheid gegen K** für die Steuerrückstände (einschl. Nebenleistungen) der A-GmbH in Höhe von rund 105.000 €. Gegen den Haftungsbescheid legte K am 17.4.2013 Einspruch, danach Klage ein. **Die Begründung**: Gegen die dem Haftungsbescheid zugrunde liegende KSt-Festsetzung für 2010 sei seinerzeit Klage erhoben worden. Aus nicht erklärlichen Gründen habe der Insolvenzverwalter seine ursprünglichen Einwendungen gegen die festgesetzte Steuerschuld jedoch zurückgenommen, ohne dass sich K dagegen habe zur Wehr setzen können.

Das Urteil:

Das Finanzgericht hielt die Anfechtungsklage für unbegründet und den angefochtenen Haftungsbescheid für rechtmäßig. Nach § 191 Abs. 1 AO kann durch Haftungsbescheid in Anspruch genommen werden, wer kraft Gesetzes für eine Steuer haftet. Die Haftung nach § 69 AO umfasst alle Ansprüche aus dem Steuerschuldverhältnis. Gemäß § 166 AO sind dem K Einwendungen gegen die widerspruchslos zur Insolvenztabelle festgestellten Forderungen **im Haftungsverfahren nicht mehr möglich**. Eine vom Insolvenzschuldner nicht bestrittene und zur Insolvenztabelle festgestellte Forderung steht dabei einer unanfechtbaren Steuerfestsetzung (§ 166 AO) gleich.

Konsequenzen:

Durch die Eröffnung des Insolvenzverfahrens geht das Recht des Schuldners, das zur Insolvenzmasse gehörende Vermögen zu verwalten und über dieses zu verfügen, auf den Insolvenzverwalter über (§ 80 Abs. 1 InsO). Allerdings bleibt die Organstellung des Geschäftsführers einer GmbH davon unberührt. Die Organe der GmbH bleiben bestehen, sie können aber nur solche Kompetenzen wahrnehmen, **die nicht die Insolvenzmasse betreffen** (BGH, Urteil vom 26.1.2006, Az. IX ZR 282/03).

K als Geschäftsführer der A-GmbH hatte nach §§ 178 Abs. 1 Satz 2, 184 InsO ein eigenes Widerspruchsrecht. Er hat den Steuerforderungen des Finanzamts jedoch nicht widersprochen. Damit ist die Möglichkeit, im Haftungsverfahren Einwendungen gegen die Steuerforderungen zu erheben, nicht mehr möglich.

Der Geschäftsführer muss als Vertreter der GmbH die Steuerforderungen des Finanzamts **im Prüfungstermin** der zur Insolvenztabelle angemeldeten Forderungen **bestreiten**, wenn er sie für unbegründet hält.

Das Finanzgericht hat die Revision zugelassen, das Verfahren ist unter dem Az. XI R 9/17 beim BFH anhängig.

FG Köln, Urteil vom 18.1.2017, Az. 10 K 3671/14

85 Umsatzsteuerhaftung – Insolvenz (3)

Haftung für Umsatzsteuerrückstände der Gesellschaft bei Insolvenzverfahren unter Eigenverwaltung

Der Fall:

A und B waren Geschäftsführer der X-GmbH & Co. KG. Für diese hatten sie einen Insolvenzantrag gestellt und die Eigenverwaltung beantragt. Zwecks Prüfung der Aussichten für die Fortführung der Gesellschaft bestellte das Insolvenzgericht zunächst einen vorläufigen Sachwalter. Ein Verfügungsverbot oder einen Zustimmungsvorbehalt ordnete es nicht an. Später eröffnete es das Insolvenzverfahren und ordnete die Eigenverwaltung an.

Das Finanzamt nahm A und B für im Zeitraum vor Eröffnung des Insolvenzverfahrens fällig gewordene Umsatzsteuerrückstände der X-GmbH & Co. KG in Anspruch.

Im Klageverfahren vertraten A und B die Auffassung, dass durch die Anordnung der vorläufigen Eigenverwaltung ein geändertes Pflichtprogramm entstanden sei und sie sich bei Zahlung der Steuern gegenüber der Gesellschaft erstattungspflichtig gemacht hätten. Ferner habe der vorläufige Sachwalter der Abführung der Umsatzsteuer mündlich widersprochen.

Das Urteil:

Das FG wies die Klage ab und ließ die Revision zum BFH nicht zu.

Nach Auffassung des FG stehen einer Haftung von A und B die Stellung eines Antrags auf Insolvenzeröffnung und Eigenverwaltung, die Bestellung eines vorläufigen Sachwalters und ein mündlicher Widerspruch desselben gegen die Abführung von Steuern nicht entgegen.

Wer kraft Gesetzes für eine Steuer haftet, kann durch Haftungsbescheid in Anspruch genommen werden. Nach § 69 Satz 1 AO haften die in § 34 AO benannten Personen, soweit Ansprüche aus dem Steuerschuldverhältnis infolge vorsätzlicher oder grob fahrlässiger Verletzung der ihnen auferlegten Pflichten nicht oder nicht rechtzeitig erfüllt werden. Diese Voraussetzungen sind vorliegend erfüllt.

Denn A und B waren trotz Stellung des Insolvenzantrags und Anordnung der vorläufigen Eigenverwaltung als **Geschäftsführer weiterhin zur Zahlung der Steuerrückstände** unter Beachtung des Grundsatzes der anteiligen Tilgung **verpflichtet**. Eine Kollision mit der Massesicherungspflicht besteht insoweit nicht. Diese Pflicht wird allenfalls dann verletzt, wenn die Geschäftsführer überproportionale Zahlungen auf die Umsatzsteuer geleistet haben.

Auch der mündliche Widerspruch des vorläufigen Sachverhalts ändert an der Haftung der Geschäftsführer nichts, da die Verwaltungs- und Verfügungsbefugnis bei den Geschäftsführern verblieben ist.

Konsequenzen:

Die Zahlung von Steuerrückständen unterliegt nicht dem Widerspruchsrecht eines vorläufigen Sachwalters. Etwas anderes könnte nur in dem Fall anzunehmen sein, wenn das Gericht noch zusätzlich einen Zustimmungsvorbehalt angeordnet hätte.

FG Münster, Urteil vom 16.5.2018, Az. 7 K 783/17

86 Umsatzsteuerhaftung – Insolvenz (4)

GmbH-Geschäftsführer haften für fällige Umsatzsteuer während des Anfechtungszeitraums vor Eröffnung des Insolvenzverfahrens

Der Fall:

A und B waren 2011 Geschäftsführer der X-GmbH, die im selben Jahr Komplementärin der inzwischen nach Insolvenz aufgelösten X-KG war. Für Juli 2011 meldete die KG eine Umsatzsteuerlast in Höhe von 10.097 € an, die sie durch mehrere Teilzahlungen im Oktober beglich.

Eine Betriebsprüfung für den Zeitraum November 2010 bis August 2011 führte zu Mehrsteuern von 6.490 €, die aus Vereinfachungsgründen im Voranmeldungszeitraum August erfasst wurden. Die USt-Zahllast für August in Höhe von 16.755 € wurde mit Zahlungen vom 21.10. und 17.11. beglichen. Für die Voranmeldungszeiträume September und Oktober 2011 bestehen aufgrund fristgerecht eingereichter Umsatzsteuervoranmeldungen Steuerschulden von 11.335 € bzw. 13.908 €.

Die KG stellte am 3.1.2012 Insolvenzantrag; das Amtsgericht bestellte am gleichen Tag einen vorläufigen Insolvenzverwalter. Das Insolvenzverfahren wurde im Februar 2012 eröffnet. Der Insolvenzverwalter erklärte die Anfechtung für Zahlungen der letzten drei Monate vor dem Insolvenzantrag (§§ 129, 130 InsO). Daraufhin zahlte das Finanzamt die gezahlte Umsatzsteuer für Juli und August einschl. Nebenleistungen zurück.

Mit der Begründung, A und B hätten ihre Geschäftsführerpflichten dadurch verletzt, von Oktober 2011 bis Januar 2012 für die KG fällige Umsatzsteuern nicht entrichtet zu haben, erließ das Finanzamt auf §§ 69, 34 AO gestützte Haftungsbescheide. Der Einspruch blieb erfolglos. Die Klage hatte teilweise Erfolg.

Der Steuerschaden wäre nach Auffassung des FG in jedem Fall eingetreten. Denn bei Erlass der Haftungsbescheide habe das Finanzamt von der Eröffnung des Insolvenzverfahrens und der Anfechtung durch den Insolvenzverwalter Kenntnis gehabt. Dem Finanzamt sei damit bewusst gewesen, dass es auch bei fristgerechter Zahlung der Umsatzsteuer diesen Schaden erlitten hätte, da diese Zahlungen ebenso angefochten worden wären.

Das Urteil:

Der BFH sah das anders und gab der Revision des Finanzamts statt. Entgegen der Auffassung des FG hat danach das Finanzamt A und B zu Recht im Haftungsweg in Anspruch genommen. Als Geschäftsführer oblag es ihnen die Umsatzsteuerschulden für die Monate September und Oktober 2011 zu begleichen.

Der Zusammenhang zwischen Pflichtverletzung und dem Eintritt der durch die Nichtentrichtung eingetretenen Vermögensschäden entfällt nicht dadurch, dass Zahlungen innerhalb von drei Monaten vor dem Antrag auf Insolvenzeröffnung hätten angefochten werden können.

Verletzt ein gesetzlicher Vertreter zumindest grob fahrlässig seine Pflicht zur fristgemäßen Entrichtung von Steuern, setzt er mit seinem schuldhaften Verhalten eine Ursache, die bewirkt, dass dem Finanzamt die ihm zustehenden Steuerbeträge vorenthalten werden. In diesen Fällen kann eine Schadenzurechnung nicht deshalb entfallen, weil bei nachträglicher Betrachtung des Geschehensablaufs tatsächlich geleistete Zahlungen infolge einer Anfechtung nach der Insolvenzordnung durch Erstattung der Beiträge an die Finanzbehörde wieder hätten rückgängig gemacht werden müssen. Insoweit kann ein **hypothetischer Kausalverlauf keine Berücksichtigung** finden.

Konsequenzen:

Würde ein hypothetischer Geschehensablauf berücksichtigt, könnte ein gesetzlicher Vertreter in Kenntnis einer Überschuldung oder (drohenden) Zahlungsunfähigkeit innerhalb von drei Monaten vor Antrag auf Eröffnung des Insolvenzverfahrens die Erfüllung der ihm obliegenden steuerlichen Pflichten mit dem Hinweis vernachlässigen, dass, wenn er Steuerzahlungen vornähme, diese ohnehin vom Insolvenzverwalter angefochten werden können und er daher auch nicht als Haftungsschuldner in Anspruch genommen werden könne. Somit hätte es der gesetzliche Vertreter in der Hand, durch Stellung eines Antrags auf Insolvenzeröffnung und ein vorher darauf abgestimmtes Zahlungsverhalten dem Fiskus einen endgültigen Steuerschaden zuzufügen, ohne dass diesem die Möglichkeit zur Geltendmachung eines steuerlichen Haftungsanspruchs eröffnet wäre.

BFH, Urteil vom 26.1.2016, Az. VII R 3/15

87 Unternehmerisches Ermessen

Zum unternehmerischen Ermessen beim „Insichgeschäft" und zur Anspruchsdurchsetzung durch den Insolvenzverwalter

Der Fall und das Urteil:

A war gemeinsam mit B und C als Gesellschafter zu je 1/3 an der X-GmbH beteiligt, mit C zusammen auch als Gesellschafter an der H-GbR zu je 50%. Mitte 2008 übernahm A zunächst den Gesellschaftsanteil des C. Nach dem Erwerb des Anteils von B war A seit Juli 2010 alleiniger Gesellschafter und Geschäftsführer. Im Mai 2012 wurde das Insolvenz-verfahren eröffnet und K zum Insolvenzverwalter bestellt.

Im Januar 2008 hatte die X-GmbH die Aktiva der H-GbR gekauft, die in 2007 keine Umsatzerlöse erwirtschaftet und zum Jahresende 2007 ein Gesamtvermögen von 9.392,42 € hatte. Die H-GbR berechnete hierfür einen Betrag von 30.000 €, hiervon 4.540 € für konkret aufgeführte Gegenstände und 25.460 € für den Firmenwert. Der Firmenwert enthielt hierbei auch den Wert von 20 Steuerungsprototypen, die mit 5.377 € bewertet worden waren. K erhob unter anderem Klage in Höhe von 25.460 € gegen A unter dem Gesichtspunkt des Schadenersatzes wegen des Verstoßes gegen Geschäftsführer-Pflichten.

Während das LG die Klage abgewiesen hat, gab das OLG ihr statt, weil der Firmenwert der H-GbR objektiv keinen den Betrag von 5.377 € übersteigenden Mehrwert hatte, sodass die Wertdifferenz von 20.083 € nicht nachvollziehbar war. Soweit die X-GmbH keinen Gegenwert für die Zahlung erhalten hatte, war der Gesellschaft ein Schaden entstanden, der durch ein pflichtwidriges Verhalten des Geschäftsführers verursacht worden war.

Da A zugleich im Namen der GmbH und im Namen der GbR aufgetreten war, lag ein Interessenkonflikt vor, der besondere Loyalitätspflichten auslöste. Auch ein Verzicht auf die Geltendmachung der Ansprüche nach der späteren Übernahme aller Geschäftsanteile durch A wäre ohne Bedeutung, weil es sich insoweit um eine unentgeltliche Leistung gehandelt hätte, die der Insolvenzverwalter im Wege der Anfechtung nach § 134 InsO geltend machen konnte.

Konsequenzen:

Die OLG-Entscheidung fasst die wesentlichen Haftungsgrundsätze für ein Geschäftsführer-Handeln prägnant zusammen. Der Geschäftsführer hat die **Sorgfalt eines ordentlichen, gewissenhaften Geschäftsleiters** einzuhalten. Der Sorgfaltsstandard hat sich dabei an der Person eines selbstständigen, treuhänderischen Verwalters fremder Vermögensinteressen zu orientieren. Im Schadensfall obliegt es dem Geschäftsführer, darzulegen und zu beweisen, dass er seiner Sorgfaltspflicht nachgekommen ist oder schuldlos nicht nachkommen konnte, oder dass der Schaden auch bei pflichtgemäßem Alternativverhalten eingetreten wäre.

Soweit im Rahmen der Geschäftsführung unternehmerische Entscheidungen von einem Geschäftsführer zu treffen sind, ist ein hier bestehender **Ermessensspielraum** zu berücksichtigen. Dieser Handlungsspielraum eines Geschäftsführers schließt auch das bewusste Eingehen geschäftlicher Risiken mit der Gefahr von Fehlbeurteilungen und Fehlentscheidungen ein. Er ist aber dann überschritten, wenn die Bereitschaft, unternehmerische Risiken einzugehen, **in unverantwortlicher Weise überspannt** worden ist oder das Verhalten des Geschäftsführers aus anderen Gründen als pflichtwidrig gelten muss.

Wird ein Geschäftsführer zugleich im Namen der Gesellschaft und im eigenen Namen („Insichgeschäft") tätig, unterliegt er zusätzlichen Bedingungen. Seine Loyalitätspflicht gegenüber der Gesellschaft verlangt besondere Rücksicht. Liegt ein Interessenkonflikt vor, so hat der Geschäftsführer besonders darauf zu achten, dass die Maßnahme aus Sicht der Gesellschaft fair und angemessen ist.

Weisungen einer Gesellschaftermehrheit oder eines Mehrheitsgesellschafters ohne förmlichen Beschluss und bei fehlender Satzungsgrundlage stellen nicht frei. Eine Pflichtwidrigkeit des Geschäftsführer-Verhaltens ist in diesen Fällen selbst dann gegeben, wenn ein ordnungsgemäßer Beschluss ohne Weiteres hätte herbeigeführt werden können. Ein Verzicht der Gesellschaft auf eine Haftung des Geschäftsführers ist möglich, soweit es nicht zu einer

Verletzung der Kapitalerhaltungsvorschriften (§§ 30, 33 GmbHG) gekommen ist. Dies kommt **insbesondere bei einer Ein-Mann-GmbH** in Betracht.

Im Insolvenzfall kann der Insolvenzverwalter den Anspruch gegen den Geschäftsführer geltend machen, ohne dass es eines Gesellschafterbeschlusses (§ 46 Nr. 8 GmbHG) bedarf.

OLG Frankfurt, Urteil vom 2.6.2017, Az. 25 U 107/13

88 Untreue (1)

Zur Strafbarkeit des Geschäftsführers wegen Untreue

Der Fall:

Der Geschäftsführer K der X-GmbH ist wegen Untreue in sechs Fällen zu einer Gesamtfreiheitsstrafe von drei Jahren verurteilt worden. Er hat berechtigte Forderungen der X-GmbH aus Gefälligkeit nicht vor Eintritt der Verjährung geltend gemacht. Er hat trotz eines bestehenden Beratervertrags den darin zugesagten Tagessatz des Beraters erheblich erhöht. Weiterhin hat er ohne rechtliche Verpflichtung und ohne entsprechende Vergütung zwei hoch bezahlte Mitarbeiter kostenlos der Stadt E zur Verfügung gestellt. Schließlich hat er dem freigestellten Betriebsratsvorsitzenden der X-GmbH ein höheres Arbeitsentgelt bezahlt, als ihm nach gesetzlicher Regelung zustand.

Der Beschluss:

Der BGH hat die Verurteilung des Geschäftsführers durch das Landgericht bestätigt und die Revision zurückgewiesen.

In **allen genannten Tatkomplexen** hat der BGH eine **strafbare Untreuehandlung** des Geschäftsführers gesehen.

K hatte bis zum Verjährungseintritt davon abgesehen, einen bestehenden und durchsetzbaren Zahlungsanspruch der X-GmbH über rund 93.000 € gegen das Unternehmen eines mit ihm befreundeten Geschäftspartners durchzusetzen. Um dies zu erreichen, hatte er Scheinrechnungen des Geschäftspartners über tatsächlich nicht erbrachte Dienstleistungen zulasten der X-GmbH buchen lassen und die Richtigkeit dieser Scheinrechnungen durch einen von ihm erstellten Vermerk über bestehende Zahlungsansprüche bestätigt. Durch dieses Vorgehen hat K – so der BGH – vorsätzlich den in der Geschäftsordnung der X-GmbH aufgestellten Grundsatz der Wirtschaftlichkeit und Sparsamkeit verletzt. Zugleich hat er die ihm gemäß § 41 GmbHG obliegende Pflicht zu ordnungsgemäßer Buchhaltung verletzt, indem er für die Verschleierung der bestehenden Ansprüche gesorgt hat.

Auch die Erhöhung der vereinbarten Tagessätze des ihm bekannten IT-Beraters hat K nur aus Gefälligkeit vorgenommen. Selbst wenn die dadurch gezahlte Vergütung noch im Rahmen eines marktgerechten Honorars eines IT-Beraters lag, bestand für die Erhöhung der Tagessätze keinerlei rechtliche Grundlage. Es handelte sich jedenfalls nach Auffassung des BGH um einen zeitlich befristeten Beratervertrag, aufgrund dessen der IT-Berater Dienste höherer Art zu leisten hatte, die ihm aufgrund eines besonderen Vertrauens übertragen worden waren. Gleichwohl hielt der BGH eine jederzeitige Kündbarkeit dieses Vertrags für ausgeschlossen, da der Auftragnehmer seiner Auffassung nach in einem dauernden Dienstverhältnis mit festen Bezügen stand. Dies ist nämlich dann der Fall, wenn der Dienstverpflichtete **von vornherein festgelegte Beträge** erhält, welche einen nicht unerheblichen Beitrag **zur Sicherung seiner wirtschaftlichen Existenz** darstellen (vgl. BGH, Urteil vom 11.2.2010, Az. IX ZR 114/09, NJW 2010, S. 1520, 1521). Insoweit reicht die Garantie eines bestimmten Mindesteinkommens aus, z.B. durch die Verpflichtung, bestimmte Einsatztage gegen die zugesagte Vergütung regelmäßig zu erbringen.

Auch in der unberechtigten Erhöhung der Tagespauschale hat der BGH einen Verstoß gegen den Grundsatz der Wirtschaftlichkeit und Sparsamkeit sowie gegen das Verbot der Gewährung unberechtigter Vorteile an Dritte (im Sinne der Ziffer 3.4.2 des „Public Corporate Governance Kodex") gesehen. Der Geschäftsführer hat sich bei seiner Entscheidung insoweit ausschließlich am Wohl des Unternehmens zu orientieren.

Die **kostenlose Abordnung der Mitarbeiter** an die Stadt E stellt – so der BGH – ebenfalls ein pflichtwidriges Verhalten im Sinne vom § 266 Satz 1 StGB dar. Der Schwerpunkt des pflichtwidrigen Verhaltens des Geschäftsführers lag dabei in seinem Abzeichnen der sogenannten Abordnungsverfügungen, aufgrund derer die Mitarbeiter der X-GmbH bei fortlaufenden Entgeltzahlungen durch die GmbH der Stadt kostenlos zur Verfügung gestellt wurden.

Das Gleiche gilt für die **unberechtigte Höherbezahlung des Betriebsratsvorsitzenden**. Entgegen der Auffassung des K war sein Vorgehen auch nicht durch die Überlegung gedeckt, einen Anreiz des Betriebsratsvorsitzenden zu erzeugen, die übrigen Betriebsräte „unter der Decke" zu halten.

Konsequenzen:

Grundsätzlich hat der GmbH-Geschäftsführer ein unternehmerisches Ermessen. Er muss daher im Rahmen der ihm gegebenen Kompetenzen entscheiden, welche Geschäfte für das von ihm geleitete Unternehmen erforderlich und angemessen sind. Es gibt keine festen Grenzen bei den wirtschaftlichen Entscheidungen, außer wenn sich diese Grenzen aus dem Gesetz, dem Gesellschaftsvertrag oder dem Geschäftsführeranstellungsvertrag ergeben. Bei seinem Handeln für die Gesellschaft hat der Geschäftsführer aber die Grundsätze der Sparsamkeit und Wirtschaftlichkeit und das **Verbot der Gewährung unberechtigter Vorteile an Dritte** zu beachten. Insoweit ergeben sich Grenzen aus dem Public Corporate Governance Kodex.

Verstößt der Geschäftsführer mit Wissen und Wollen gegen diese Grundsätze, macht er sich wegen **Untreue zu Lasten der GmbH** strafbar. Der Geschäftsführer hat insoweit alle Tätigkeiten zu unterlassen, die zu einer Schädigung des Vermögens der GmbH führen, ohne dass es irgendwelche rechtlichen Gründe dafür gäbe.

Das Urteil zeigt, dass erstinstanzlich sogar die Anschaffung eines für die Betriebszwecke des Unternehmens nicht benötigten Fahrzeugs als Untreuehandlung bewertet worden war.

BGH, Beschluss vom 20.6.2018, Az. 4 StR 561/17

89 Untreue (2)

Strafrechtliche Folgen des Bedienens schwarzer Kassen

Der Fall:

Der Finanzvorstand X der B-AG sowie die dort für das Russlandgeschäft tätigen Mitarbeiter, ab der sogenannten Hierarchieebene Area-Manager, haben unter gezielter Umgehung der gesellschaftsinternen Kontrollen für das Auslandsgeschäft eine schwarze Kasse gebildet. Über diese sind Zahlungen an die russischen Geschäftspartner der B-AG geflossen, welche Schmiergeldzahlungen und die teilweise Rückerstattung von gezahlten Kaufpreisen zum Inhalt hatten. Gezahlt wurde auf nicht leistungshinterlegte Scheinrechnungen, die von Offshore-Gesellschaften ausgestellt worden waren. Auf diese Art und Weise wurden die tatsächlichen Rechtsverhältnisse verschleiert. Im wirtschaftlichen Ergebnis wurden die russischen Vorgaben im Bereich des Devisenerwerbs umgangen.

Die insoweit tätigen Mitarbeiter der B-AG beugten sich den Forderungen der russischen Geschäftspartner, um überhaupt Waren auf dem russischen Markt absetzen zu können.

Die für die B-AG tätigen Mitarbeiter einschließlich des Finanzvorstands X sind vom Landgericht wegen Untreue und Steuerhinterziehung in jeweils fünf Fällen verurteilt worden. Diese haben gegen die Urteile Revision eingelegt.

Das Urteil:

Der BGH hat die Verurteilung der Angeklagten wegen Untreue und Steuerhinterziehung im Ergebnis bestätigt.

Alle Mitarbeiter der B-AG einschließlich des Finanzvorstands waren in Bezug auf das Firmenvermögen betreuungspflichtig und hatten die Aufgabe sowie die Möglichkeit, eigenverantwortlich Rechnungen für Aufwendungen im Russland-Geschäft auf ihre Richtigkeit zu prüfen und freizuzeichnen. Durch die erfolgte Zahlung auf Scheinrechnungen, die für nicht erbrachte Gegenleistungen ausgestellt worden waren, haben die Angeklagten ihre **Vermögensbetreuungspflicht rechtswidrig und schuldhaft verletzt.** Durch diese pflichtwidrigen Handlungen sind der B-AG in Bezug auf die gezahlten Schmiergelder finanzielle Schäden entstanden, nicht jedoch durch die Zahlungen zur teilweisen Kaufpreisrückerstattung. Die **rückerstatteten Kaufpreisteile** waren nämlich zuvor auf die eigentlich zutreffenden Preise der B-AG nur mit dem Zweck aufgeschlagen worden, um sie sodann den russischen Geschäftspartnern im Wege der Rückerstattung zukommen lassen zu können. Dadurch ist das Vermögen der B-AG nicht verringert worden.

Zum Ausschluss oder zur Minderung eines Schadens bezüglich der gezahlten Schmiergelder kommt es nicht aufgrund dadurch eingetretener oder erhoffter Vermögensvorteile für die B-AG. Die Bestimmung über die Verwendung des eigenen Vermögens **obliegt vielmehr dem Vermögensinhaber** und nicht dort angestellten Dritten. Außerdem wurden die Gelder bereits vorab auf solche Konten verschoben, auf welche die B-AG im Zweifel keinen eigenen Zugriff mehr hatte, sodass der Vermögensnachteil bereits vor eventuell erlangten Vermögensvorteilen eingetreten war.

Der Finanzvorstand X als ressortzuständiges Vorstandsmitglied der B-AG konnte für ein solches Verhalten im Rahmen der Schmiergeldzahlungen kein wirksames Einverständnis erklären. Nur ein wirksames Einverständnis kann aber die Tatbestandsmäßigkeit einer Verletzung von Pflichten zur Vermögensbetreuung ausschließen.

Der BGH hat auch den Schuldspruch wegen Steuerhinterziehung gemäß § 73 Satz 1 Nr. 1 Abgabenordnung bestätigt. Aufgrund der auf Scheinrechnungen gezahlten Beträge ist ersichtlich, dass der vorgenommene Abzug der Schmiergeldzahlungen als Betriebsausgaben im Rahmen der Körperschaft-

und Gewerbesteuer unzulässig war. Ein solches Abzugsverbot folgte aus § 4 Abs. 5 Nr. 10 EStG in Verbindung mit § 8 Abs. 1 Satz 1 KStG.

Im Gegensatz dazu durften die für die Kaufpreisrückerstattung vorgesehenen Zahlungen gewinnmindernd berücksichtigt werden. Das insoweit beabsichtigte wirtschaftliche Ergebnis ist tatsächlich eingetreten und war so gewollt. Die Ausgaben sind lediglich fehlerhaft bezeichnet worden.

Konsequenzen:

Aufgrund des erheblichen Konkurrenzdrucks können sich manche Unternehmen der Forderung nach Provisionen, Rückerstattungen und Schmiergeldzahlungen nur schwerlich entziehen. Derartige Vermögensverfügungen sind rechtlich aber nur dann ohne Risiko, wenn zum einen die Unternehmensinhaber einem solchen Vorgehen zustimmen und zum anderen nicht unberechtigte Zahlungen als Betriebsausgaben steuerlich geltend gemacht werden.

Wenn ohne Zustimmung der Unternehmensinhaber **Schmiergeldzahlungen an Dritte** geleistet werden, liegt hierin eine Verletzung der Vermögensbetreuungspflicht der Geschäftsführer bzw. des Vorstands vor, die auch zu einem Schaden der Gesellschaft führt. Insoweit droht die Bestrafung wegen einer Untreuehandlung. Schmiergeldzahlungen dürfen auch nicht steuerlich als Betriebsausgaben geltend gemacht werden.

Werden dagegen über die eigentlich verlangten Preise hinaus Aufpreise berechnet und die mehr berechneten Summen sodann absprachegemäß an Mitarbeiter der Geschäftspartner zurückgezahlt, entsteht der Gesellschaft dadurch kein wirtschaftlicher Schaden. Insoweit kommt es nicht zu einer Untreuehandlung. Solche Rückzahlungen, wenn sie denn auf gestellte Rechnungen der Gesellschaft hin erfolgen, können auch, da sie tatsächlich geleistet werden, steuerlich als Betriebsausgaben geltend gemacht werden.

Bevor Sie sich hier auf irgendwelche Forderungen Dritter einlassen, sollten Sie daher vorab eine genaue straf- und steuerrechtliche Prüfung vornehmen.

BGH, Urteil vom 23.10.2018, Az. 1 StR 234/17

90 Untreue (3)

Zur Haftung eines Bevollmächtigten als Gehilfe wegen Beihilfe zur Untreue

Der Fall:

Der Alleingesellschafter und einzige Geschäftsführer der X-GmbH erkrankte 1999 schwer. Er erteilte am 15.3.1999 seiner Mutter M, die als kaufmännische Angestellte für die X-GmbH tätig war, eine umfassende Vollmacht, in seinem Namen alle Handlungen zur Wahrung der Interessen der GmbH vorzunehmen. Diese befand sich damals bereits in wirtschaftlichen Schwierigkeiten. Anfang 2000 war die X-GmbH zahlungsunfähig und überschuldet und stellte im Jahr 2003 ihren Betrieb ein. Über ihr Vermögen ist am 20.4.2005 das Insolvenzverfahren eröffnet worden. Der Insolvenzverwalter hat die M im Wege einer Teilklage auf Zahlung von 100.000 € in die Insolvenzmasse verklagt, und zwar wegen der von ihr vorgenommenen Zahlungen in der Zeit von Dezember 2001 bis April 2003 vom Konto der GmbH.

Das LG hat die Klage abgewiesen, das OLG ihr stattgegeben.

Das Urteil:

Der BGH hat das Berufungsurteil aufgehoben und das landgerichtliche Urteil vollständig wiederhergestellt.

Die M könnte nur schadenersatzpflichtig sein wegen einer Beihilfe zur Untreue gemäß § 823 Abs. 2 BGB i.V.m. § 266 Abs. 1, § 27 StGB. Nach der Definition des § 27 Abs. 1 StGB ist derjenige Gehilfe, der vorsätzlich einem anderen zu dessen vorsätzlich begangener rechtswidriger Tat Hilfe leistet. Hilfeleistung ist jede Handlung, die den Taterfolg durch den Haupttäter fördert.

Voraussetzung für die Annahme einer Beihilfe ist daher, dass eine Haupttat vorliegt (Untreue zulasten der GmbH) die durch den Sohn der M begangen wurde. Die Unterzeichnung der Bankaufträge für die Überweisung der Zahlungen an Gesellschaftsgläubiger würde nur dann eine Untreue darstellen, wenn die Zahlungen zu einem Vermögensschaden der GmbH geführt haben (§ 266 StGB). Erforderlich ist dafür der Eintritt einer **Vermögensminderung, durch einen Vergleich des Vermögensstandes** der GmbH vor und nach der Tat unter lebensnaher, wirtschaftlicher Betrachtungsweise festzustellen (vgl. BGH, Urteil vom 5.7.2011, Az. 3 STR 444/10, NStZ-RR 2011, S. 312). Zu einem Vermögensschaden kommt es nicht, wenn das Vermögen der GmbH in Höhe des Vermögensabflusses von einer Verbindlichkeit befreit wird. Dies darzulegen war aber nicht Sache der M als Beklagte, sondern des Insolvenzverwalters als Kläger und Anspruchsteller. Erst wenn der Anspruchsteller dies konkret vorgetragen hat, kann es Sache der in Anspruch genommenen Partei sein, hierzu nähere Angaben zu machen. Vorliegend fehlte es an einem solchen konkreten Vortrag des Insolvenzverwalters.

Darüber hinaus fehlte es aber auch nach Auffassung des BGH an den subjektiven Voraussetzungen für eine Haftung der M. Es stand keineswegs fest, dass die M bei Vornahme der Zahlungen von einer Überschuldung der X-GmbH Kenntnis hatte. Die Anforderungen der Rechtsprechung an einem GmbH-Geschäftsführer, sich jederzeit Kenntnisse über die wirtschaftliche Lage des Unternehmens zu verschaffen und bei Anzeichen einer Krise die mögliche Insolvenzreife der Gesellschaft zu überprüfen, können **auf eine kaufmännische Angestellte nicht übertragen** werden, weil diese kein Organ der Gesellschaft ist und ihr auch keine Leitungsbefugnis zukommt.

Konsequenzen:

Nicht nur der GmbH-Geschäftsführer kann durch ein Fehlverhalten in der Insolvenzsituation der GmbH persönlich schadenersatzpflichtig werden. Auch eine Person, die aufgrund erteilter Vollmacht des Geschäftsführers für die GmbH gehandelt hat, kann persönlich schadenersatzpflichtig werden, und zwar wegen Verletzung eines Schutzgesetzes.

Es kann z.B. zu einer Beihilfehandlung des Bevollmächtigten zu einer Untreue des Geschäftsführers zulasten der GmbH kommen. Dies ist nur dann der Fall, wenn der Bevollmächtigte bei der Verwirklichung des strafrechtlichen Tatbestandes durch den Geschäftsführer Hilfe geleistet hat und der GmbH ein Vermögensschaden entstanden ist. Stehen Zahlungen **entsprechende Befreiungen von Verbindlichkeiten** gegenüber, fehlt es an einem Vermögensschaden. Der Bevollmächtigte kann als Gehilfe nur dann strafbar und insoweit schadenersatzpflichtig werden, wenn er selbst Kenntnis von der Insolvenzsituation der GmbH und von der Ausführung der Untreuehandlung durch den Geschäftsführer selbst gehabt hat.

BGH, Urteil vom 18.6.2013, Az. II ZR 217/12

91 Veräußerung von Sicherungsgut

Zur Geschäftsführerhaftung bei fahrlässiger Veräußerung von Sicherungsgut

Der Fall und das Urteil:

Die Klägerin (eine Bank) schloss in 2006 mit einer GmbH einen Investitionskreditvertrag zur Finanzierung eines Radladers, der zeitgleich angeschafft wurde. Nach den Kreditbedingungen erwarb die Bank hieran Sicherungseigentum. Als die GmbH in 2009 in wirtschaftliche Schwierigkeiten geriet, wurde der Radlader durch einen Mitarbeiter des Geschäftsführers ohne Kenntnis der Bank für 75.000 € verkauft. Die Käuferin überwies den Kaufpreis an die GmbH und holte den Radlader selbst ab.

Im September 2010 wurde das Insolvenzverfahren über das Vermögen der GmbH eröffnet. Da die Bank mit ihrer Forderung ausfiel, nimmt sie den Geschäftsführer auf Zahlung von 75.000 € nebst Zinsen in Anspruch. Sie stützt ihre Forderung auf Schadenersatz wegen unerlaubter Handlung durch Veräußerung von Sicherungseigentum. Während das Landgericht die Klage abgewiesen hat, hat das Oberlandesgericht ihr stattgegeben.

Konsequenzen:

Nach Auffassung des OLG hat der Geschäftsführer durch die Veräußerung einer fremden Sache an einen gutgläubigen Erwerber das **Eigentum der Klägerin** rechtlich beeinträchtigt und damit **verletzt**. Zwar handelt der Geschäftsführer einer GmbH im Rahmen seines Aufgabenkreises als organschaftlicher Vertreter der juristischen Person, sodass diese nach § 31 BGB für Schäden haftet, die er in Ausführung der ihm obliegenden Verrichtungen einem Dritten zufügt. Dieser Grundsatz schließt indessen eine **daneben bestehende eigene Haftung des Geschäftsführers** nicht aus, wenn er persönlich den **Schaden durch eine unerlaubte Handlung herbeigeführt** hat. Deshalb kommt eine persönliche Haftung eines Geschäftsführers nach § 823 Abs. 1 BGB in Betracht, wenn dieser Gegenstände, die im Eigentum eines Dritten stehen, veräußert oder eine solche Veräußerung veranlasst, ohne dass eine Verwertungsbefugnis für die GmbH vorlag.

Das OLG ist deshalb nicht der Auffassung des Beklagten gefolgt, dass wegen der Größe des Fuhrparks (138 Lkws) und der Vielzahl der Maschinen eine Sorgfaltspflichtverletzung entfällt, weil er die Tätigkeiten seiner Mitarbeiter **nicht kontrolliert und überwacht** hat. Er hatte sich „blind" auf seine sorgfältig ausgewählten Mitarbeiter verlassen.

Ein Geschäftsführer ist kraft seiner Amtsstellung grundsätzlich für alle Angelegenheiten der Gesellschaft zuständig. **Interne Zuständigkeitsregelungen lassen** – ebenso wie eine Delegation von Aufgaben – **die Eigenverantwortung nicht erlöschen**. Es bleiben stets Überwachungspflichten, die Veranlassung zum Eingreifen geben, wenn die Erfüllung von Aufgaben der Gesellschaft durch den (intern) zuständigen Geschäftsführer(-Kollegen) oder den mit der Erledigung beauftragten Arbeitnehmer nicht mehr gewährleistet ist.

OLG Saarbrücken, Urteil vom 30.1.2014, Az. 4 U 49/13

92 Vermögensvorsorgepflicht

Drohen aufgrund einer Außenprüfung Steuernachzahlungen, muss der Geschäftsführer Mittel zur Zahlung der Steuernachforderungen bereithalten

Der Fall:

A war alleiniger Geschäftsführer der X-GmbH. Die Mitarbeiterin L besaß Einzelprokura. Da die Körperschaftsteuererklärung und die Bilanz für 2007 nicht eingereicht wurden, schätzte das Finanzamt das Betriebsergebnis und erließ einen entsprechenden Körperschaftsteuer-(KSt-)Bescheid.

Am 3.8.2009 ging beim Finanzamt die KSt-Erklärung 2007 nebst Bilanz ein. Im Jahresabschluss ist ein Erlös aus dem Verkauf einer Beteiligung an der Y-GmbH in Höhe von 46.500 € enthalten. Der Erlös wurde von der X-GmbH gemäß § 8b Abs. 2 KStG steuerfrei behandelt.

Im Jahr 2011 führte das Finanzamt bei der X-GmbH eine Außenprüfung für die Jahre 2006 bis 2008 durch. Der Prüfer war der Auffassung, die Voraussetzung für eine Steuerbefreiung nach § 8b KStG sei nicht gegeben. Eine Schlussbesprechung wurde nicht durchgeführt, da die X-GmbH hierauf verzichtete.

Daraufhin änderte das Finanzamt am 6.6.2012 die festgesetzte KSt. Der Nachzahlungsbetrag betrug einschließlich Solidaritätszuschlag und Zinsen rund 6.200 €, fällig am 11.7.2012.

Da die X-GmbH diese Steuernachzahlung nicht leistete und Vollstreckungsversuche in das Vermögen der X-GmbH erfolglos blieben, erließ das Finanzamt am 26.3.2013 gegenüber A einen Haftungsbescheid.

A legte dagegen Klage ein. Begründung: Es habe keine Möglichkeit bestanden, die geschuldeten Steuern aufzubringen, da die GmbH in dem vom Finanzamt benannten Haftungszeitraum 11.7.2012 bis 30.5.2013 nicht über ausreichende Mittel zur Tilgung verfügt habe.

Das Urteil:

Das FG Berlin-Brandenburg wies die Klage als unbegründet zurück, da A **zumindest grob fahrlässig** nicht für eine Tilgung der Körperschaftsteuer 2007 nebst Zinsen und Solidaritätszuschlag im Zeitpunkt der tatsächlichen Fälligkeit (11.7.2012) gesorgt habe.

Für die Frage der Haftungsinanspruchnahme nach § 69 AO in Verbindung mit § 34 AO komme es nicht auf die tatsächliche Leistungsfähigkeit der GmbH im Zeitpunkt der Fälligkeit der Abgabeverbindlichkeiten (11.7.2012), sondern auf deren **finanzielle Leistungsfähigkeit im Zeitpunkt der positiven Kenntnis des GmbH-Geschäftsführers** von der Existenz der betreffenden Abgabeverbindlichkeiten an.

Im Streitfall habe A zumindest ab September 2011 positive Kenntnis von der Nachzahlungspflicht der X-GmbH gehabt. Am 30.8.2011 habe bei einer Schwestergesellschaft eine Schlussbesprechung stattgefunden, bei der Einigkeit darüber erzielt worden sei, dass der Gewinn aus einem parallel liegenden Anteilsverkauf steuerpflichtig sei. An dieser Besprechung habe auch Frau L teilgenommen, die auch dort Prokuristin gewesen sei. Es seien keine Anhaltspunkte ersichtlich, dass dies dem A nicht umgehend mitgeteilt worden sei. Ausweislich ihrer Bilanz zum 31.12.2011 habe die X-GmbH Anfang September 2011 über ausreichende finanzielle Mittel verfügt, um die Abgabeverbindlichkeiten vollständig tilgen zu können.

Konsequenzen:

Die Pflicht eines GmbH-Geschäftsführers, finanzielle Mittel zur Entrichtung geschuldeter Steuern bereitzuhalten, besteht unabhängig von der Fälligkeit der Steuern. Sie setzt voraus, dass dem gesetzlichen Vertreter Umstände bekannt sind, die auf eine bevorstehende Entstehung von Steuern schließen lassen.

Haftungsbegründend ist die **Verletzung dieser sogenannten Vermögensvorsorgepflicht**, wenn der Geschäftsführer in der Lage gewesen wäre, die zur Begleichung sämtlicher Verbindlichkeiten der GmbH erforderlichen Beträge vollständig vorzuhalten, und dies schuldhaft unterlässt (BFH, Beschluss vom 11.11.2015, Az. VII B 74/15, BFH/NV 2016, S. 370).

FG Berlin-Brandenburg, Urteil vom 21.2.2017, Az. 9 K 9259/13

93 Vertretungsbefugnis – Gesellschafterklage

Untersagung des Handelns bis zur Feststellung der Wirksamkeit des Abberufungsbeschlusses durch einstweilige Verfügung

Der Fall und das Urteil:

Der Verfügungskläger begehrt den Erlass einer einstweiligen Verfügung, mit der es dem Verfügungsbeklagten untersagt werden soll, bis zu bestimmten Zeitpunkten als Geschäftsführer der N-GmbH - der Komplementärin der N-GmbH & Co. KG - und der KG aufzutreten und für diese Gesellschaften zu handeln. Hintergrund des Streits ist der Gesellschafterbeschluss zur Abberufung des alleinigen beklagten Geschäftsführers am 17.3.2014 aus wichtigem Grund und die Bestellung des Klägers zum (neuen) alleinigen Geschäftsführer. Im Nachgang wurde der Beklagte des Weiteren aus der Gesellschaft ausgeschlossen. Die Klage wegen seiner Abberufung hat er erstinstanzlich verloren und hiergegen Berufung eingelegt.

Das LG hatte zunächst mit Beschluss vom 30.1.2015 die einstweilige Verfügung antragsgemäß erlassen, auf den Widerspruch des Beklagten diese jedoch mit dem angefochtenen Urteil aufgehoben und den Antrag auf Erlass der einstweiligen Verfügung zurückgewiesen. Vor dem OLG begehrt der Kläger vom Beklagten, es bis zur rechtskräftigen Entscheidung über die Abberufung zu unterlassen, für die Komplementär-GmbH oder KG als Geschäftsführer aufzutreten oder in deren Namen zu handeln. Das OLG hat dem Antrag des Klägers entsprochen. Zwar bestünde ein grundsätzlicher Vorrang der Geltendmachung derartiger Unterlassungsansprüche durch die Gesellschaft selbst. Dieser Vorrang sei jedoch vorliegend nicht gegeben, da die Voraussetzungen einer Gesellschafterklage vorlägen.

Konsequenzen:

Der Streit um die Rechtsmacht, die Gesellschaft als Geschäftsführer zu vertreten, betrifft den Bestand des **organschaftlichen Rechtsverhältnisses** zwischen der Gesellschaft und dem Beklagten, sodass grundsätzlich die Gesellschaft und die als Geschäftsführer auftretende Person die richtigen Parteien des Rechtsstreits sind. Daneben kommt die Geltendmachung von Ansprüchen aus eigenem Recht und im eigenen Namen des Mitgesellschafters im Wege der sogenannte **actio pro socio** in Betracht, jedenfalls dann, wenn - wie hier - ein Gesellschafter in Anspruch genommen wird. Gegenüber einer

Gesellschafterklage besteht ein grundsätzlicher Vorrang der inneren Zuständigkeitsordnung der Gesellschaft. Dass dieser entfällt, setzt voraus, dass eine Klage der Gesellschaft undurchführbar, durch den Schädiger selbst vereitelt worden oder infolge der Machtverhältnisse in der Gesellschaft so erschwert ist, dass es für den betroffenen Gesellschafter ein **unzumutbarer Umweg** wäre, müsste er die Gesellschaft erst zu einer Klage zwingen. Nur in derartigen Konstellationen kann ein eigenes Klagerecht des einzelnen Gesellschafters aufgrund der gesellschaftsrechtlichen Treuepflicht bestehen.

Die Vertretung der Gesellschaft im Eilverfahren ist jedenfalls dann problematisch, wenn nur der abberufene Geschäftsführer alleinvertretungsberechtigt oder die etwaige Vertretungsmacht eines weiteren Geschäftsführers ebenfalls streitig ist. Da der abberufene Beklagte bis zum Abberufungsbeschluss alleiniger Geschäftsführer war und der Kläger erst durch den Beschluss vom 17.3.2014 zum Geschäftsführer bestellt wurde, setzt die wirksame Vertretung der Gesellschaft durch den Kläger daher sowohl die Wirksamkeit als auch die vorläufige Verbindlichkeit der streitigen Beschlussfassung vom 17.3.2014 voraus. Auf dieser Grundlage steht dem Kläger kein für Eilfälle hinreichend schnell und sicher zu beschreitender Weg als Vertreter der klagenden Gesellschaft zur Verfügung. Jedenfalls für das einstweilige Verfügungsverfahren ist daher die Handlungsunfähigkeit oder Handlungsunwilligkeit der Gesellschaft für eine Übergangszeit als gegeben anzusehen und der antragstellende Gesellschafter nicht auf die Herbeiführung einer Beschlussfassung nach § 46 Nr. 8 GmbHG zu verweisen.

OLG Thüringen, Urteil vom 9.9.2015, Az. 2 U 219/15

94 Vertretungsbefugnis – Überschreitung (1)

Unzulässiges Berufen auf Abgeltungsklausel in Aufhebungsvereinbarung bei Haftung wegen Überschreiten der Vertretungsbefugnis

Der Fall:

Der beklagte M war alleiniger und von den Beschränkungen des § 181 BGB befreiter Geschäftsführer der Klägerin (T-GmbH). Gesellschafterin waren die A-GmbH (51%) und die B-GmbH (49%), deren alleiniger Gesellschafter und Geschäftsführer der Beklagte war. Nach dem Geschäftsführeranstellungsvertrag zwischen der T-GmbH und M bedarf dieser zur Durchführung bestimmter

Maßnahmen wie dem Abschluss, der Änderung oder Beendigung von Miet-, Leasing- oder Pachtverträgen, die eine Laufzeit von mehr als drei Jahren oder einen Miet- oder Pachtzins von jährlich mehr als 24.000 € vorsehen, der vorherigen schriftlichen Zustimmung der Gesellschafterversammlung.

Ende 2014 schloss der M im Namen der T-GmbH mit der G-GmbH & Co. KG einen Mietvertrag über Geschäftsräume mit einer Laufzeit von zehn Jahren zu einer Jahresmiete von rund 51.000 €. Eine schriftliche Zustimmung der Gesellschafterversammlung zu diesem Geschäft lag nicht vor. In der Gesellschafterversammlung vom 17.4.2015 wurde der Beklagte als Geschäftsführer der T-GmbH abberufen. Am selben Tag vereinbarten die Parteien die einvernehmliche Aufhebung des Geschäftsführeranstellungsvertrags. Nach Ziffer 3 der Aufhebungsvereinbarung sind sich die Parteien darüber einig, dass mit dieser Aufhebungsvereinbarung alle Ansprüche aus dem Geschäftsführeranstellungsvertrag, gleichgültig aus welchem Rechtsgrund, wechselseitig erledigt sind. Am 11.11.2016 vereinbarten die T-GmbH und die G-GmbH & Co. KG die Aufhebung des genannten Mietvertrags gegen eine Abstandszahlung in Höhe von 60.000 €.

Die T-GmbH macht diesen Schaden unter dem Gesichtspunkt der Geschäftsführerhaftung gegen den Beklagten geltend.

Das Urteil:

Das LG hat der Klage stattgegeben. Dieser Auffassung ist auch das OLG gefolgt. M haftet der Klägerin dem Grunde nach für die Verletzung von Geschäftsführerpflichten. Die Abgeltungsklausel in der Aufhebungsvereinbarung steht dem geltend gemachten Schadenersatzanspruch nicht entgegen.

Konsequenzen:

Wegen der Nichtbeachtung der Vertretungsbeschränkungen im Innenverhältnis beim Abschluss des Mietvertrags bejaht das OLG eine Pflichtverletzung des Beklagten. Es weist ausdrücklich darauf hin, dass eine solche nicht mit dem Argument verneint werden kann, der Beklagte habe bei Abschluss des Mietvertrags im wohlverstandenen Interesse der Klägerin gehandelt. Handeln im Interesse der Gesellschaft mag im Allgemeinen die Pflichtwidrigkeit dieses Handelns ausschließen, über **konkret vertraglich geregelte Pflichten** wie die Beachtung von Vertretungsbeschränkungen im Innenverhältnis hilft diese Konstruktion aber nicht hinweg.

Nach Auffassung des OLG ist dem M die Berufung auf eine Abgeltungsklausel in einer Aufhebungsvereinbarung nach Treu und Glauben auch im Hinblick auf einen arglistig verschwiegenen, der Klägerin durch ungetreues Verhalten entstandenen Schaden verwehrt.

OLG München, Urteil vom 18.4.2018, Az. 7 U 3130/17

95 Vertretungsbefugnis – Überschreitung (2)

Missbrauch der Vertretungsmacht

Der Fall:

A und B sind jeweils mit einem Geschäftsanteil von 12.500 € an der X-GmbH beteiligt. Sie haben die Auflösung der Gesellschaft beschlossen und sind jeweils allein vertretungsberechtigte Liquidatoren. Im Rahmen der Liquidation sollte das der X-GmbH gehörende Betriebsgrundstück veräußert werden. B hatte Interesse am Erwerb des Grundstücks und teilte dem A mit, das Grundstück solle nicht an einen Dritten veräußert werden. Gleichwohl schloss A einen entsprechenden Kaufvertrag mit Y ab und erklärte die Auflassung. Zugunsten von Y wurde eine Auflassungsvormerkung im Grundbuch eingetragen.

Die X-GmbH hat Y auf Zustimmung zur Löschung der Auflassungsvormerkung verklagt.

Das Landgericht hat der Klage stattgegeben, das Oberlandesgericht (OLG) sie abgewiesen.

Das Urteil:

Der BGH hat das Berufungsurteil aufgehoben und den Rechtsstreit zur weiteren Sachaufklärung an das OLG zurückverwiesen.

Der BGH hat zunächst die Unwirksamkeit des Kaufvertrags wegen fehlender Zustimmung der Gesellschafterversammlung geprüft. Er hat insoweit eine analoge Anwendung der in § 179a Aktiengesetz (AktG) enthaltenen Sonderregelung verneint. Gemäß § 179a AktG ist ein Vertrag, durch welchen sich eine Aktiengesellschaft zur Übertragung des ganzen Gesellschaftsvermögens verpflichtet, ohne dass es sich um einen Umwandlungsvorgang handelt, nur dann wirksam, wenn die Hauptversammlung dem Vertragsabschluss zugestimmt hat. Unter Hinweis auf den Ausnahmecharakter der Vorschrift und die besondere Schutzbedürftigkeit der Aktionäre, die bei Gesellschaftern einer

GmbH so nicht vorliege, hat der BGH mit ausführlicher Begründung eine entsprechende Anwendung auf die GmbH verneint.

Allerdings hält der BGH einen Anspruch gegen den Vertragspartner auf Bewilligung der Löschung der Auflassungsvormerkung wegen eines Missbrauchs der Vertretungsmacht durch den Liquidator für möglich. Sowohl der Geschäftsführer einer GmbH als auch deren Liquidator müssen die ihnen durch Gesetz und Gesellschaftsvertrag auferlegten Pflichten beachten. Nach außen hin ist ihre Vertretungsmacht grundsätzlich unbeschränkt und unbeschränkbar – § 70 Abs. 4, § 37 Abs. 2 GmbHG.

Gemäß § 70 Satz 1 GmbHG haben die Liquidatoren das Vermögen der Gesellschaft in Geld umzusetzen. Die Art und Weise der Vermögensverwertung steht grundsätzlich im pflichtgemäßen Ermessen der Liquidatoren. Bis zum Abschluss der Liquidation bleibt die Entscheidungsmacht der Gesellschafterversammlung bestehen. Die Gesellschafter können daher sowohl einen Liquidationsplan beschließen als auch für den Einzelfall eine Verwertungsanweisung erteilen. Vor der Vornahme eines besonders bedeutsamen Geschäfts, wie z.B. der **Vermögensübertragung im Ganzen** oder fast im Ganzen, kann der Liquidator genau wie der Geschäftsführer der werbenden GmbH verpflichtet sein, **vorher eine Entscheidung der Gesellschafterversammlung** herbeizuführen.

Vorliegend hat der BGH eine **Pflicht** des handelnden Liquidators bejaht, aufgrund der Umstände des konkreten Falls, des Widerspruchs seines Mitgesellschafters und Mitliquidators gegen die Veräußerung des Betriebsgrundstücks und wegen dessen formulierten Eigeninteresses **zuvor einen Gesellschafterbeschluss herbeizuführen.**

Da er dies nicht getan hat, hat er **intern** seine **Vertretungsbefugnis rechtswidrig überschritten.**

Wenn der **Vertragspartner** die Überschreitung der Vertretungsbefugnis kennt oder wenn es sich ihm geradezu aufdrängen muss, dass der Geschäftsführer seine Vertretungsmacht missbraucht, ist er im Vertrauen auf den Bestand des Geschäfts nicht geschützt. Er kann dann aus dem abgeschlossenen Geschäft **keine Rechte herleiten** (vgl. BGH, ZIP 2006, S. 1391 ff. mit weiteren Nachweisen).

Konsequenzen:

Sowohl als Geschäftsführer als auch als Liquidator einer GmbH sind Sie zwar nach außen in Ihrer Vertretungsmacht unbeschränkt. Sie müssen aber Einschränkungen der Geschäftsführungsbefugnis durch Gesellschafterbeschlüsse, durch Gesetz und Gesellschaftsvertrag beachten. **Bei** für die Gesellschaft **besonders wichtigen Geschäften**, z.B. der Übertragung des ganzen Gesellschaftsvermögens, müssen Sie vor Abschluss eines Vertrags einen **Gesellschafterbeschluss herbeiführen.** Wenn Sie dies pflichtwidrig nicht tun, liegt ein Missbrauch der Vertretungsmacht vor.

Wenn der Geschäftspartner die Überschreitung der Vertretungsmacht kennt oder sie sich ihm aufgrund der Umstände geradezu aufdrängen muss, kann er aus dem abgeschlossenen Geschäft keinerlei Rechte herleiten und ist daher zur Rückübertragung von Rechtspositionen, die er aufgrund des unwirksamen Geschäftes erhalten hat, verpflichtet.

☞ Als ordnungsgemäß handelnder Geschäftsführer und/oder Liquidator sollten Sie daher **wichtige Vorgänge** sowohl mit einem Mitgeschäftsführer als auch insbesondere mit den Gesellschaftern **vorher abstimmen.**

BGH, Urteil vom 8.1.2019, Az. II ZR 364/18

96 Vertretungsbefugnis – Vertretungszusatz

Erkennbares Handeln im fremden Namen für eine GmbH ohne Vertretungszusatz

Der Fall und das Urteil:

Der Beklagte ist Gesellschafter und Geschäftsführer einer GmbH, die der Kläger mit dem Neubau eines Mehrfamilienhauses beauftragte. Als im September 2015 ein Subunternehmer der GmbH damit drohte, die Arbeiten an dem Haus abzubrechen, wenn er nicht kurzfristig eine fällige Zahlung in Höhe von 10.000 € erhalte, bat der Beklagte den Kläger, ihm kurzfristig einen entsprechenden Geldbetrag als Darlehen zu gewähren. Daraufhin gab der Kläger, in Kenntnis davon, dass die GmbH einer Verpflichtung gegenüber dem Subunternehmer nachkommen wolle, dem Beklagten das Geld in bar. Dieser quittierte den Empfang, allerdings ohne einen Vertretungszusatz. Ein schriftlicher Darlehensvertrag wurde indes nicht geschlossen. Die Parteien sind bei finanziellen Engpässen der GmbH bereits in der Vergangenheit mehrmals ähnlich verfahren.

Nachdem es zwischen den Parteien zu Meinungsverschiedenheiten aufgrund der Leistungen der GmbH gekommen war, kündigte der Kläger das Darlehen und verlangte es von dem Beklagten zurück. LG und OLG haben die Klage abgewiesen, weil der Beklagte nicht passivlegitimiert war. Der Rückzahlungsanspruch besteht nicht gegenüber dem Beklagten (kein Vertragspartner), sondern gegen die GmbH.

Konsequenzen:

Unterzeichnet der Geschäftsführer einer GmbH die Quittung für ein Darlehen mit seinem Namen ohne Vertretungszusatz, kann dennoch ein Handeln im fremden Namen in Betracht kommen, nämlich dann, wenn der Vertragspartner wusste, dass das Darlehen ausschließlich für betriebliche Zwecke der GmbH bestimmt war (hier: Bezahlung eines Subunternehmers der GmbH). Bei fehlendem Vertretungszusatz ist allerdings dann von einem Handeln im eigenen Namen auszugehen, wenn – trotz der Unternehmensbezogenheit des Geschäfts – möglicherweise ein Interesse des Vertragspartners an einer persönlichen Haftung des Geschäftsführers bestand (z.B. bei Vorbehalten gegenüber der Zahlungsfähigkeit der GmbH). Macht der Darlehensgeber solche Gesichtspunkte nicht geltend, ist die GmbH Vertragspartnerin. Im vorliegenden Fall war entscheidend zum einen, dass das gewährte Darlehen ausschließlich Verpflichtungen der GmbH erfüllen sollte, und zum anderen, dass dieser Umstand dem Kläger bekannt war.

Die von der Rechtsprechung entwickelten Grundsätze über Handeln im fremden Namen mögen noch so ausgefeilt oder feingliedrig sein. Wie das Urteil zeigt, entscheiden letztlich die Umstände des Einzelfalls darüber, wer Vertragspartner geworden ist. Dabei spielen neben formellen (fehlender Vertretungszusatz) und materiellen Aspekten (mutmaßlicher Wille der Parteien) insbesondere Fragen der Darlegungs- und Beweislast eine gewichtige Rolle. Deshalb ist **dringend zu empfehlen**, dass Darlehensverträge selbst dann, wenn die Schriftform für den Vertragsschluss nicht zwingend ist, nach Möglichkeit **schriftlich** geschlossen werden sollten. Dies dürfte nicht nur zu weniger Missverständnissen zwischen den Vertragspartnern führen, sondern auch vorbeugen, dass etwaige Rechtsstreitigkeiten entlang von Beweislastregeln entschieden werden müssen, statt nach den Vorschriften zum Darlehensrecht gelöst zu werden.

OLG Karlsruhe, Urteil vom 25.9.2018, Az. 9 U 117/16

97 Veruntreuung von Arbeitsentgelt

Strafbares Vorenthalten von Arbeitsentgelt

Der Fall:

X ist Geschäftsführer der L-GmbH, welche unter anderem Personal für Bühnenaufbau, Licht- und Tontechnik für Veranstaltungen bereitstellt. Die L-GmbH verpflichtete sich gegenüber den Auftraggebern jeweils, die angeforderte Anzahl an Arbeitern für die Vorbereitung der Veranstaltungstechnik, und zwar unterschieden nach den anfallenden Tätigkeiten und deren Wertigkeit, zur Verfügung zu stellen. Sie erstellte sodann einen verbindlichen Personalplan für die von ihr akquirierten und für den Einsatz vorgesehenen Arbeitskräfte. Dieser enthielt die Angaben, für welche Veranstaltung die jeweilige Person vorgesehen wurde, den Einsatzort und die Einsatzzeiten sowie die Einteilung der auszuführenden Tätigkeiten je nach Ausbildungsstand oder Fähigkeiten. Vor Ort leitete die Durchführung der Arbeiten der sogenannte Crewchef bzw. X selbst. Die Aufbauten wurden gemeinsam durchgeführt und nach Fertigstellung kontrolliert.

Die Mitarbeiter trugen Bekleidung mit dem Firmenlogo der L-GmbH.

Es bestanden feste vorgegebene und nicht verhandelbare Vergütungssätze. Die Arbeitsdauer wurde von den Arbeitern in Formulare der L-GmbH eingetragen. Diese berechnete ohne Aufschlüsselung nach einzelnen Arbeitskräften mit ihren Auftraggebern, den Veranstaltern, ab.

Alle Arbeiter hatten ein Gewerbe angemeldet und gingen davon aus, selbstständig tätig zu sein.

Formell wurden die eingesetzten Personen als Selbstständige behandelt. Meldungen zur Sozialversicherung erfolgten nicht, Sozialversicherungsbeiträge wurden nicht abgeführt.

Das Landgericht hat X wegen Vorenthaltens und Veruntreuung von Arbeitsentgelt in 161 Fällen zu einer Gesamtfreiheitsstrafe von einem Jahr und sechs Monaten verurteilt. Die Einziehung des Werts der erlangten Einnahmen in Höhe von 383.000 € wurde angeordnet.

Die Entscheidung:

Die Revision des X beim Bundesgerichtshof (BGH) hatte keinen Erfolg. Der BGH hält die Verurteilung für rechtmäßig.

Auch nach Auffassung des BGH waren die von der L-GmbH eingesetzten Bühnenarbeiter **abhängig Beschäftigte** und unterlagen als solche der **Sozialversicherungspflicht**.

Gemäß § 7 Abs. 1 Satz 1 Sozialgesetzbuch (SGB) IV ist Beschäftigung die nichtselbstständige Arbeit, insbesondere in einem Arbeitsverhältnis. In Abgrenzung dazu ist eine selbstständige Tätigkeit geprägt durch das eigene Unternehmerrisiko, das Vorhandensein einer eigenen Betriebsstätte, die Verfügungsmöglichkeit über die eigene Arbeitskraft und die im Wesentlichen frei gestaltete Tätigkeit und Arbeitszeit. Ausschlaggebend ist immer das **Gesamtbild der konkreten Arbeitsleistung** (Bundessozialgericht, Urteil vom 29.7.2015, Az. B 12 KR 21/13R).

Bei der **Abgrenzung von Beschäftigung und Selbstständigkeit** ist grundsätzlich zunächst einmal von dem zwischen den Parteien bestehenden Vertragsverhältnis auszugehen. Da es vorliegend an schriftlichen Vereinbarungen (im Rahmen- oder Einzelvertrag) vollständig fehlte, konnte der BGH vorliegend nur von der im Rahmen der Vertragsdurchführung **„gelebten Beziehung"** ausgehen. Insoweit hat er festgestellt, dass die **für eine abhängige Beschäftigung sprechenden Merkmale deutlich überwiegen**. Nach Auftragsannahme waren die Arbeitskräfte in den Betrieb der L-GmbH eingegliedert und wirkten an der von ihr gegenüber den jeweiligen Auftraggebern zu erbringenden Leistungen mit. L hatte Werkverträge mit den Auftraggebern und setzte die Arbeitskräfte zur Erbringung der Leistung ein. Diese hatten nicht jeweils ein selbstständiges Gewerk zu erstellen. Die Arbeiter übten ihre Tätigkeit in Teams nach **Weisungen** der Crewchefs oder des X aus. Sie waren an die terminlichen und örtlichen Vorgaben gebunden. Sie mussten nach Weisung auch andere Tätigkeiten wahrnehmen und unter ihrer Qualifikation liegende Hilfstätigkeiten ausführen. Sie waren höchstpersönlich zur Leistung verpflichtet und wurden nach festen, nicht verhandelbaren Stundensätzen bezahlt. Sie schrieben keine Rechnung, sondern trugen lediglich ihre Arbeitszeiten in die von der L-GmbH zur Verfügung gestellten Formulare ein. Diese erstellte dann auch ihnen gegenüber die Abrechnungen. Aufgrund gleicher Arbeitskleidung traten sie nach außen hin für die L-GmbH auf. Die Bühnenarbeiter trugen kein eigenes Unternehmerrisiko. Es erfolgte vielmehr eine **Vergütung** nach festen Sätzen **unabhängig vom Arbeitserfolg**.

Die Anmeldung eigener Gewerbe änderte hieran nichts, da dies eine formelle Voraussetzungen dafür war, um überhaupt von der L-GmbH mit Aufträgen bedacht zu werden. Ein eigenes Auftreten am Markt und die Akquirierung anderer Aufträge erfolge gerade nicht.

Konsequenzen:

Die **Scheinselbstständigkeit von Mitarbeitern** kann nicht nur sozialversicherungsrechtlich, sondern insbesondere auch **strafrechtlich** zu einem erheblichen Problem werden. Wer nämlich Arbeitsentgelt, zu dem auch die Sozialversicherungsbeiträge zählen, vorenthält oder veruntreut, macht sich gemäß § 266a Strafgesetzbuch strafbar. Der insoweit rechtswidrig handelnde Geschäftsführer einer GmbH macht sich in Person strafbar.

Entscheidend ist immer, ob nach dem Gesamtbild der Tätigkeit eine abhängige Beschäftigung in einem Anstellungsverhältnis oder eine selbstständige Tätigkeit vorliegt. Insoweit sind die einzelnen von der Rechtsprechung entwickelten Merkmale zu überprüfen und festzustellen, **welche Merkmale überwiegen**.

Auf jeden Fall ist der **Abschluss von schriftlichen Vereinbarungen** anzuraten, in denen alle Rechte und Pflichten der Mitarbeiter geregelt werden. Unabhängig vom tatsächlichen Vorliegen solcher Vereinbarungen kommt es aber **entscheidend auf die tatsächliche Handhabung** an. Diese muss mit den Vereinbarungen dann konform gehen.

Die Unterzeichnung von Fragebögen durch die Mitarbeiter, was in der Praxis sehr verbreitet ist, kann hilfreich sein. Sie nützt aber nichts, wenn die Mitarbeiter quasi gezwungen sind, trotz deutlich erkennbarer Zweifel alle Fragen nach den Kriterien einer Beschäftigung in einem Arbeitsverhältnis zu verneinen bzw. alle Kriterien für das Vorliegen einer selbständigen Arbeit zu bejahen, wenn sie ansonsten gar nicht mit einer Tätigkeit beauftragt werden.

Auch das jeweilige **Anmelden eines eigenen Gewerbes** durch die Mitarbeiter ist **kein zwingendes Argument für eine selbstständige Tätigkeit**.

Da sich durchaus Auslegungsprobleme ergeben können, sollte im Zweifel zur **Klärung des Status der Mitarbeiter** ein kostenloser Antrag nach § 7a SGB IV bei der **Deutschen Rentenversicherung Bund** gestellt werden. Diese schiebt die Fälligkeit des Gesamtsozialversicherungsbeitrags bis zur Klärung, ob eine abhängige Beschäftigung vorliegt, hinaus. Dadurch kann zumindest das Eintreten einer Strafbarkeit mit Sicherheit verhindert werden.

BGH, Beschluss vom 13.12.2018, Az. 5 S T R 275/18

98 Vorläufige Insolvenzverwaltung

Nach Bestellung eines vorläufigen Insolvenzverwalters verbleibt die Verwaltungsbefugnis beim Geschäftsführer

Der Fall:

A war zusammen mit B Geschäftsführer der X-GmbH. Diese ließ zwischen dem 1. und dem 25. Februar mehrere Einfuhrsendungen zum freien Verkehr abfertigen. Die mit unterschiedlichen Abgabenbescheiden festgesetzte Einfuhrumsatzsteuer war wegen eines der GmbH gewährten Zahlungsaufschubs am 16.3.2011 fällig.

Am 1.3.2011 beantragte die X-GmbH die Eröffnung des Insolvenzverfahrens über ihr Vermögen. Am 3.3.2011 bestellte das Amtsgericht einen vorläufigen Insolvenzverwalter und ordnete an, dass Verfügungen der X-GmbH nur mit dessen Zustimmung erfolgen konnten. Am 1.6.2011 wurde das Insolvenzverfahren eröffnet.

Da die festgesetzte Einfuhrumsatzsteuer am 16.3.2011 nicht bezahlt wurde, nahm das Hauptzollamt sowohl A als auch B per Haftungsbescheid in Anspruch. Das FG wies die hiergegen gerichtete Klage ab.

Das Urteil:

Der BFH bestätigte das Urteil des Finanzgerichts. Danach ist der angefochtene Haftungsbescheid rechtmäßig.

Wer kraft Gesetzes für eine Steuer haftet, kann nach § 191 Abs. 1 AO durch Haftungsbescheid in Anspruch genommen werden. Nach § 69 AO haften die in §§ 34 und 35 AO bezeichneten Personen, soweit Ansprüche aus dem Steuerschuldverhältnis infolge vorsätzlicher oder grob fahrlässiger Verletzung nicht oder nicht rechtzeitig erfüllt werden.

Im Streitfall hatten A und B als gesetzliche Vertreter der X-GmbH nach § 34 Abs. 1 AO deren steuerliche Pflichten zu erfüllen. Sie hatten insbesondere dafür zu sorgen, dass die Steuern aus den für die GmbH verwalteten Mitteln entrichtet wurden. Diese Pflicht haben A und B verletzt, da die Einfuhrumsatzsteuer am Fälligkeitszeitpunkt nicht gezahlt worden ist.

Der Pflichtverletzung stand auch die Eröffnung des Insolvenzverfahrens nicht entgegen. Denn wird die Eröffnung des Insolvenzverfahrens über das Vermögen einer GmbH beantragt und ein vorläufiger Insolvenzverwalter unter Zustimmungsvorbehalt bestellt, verbleibt **dennoch die Verwaltungs- und Verfügungsbefugnis beim gesetzlichen Vertreter der GmbH**. Er wird durch den vorläufigen Insolvenzverwalter nicht aus seiner Pflichtenstellung verdrängt. Vielmehr hat er weiterhin dafür zu sorgen, dass die Steuern aus den Mitteln der GmbH entrichtet werden.

Konsequenzen:

Ist für Einfuhrabgaben ein laufender Zahlungsaufschub gewährt worden, sind diese am Fälligkeitstag ohne Rücksicht auf das Bestehen einer anderen Zahlungsverpflichtung zu entrichten. Auf die Haftung des Geschäftsführers für Einfuhrabgaben kommt der sogenannte Grundsatz der anteiligen Tilgung nicht zur Anwendung.

BFH, Urteil vom 26.9.2017, Az. VII R 40/16

99 Wertguthabenkonto – Lohnsteuer

Gutschriften auf Wertguthabenkonto zur Finanzierung des Ruhestands stellen keinen Arbeitslohn dar

Der Fall:

A war Geschäftsführer einer GmbH und erzielte hieraus Einkünfte aus nichtselbstständiger Tätigkeit. An der GmbH war er nicht beteiligt. 2007 schloss er mit der GmbH eine Wertguthabenvereinbarung ab. Dabei handelte es sich um eine Vereinbarung zur Finanzierung des vorzeitigen Ruhestands des A. Er verzichtete auf die Auszahlung laufender Bezüge in Höhe von monatlich 6.000 €, die ihm erst in der späteren Freistellungsphase ausgezahlt werden sollten.

Die GmbH unterwarf die Zuführungen zu dem Wertguthaben des A nicht dem Lohnsteuerabzug. Das Finanzamt war demgegenüber der Auffassung, die Wertgutschriften führten zum Zufluss von Arbeitslohn bei A und forderte die Lohnsteuer nach. Das FG gab der Klage statt.

Das Urteil:

Der BFH hat die Auffassung der Vorinstanz bestätigt. Danach stellten die **Zuführungen** zu dem Zeitwertkonto **keinen gegenwärtig zufließenden Arbeitslohn** des A dar. Nur zugeflossener Arbeitslohn unterliege dem Lohnsteuerabzug. A habe von der GmbH in Höhe der Gutschriften auf dem Wertguthabenkonto keine Auszahlungen erhalten und habe nach der mit der GmbH abgeschlossenen Wertguthabenvereinbarung über die Gutschriften im Streitjahr auch **nicht verfügen können**.

Die Wertguthabenvereinbarung sei auch keine Vorausverfügung des A über seinen Arbeitslohn, die den Zufluss im Zeitpunkt der Gutschriften bewirkt hätte. Vielmehr habe A mit der Wertguthabenvereinbarung nur auf die Auszahlung eines Teils seines Barlohns zugunsten einer Zahlung in der Freistellungsphase verzichtet.

Konsequenzen:

Dies gilt entgegen der Auffassung der Finanzverwaltung (BMF-Schreiben vom 17.6.2009) nach diesem BFH-Urteil für den Fremdgeschäftsführer einer GmbH. Nach Auffassung des BFH ist dieser wie alle anderen Arbeitnehmer zu behandeln. Die bloße Organstellung als Geschäftsführer ist für den Zufluss von Arbeitslohn ohne Bedeutung. Allerdings sind Besonderheiten bei beherrschenden Gesellschafter-Geschäftsführern einer Kapitalgesellschaft gerechtfertigt.

BFH, Urteil vom 22.2.2018, Az. VI R 17/16

100 Wettbewerbsverstöße – Geschäftsführerhaftung

Nur in Ausnahmefällen persönliche Haftung des Geschäftsführers

Der Fall:

B ist alleiniger Geschäftsführer der R-GmbH. Diese war 2009 mit der Akquirierung von Gaslieferverträgen bei Endverbrauchern im Auftrag der E-GmbH befasst. Zu diesem Zweck beauftragte die R-GmbH selbstständige Handelsvertreter, die den Vertrieb durch eigene Mitarbeiter oder Dritte im Wege der Haustürwerbung durchführten.

Die S-AG, ein Konkurrenzunternehmen der E-GmbH, versorgt Verbraucher mit Erdgas. Sie behauptet, dass die bei der Haustürwerbung eingesetzten Werber die Verbraucher mit unzutreffenden und irreführenden Angaben zur Kündigung bestehender Verträge mit der S-AG und zum Neuabschluss von Verträgen mit der E-GmbH bewegen wollten.

Die S-AG hat die R-GmbH und den B persönlich auf Unterlassung, Auskunftserteilung und Schadenersatz verklagt. Die S-AG hat vorgetragen, B habe von den Verstößen der Werber Kenntnis gehabt und den Betrieb der R-GmbH nicht so organisiert, dass die Einhaltung von Rechtsvorschriften habe sichergestellt werden können.

Das LG hat der Klage vollumfänglich stattgegeben, das OLG hat auf die allein von B eingelegte Berufung hin die gegen ihn gerichtete Klage abgewiesen.

Das Urteil:

Die Revision hatte keinen Erfolg. Auch der **BGH** hat eine **persönliche Haftung des B verneint.**

Der BGH hat keine Täterschaft des B oder eine ebenfalls haftungsbegründende Teilnehmerschaft an den deliktischen Handlungen der im Auftrag der R-GmbH tätigen Werber gesehen. Insoweit gelten die strafrechtlichen Rechtsgrundsätze: **Täter oder Mittäter** ist derjenige, der die Zuwiderhandlung selbst oder gemeinsam mit einem Dritten begeht oder durch Vorschieben eines anderen begeht (sog. mittelbare Täterschaft). **Teilnehmer** ist z.B., wer einen Dritten zur Begehung der Tat anstiftet oder ihm bei der Begehung Hilfe leistet.

Von solchen Verhaltensweisen war vorliegend nichts ersichtlich.

Täter einer deliktischen Handlung kann darüber hinaus aber auch sein, wer es pflichtwidrig unterläßt, den durch einen Dritten herbeigeführten Taterfolg abzuwenden (sog. **Tun durch Unterlassen**). Ein Unterlassen kann aber nur dann einem positiven Tun gleichgestellt werden, wenn eine Rechtspflicht zur Abwendung des Taterfolgs besteht. Erforderlich ist daher eine Garantenstellung gegenüber dem verletzten Anspruchsteller (so BGH, Urteil vom 10.7.2012, Az. VI ZR 341/10, BGHZ 194, S. 26 ff.). Eine solche kann sich aus Gesetz, Vertrag, Inanspruchnahme von Vertrauen oder vorangegangenem gefährdenden Verhalten ergeben.

Die **bloße Kenntnis** eines Geschäftsführers von Wettbewerbsverletzungen der GmbH oder der von ihr beauftragten Personen **reicht nicht für eine persönliche Haftung.** Allein die Organstellung des Geschäftsführers führt – so der BGH – nicht zu einer gegenüber außenstehenden Dritten bestehenden und haftungssanktionierten Pflicht, Wettbewerbsverstöße der GmbH zu verhindern. Solche Pflichtverletzungen können nur zu einer internen Haftung gegenüber der GmbH führen (gem. § 43 GmbHG). Dies gilt auch für eine bloß interne Fehlorganisation der Betriebsabläufe, auch in Bezug auf die Abwendung von Verletzungen des lauteren Wettbewerbs.

Zu einer **persönlichen Haftung des Geschäftsführers** kommt es aber dann, wenn dieser selbst die Vorgaben für die wettbewerbsrechtlichen Verstöße gemacht hat, z.B. durch einen unzulässigen allgemeinen Werbeauftritt der R-GmbH oder ein unlauteres Geschäftsmodell (vgl. hierzu BGH, Urteil vom 15.1.2009, Az. I ZR 57/07, GRUR 2009, S. 841 ff.) oder wenn er sich bewusst der Möglichkeit entzieht, von den Wettbewerbsverstößen Kenntnis zu nehmen, z.B. durch einen dauernden Aufenthalt im Ausland (s. OLG Hamburg, Urteil vom 14.12.2005, Az. 5 U 200/04, GmbH-Stpr 2006, S. 186).

Vorliegend war die Auslagerung der Haustürwerbung auf ein Fremdunternehmen und dessen Subunternehmer keine solche haftungsbegründende Organisationsmaßnahme. Die **Auslagerung von Tätigkeiten** auf andere Unternehmen ist grundsätzlich eine **wettbewerbsrechtlich unbedenkliche Unternehmensentscheidung**, die nach Auffassung des BGH nicht per se als Gefahrenquelle für Wettbewerbsverstöße angesehen werden kann, auch wenn die Kontroll- und Eingriffsmöglichkeiten bezüglich der konkret tätig gewordenen Werber dadurch erheblich eingeschränkt wurden.

Konsequenzen:

Wenn Sie als Geschäftsführer einen allgemeinen Werbeauftritt oder ein Geschäftsmodell der GmbH installieren, das wettbewerbswidrig ist oder die erhebliche Gefahr eines unlauteren Verhaltens beinhaltet, können Sie bei verletzungsbedingten Schäden Dritter persönlich haftbar werden. Eine solche persönliche Haftung setzt die **Verletzung einer Dritten gegenüber bestehenden Garantenpflicht** voraus (durch Handeln oder pflichtwidriges Unterlassen). Dies kann auch dann der Fall sein, wenn Sie ein besonderes Vertrauen des Dritten herbeigeführt haben (durch persönliche Garantien oder dergleichen).

Ansonsten haften Sie grundsätzlich nicht persönlich für wettbewerbswidriges Verhalten von Mitarbeitern oder beauftragten Fremdunternehmern einschließlich deren Subunternehmern.

Bei einer insoweit unzureichenden Überwachung kommt allerdings eine **interne Haftung gegenüber der GmbH** in Betracht.

BGH, Urteil vom 18.6.2014, Az. I ZR 242/12

DIE BUCHREIHE ZUR ZEITSCHRIFT GMBH-STEUERPRAXIS

GmbH-Geschäftsführer-Vergütung

- **100 Steuertipps zu den wichtigsten Vergütungsformen für GmbH-(Gesellschafter-)Geschäftsführer**
- **Mit zahlreichen Warnungen und Empfehlungen**
- **Information in knapper, streng praxisbezogener Form**

Dr. jur. Hagen Prühs
GmbH-Geschäftsführer-Vergütung
100 Steuertipps zu den wichtigsten Vergütungsformen für GmbH-(Gesellschafter-) Geschäftsführer.

5. Auflage
Bonn 2019
223 Seiten
29,80 Euro
ISBN 978-3-936623-67-3

Seit der 4. Auflage dieses Buches hat sich in der steuerlichen Behandlung der Bezüge von Gesellschafter-Geschäftsführern sehr viel geändert. Dafür verantwortlich waren zum einen der Gesetzgeber und zum anderen die Rechtsprechung. Insbesondere die Finanzgerichte und der BFH haben die Gestaltungsspielräume bei der Festlegung der Bezüge für Gesellschafter-Geschäftsführer zunehmend eingeschränkt. Beispielhaft sei verwiesen auf das Verbot, bei Weiterarbeit für die Gesellschaft nach Erreichen des Pensionsalters Gehalt und Pension gleichzeitig zu beziehen, auf die verschärften Anforderungen an die Erdienbarkeit und Finanzierbarkeit von Pensionszusagen sowie an die Durchführung von Gehaltsabreden.

Die 5. Auflage gibt nicht nur den Stand von Gesetzgebung, Verwaltungsauffassung und Rechtsprechung zu allen wichtigen Vergütungsbestandteilen wieder, sondern zeigt auch die verbliebenen Gestaltungsspielräume auf, die Gesellschafter-Geschäftsführer und ihre steuerlichen Berater im Interesse einer Verringerung der Steuerbelastung c Gesellschaft und des Geschäftsführers nu zen sollten.

Um die 100 Tipps rund um die Geschäf führervergütung besser bewerten zu könne wurden in Teil A die steuerlichen Aspekte d Geschäftsführervergütung kurz systematis dargestellt. Am Ende dieses Teils findet d Leser eine Prüfliste mit 12 Geboten für e ne gegenüber dem Finanzamt „wasserdic te" Vereinbarung der Geschäftsführerbezüg

Teil B enthält 100 Kurzbeiträge in AB Form rund um die Geschäftsführervergütun

Teil C bietet dem Leser eine Reihe vo mustergültigen Formulierungen für Verg tungsabsprachen zwischen einer GmbH u ihrem (Gesellschafter-)Geschäftsführer m ausführlichen Erläuterungen.

Wer die prägnant und auch für steuer che Laien verständlich geschriebenen Em fehlungen in diesem Vergütungs-Ratgeb beachtet, ist in punkto Geschäftsführerve gütung vor Überraschungen in der nächste Betriebsprüfung sicher.

Bestellen Sie bei unserem Kundenservice Fax 0228 95124-90 oder versandkostenfrei im Internet unter www.vsrw.de

Rolandstr. 48 • 53179 Bonn • Tel.: 0228 95124-0 • Fax: 0228 95124-90 • E-Mail: vsrw@vsrw.de • Internet: www.vsrw.c

GmbH-Geschäftsführer: Rechte und Pflichten

- **Die 100 wichtigsten Rechte und Pflichten eines GmbH-Geschäftsführers in ABC-Form**
- **Mit zahlreichen Warnungen und Empfehlungen**
- **Information in knapper, streng praxisbezogener Form**

r. jur. Hagen Prühs
imbH-Geschäftsführer:
echte und Pflichten
ie 100 wichtigsten Rechte und
flichten eines GmbH-Geschäftsführers

. Auflage
onn 2019
18 Seiten
9,80 Euro
SBN 978-3-936623-68-0

Der Geschäftsführer vertritt die GmbH nach außen hin. Diese Stellung bietet ihm aber nicht nur viele Rechte, sondern erlegt ihm vor allem auch zahlreiche Pflichten auf. Kommt er diesen Pflichten nicht ordnungsgemäß nach, hat dies in vielen Fällen die persönliche Haftung zur Folge. Dies haben die Gerichte in der Vergangenheit durch entsprechende Entscheidungen immer wieder klargestellt. Viele Firmenchefs kennen weder ihre Rechte noch die drohenden Haftungsrisiken ausreichend.

Die 5. Auflage des Buchs „GmbH-Geschäftsführer: Rechte und Pflichten" erläutert die geltende Rechtslage und berücksichtigt die einschlägige Rechtsprechung bis Anfang 2019. Auf rund 250 Seiten erfährt der Leser in Form von 100 kurzen, alphabetisch geordneten Kapiteln, worauf GmbH-Chefs achten müssen, um die persönliche Haftung zu vermeiden, und welche Rechte ihnen zustehen.

estellen Sie bei unserem
undenservice
ax 0228 95124-90 oder
ersandkostenfrei im
nternet unter www.vsrw.de

Rolandstr. 48 • 53179 Bonn • Tel.: 0228 95124-0 • Fax: 0228 95124-90 • E-Mail: vsrw@vsrw.de • Internet: www.vsrw.de

Expertenrat rund um die GmbH

Erscheinungsweise, Inhalt
Praxisnahe Beiträge zum Steuer- und Gesellschaftsrecht der GmbH (& Co. KG) – jeden Monat seit über 40 Jahren

Gestaltungs-Beratung
Direkt umsetzbares Beratungs-Know-how u.a. zu den Schwerpunkt-Themen Steuern, Vergütung und Haftung

Darstellungsform
Leicht verständliche Sprache mit praxisnahen Beispielen

GmbH-Datenbank
Komfortable Recherche nach Begriffen und Urteilen zum Steuer- und Gesellschaftsrecht sowie nach allen Beiträgen der GmbH-Steuerpraxis seit 2003

„Steuerzahler-Tip"
Informationsdienst mit ca. 20 Steuertipps und Beratungs-Know-how für den Privatbereich als ständige Beilage

Weitere Tipps und Fachinformationen auf
www.gmbh-steuerpraxis.de und www.gmbh-datenbank.de

Fordern Sie **kostenlos** drei aktuelle Ausgaben an:
VSRW-Verlag, Rolandstr. 48, 53179 Bonn, Fax 02 28 9 51 24-90
Weitere Infos unter **www.vsrw.de**

Rolandstr. 48, 53179 Bonn, Tel. 0228 95124-0, Fax 0228 95124-90, vsrw@vsrw.de, www.vsrw.de